国家社科基金青年项目
“我国死刑案件审理过程中民意的拟制与导入机制研究”（13CFX060）

教育部人文社会科学研究青年基金项目
“刑罚的科学设定与适用：基于比较法的一种技术性反思”（11YJC820057）

吉林大学哲学社会科学青年学术骨干支持计划
“量刑规范化的优化路径研究：以比较法视阈下的立法技术为视角”阶段性成果

吉林大学基本科研业务经费项目
“美国刑罚中犯罪构成体系与基本概念范畴”（450060444027）

法政文丛 / 何勤华 贺卫方 李秀清 主编

FREE AT LAST TO VOTE

The Alabama Origins
of the 1965 Voting Rights Act

终获自由

《1965年选举权法》幕后的司法战

Brian K. Landsberg

[美] 布莱恩·兰斯伯格 著　　李立丰 译

上海三联书店

终获自由：《1965年选举权法》幕后的司法战

［美］布莱恩·兰斯伯格 著 李立丰 译

Free at Last to Vote: The Alabama Origins of the 1965 Voting Rights Act

by Brian K. Landsberg

“法政文丛”序言

“法政”一词由来已久。在古典文献中，“法政”多指法律与政令，如“法政独出于主，则天下服德”(《管子·明法解》)。但“法政”一词的流行，却是在近代之后。受日本学制影响，我国清末法律教育多以法学和政治学并列，称为“政法科”或“法政科”。尤其在1905年立宪之议兴起后，出于对法律的强调，“法政”逐渐取代“政法”，成为当时通行的称谓。这一时期的北洋法政学堂、京师法政学堂等均以“法政”为名。1910年京师大学堂办分科大学，也以“法政科”作为学科名称。名为《法政杂志》、《法政学报》的报刊更是层出不穷。

但在新中国成立后，由于历史原因和对政治优先性的强调，在表达法律与政治的合称时，“政法”一词取代“法政”成为通行的官方用语，“政法机关”、“政法院校”、“政法战线”等词汇应运而生，并沿用至今。应当看到的是，近年来，随着依法治国与法治观念的深入，原本已被遗忘的“法政”一词，又开始焕发出新的生命力，重新回到学界的用语之中。就本套丛书而言，著译内容主要涵盖法律与政治的领域，因此即以“法政文丛”命名之。

自近代以来，翻译作品就在我国的法学教育和法学研究中扮演了重要角色，对于学术视野的开阔与研究方法的拓展，都具有十分重要的作用。在学术著作出版繁荣的今天，法律翻译作品的出版也差不多达到了百年来的高潮，林林总总的丛书令人眼花缭乱。以翻译作品为主的“法政文丛”与众不同的特点在于：

首先，这是一次跨地域的、有意义的合作。我们三位主编虽都曾主持多种丛书的出版、参与多部著作的翻译，但这种远距离的双城合作还是第一次。编委会成员更是分布于全国各地乃至国外，在不同的院校或研究、出版机构工作，但他们之间的一个共同点在于，他们都是法学院的毕业生，并且正从事着与法学相关的职业。

这一具有空间跨度的合作有可能把更多有着共同志趣的同仁团结在一起,更好地取长补短。

其次,本丛书的编委会成员大多为70后乃至80后。他们出自不同专业,有法律史、法理学、宪法,也有行政法等部门法学。这些非常优秀的青年学者已经用各自的著述证明了自己的实力。尤其值得一提的是,他们中的很多人曾在上海三联书店出版过自己的著译作品,因而具有很好的合作基础。青年人之间思想的交流与碰撞,必将让这套丛书更具活力与创造力。

第三,本丛书有望成为培养青年学术人才的一个平台。通过它的出版,应该能够锻炼一批年轻人,他们将在对优秀学术作品的精读和翻译中,提升自己的学术品位、夯实学术研究的基本功。编委会将不定期召开小型研讨会,集合众人的智慧,确定未来的书目,以加强学术共同体的凝聚力,相互学习与砥砺。这些青年学者具有广阔的学术前景,会不断延续薪火相传的学术理想。

本丛书第一辑书目包括《论美国新民主》、《誓言:奥巴马与最高法院》和《伦奎斯特谈最高法院》等几部比较重要的著作,它们不仅反映出我们对法律史、法理学、比较法、司法制度等领域一以贯之的研究旨趣,而且都涉及"法律与政治"的主题。这些著作都是从顶级的出版社引进,代表了当今世界法政出版的最新成果、最高水准。在阅读经典的同时,熟悉真实世界的运作也是极为必要的。而它们所讲述的正是正在发生的故事,将带领读者去了解域外政治、法律内部运作的真实情况,深化已有的理解。

"法政文从"主编:何勤华　贺卫方　李秀清

2013年7月5日

目录 CONTENTS

序　言

针对选举权平等问题，美国学术界几乎毫无例外地关注于两种相向而行的力量：民权组织，压制黑人的当权者与白人至上主义者。在这些研究当中，有些学者着力于美国南方联邦法官在涉及选举权平等的诉讼中态度的转变；有的学者则侧重于研究美国联邦立法与执法部门——如在8年内通过4项民权法案的国会、推动并批准这些法案的总统、为通过上述方案大肆鼓噪的人权委员会以及负责执行这些民权法案的美国司法部等各方——对此问题的态度。虽然将研究重点置于民权运动与白人反对派之间对立、斗争的语境中并没有错，但这种二元前提的预设也同时模糊、淡化了其它相关机制在这一过程中所起的作用。

在笔者看来，尽管美国南方黑人与白人官员之间的冲突，为《1965年选举权法》的最终通过提供了铺垫，但从较为狭义的技术层面来看，为相关民权法案最终出台提供了坚实客观基础与资料准备的，却是这一期间美国司法部的工作文档。同时，司法部围绕黑人选举权问题提起的大量诉讼，也在实质上厘清了"选举权法"的大致轮廓。因此，笔者将研究前提建立在美国司法部提起的相关选举权诉讼，对《1965年选举权法》最终出台产生何种影响上。通过整理浩繁的司法部文档，笔者从1957年到1965年间，司法部向美国南方各联邦法院提起的超过70起选举权诉讼中，遴选出3件作为研究对象[1]，除此之外，本书也涉及到了大量发生在阿拉巴马州、密西西比州以及路易斯安娜州等地的相关诉讼。虽然这些案件事实多有不同，但其共同之处在于都涉及到了勇敢、坚定地争取自身选举权的美国黑人，同样信誓旦旦地试图阻止这一变革发生的白人地方官员，以及诸多抽丝剥茧，将个案的细枝末节与关键脉络铺陈在联邦司法体系与公众视野之中的联邦政府律师。

事实上,在所谓的"二次重建"运动(The Second Reconstruction)[1]中,争取选举权平等的诉讼发挥了至关重要的作用。在1865年到1875年这10年中,美国通过发动第一次"重建运动",基本建构了不同种族间政治权利、公民权利平等的基本架构,同时,将这些原则固化在《美国宪法》第13、14以及15修正案等宪法性文件及配套法律当中。即便如此,直到20世纪早期,美国南方的种族隔离仍然盛行,而其中最为显明的示例即在于否认美国黑人享有选举权。在20世纪前半叶,保障黑人民权的法律基本上都没有得到认真地遵守与执行。

"全美有色人种协进会"(NAACP),以及之后该组织成立的"法律与教育权保障基金会",曾为捍卫美国黑人的平等选举权提起过大量诉讼,最终从根本上改变了种族隔离制度。另外,同时期诸如"非暴力学生运动联合会"(The Student Nonviolent Coordinating Committee),"南方基督教领袖大会"(Southern Christian Leadership Conference)等民权团体的奔走呼号,唤醒了社会大众对于美国南方种族隔离制度的反思与批判。即便如此,直到《1965年选举权法》最终出台,美国南方的种族歧视问题一直都未出现太多实质性改变。从20世纪50年代末期开始,由于得到了可以就选举权歧视问题提起民事诉讼的授权,美国司法部开始努力通过司法途径争取黑人的平等选举权。虽然这种诉讼所起到的作用有限,但从某种程度上,却为后来的立法铺平了道路。

通过司法部提起的这些诉讼,集中暴露出当时美国南方普遍存在的两类主要问题:首先,《美国宪法》第15修正案的立法初衷,与美国南方选举登记制度的实际执行情况之间,存在着巨大的落差。其次,在选举问题上,美国南方的做法与其它地区也存在较大差异。从这一意义上判断,美国《1965年选举权法》或许可以被视为美国内战后最为重要的"区域"立法。对此,一些学者,如大卫·盖洛(David Garrow),泰勒·布兰奇(Taylor Branch)[2]等曾依照时间顺序,对于催生这一立法

〔1〕所谓"二次重建",是与1860年代至1870年代美国南方的"重建阶段"(Reconstruction Era)相对应的一个概念。内战之后,在美国联邦政府的主导下,美国南部开展过社会改造运动,但激进派共和党人所主导的严刑峻法并未实际促进美国南方黑人的自由与民主权利。因为受到反对种族平等的南方民主党人有效抵制与反对,第一次重建运动并未达到预期效果。1960年代,美国南方黑人为争取选举权等民主权利所开展的"民权运动"又被称之为"二次重建"。藉此,黑人开始进入到南方公权力体系中,获得了包括选举权在内的多项关键民主权力,并为当下美国种族关系及各项民权版图设定了基调。

的重要事件与政治势力进行过梳理。但截至目前，还没有任何关于《1965年选举权法》立法史程的专门研究。

作为一名初出茅庐的年轻律师，笔者曾供职于美国司法部民权保障司，并曾于1964年亲身参与了几起和选举权有关的诉讼，而正是这些独特的经历，激发了笔者对此问题开展研究的灵感与兴趣。除了个人所见所闻之外，笔者在本书中所讨论的3个重要案例，参考了大量来自于美国司法部及美国各级联邦法院的案件文档。另外，本书还参考了收藏于国会图书馆的弗兰克·M. 约翰逊(Frank M. Johnson)的著作，以及收藏于"胡勒特藏馆"(M. S. Hoole Special Collection Library)的霍康布·托马斯(Holcombe Thoms)的论著。本书中与卢比·塔特(Ruby Tartt)相关的资料来自于司法部档案、西阿拉巴马州立大学卢比·塔特档案馆藏、缇娜·内若摩尔(Tina Naremore)的博士论文以及笔者本人对于琼斯博士(Dr. Jones)、阿兰·布朗(Alan Brown)、约翰·尼尔(John Neel)的访谈。小哈兰·哈伯特·格罗姆(Harlan Hobart Groom Jr.)为笔者提供了他的父亲哈兰·格罗姆法官的第一手资料，斯宾塞·胡戈(Spencer Hogue)为笔者提供了派利县(Perry County)的相关情况，而艾维琳·特纳(Evelyn Turner)也给笔者提供了已过世的丈夫阿尔伯特·特纳(Albert Turner)所收集的资料。阿拉巴马州南部地区议会的记录也可以证明，黑人在阿拉巴马州为争取选举权所付出的努力。除此之外，本书的部分资料还来自于伯明翰公立图书馆、纽约公立图书馆、南阿拉巴马州立大学图书馆以及亚特兰大公立图书馆。哈罗德·格林(Harold H. Green)曾在自己的论文中，较为充分地论述过美国司法部在《1965年选举权法》立法过程中所扮演的角色。而笔者与约翰·多尔(John Doar)、霍华德·格里克斯坦因(Howard Glickstein)以及查尔斯·弗里斯(Charles Ferris)的电话以及电子邮件交流，保存于得克萨斯奥斯汀的立顿·贝恩·约翰逊图书馆的电子文档，也为这段历史提供了注解。

太平洋大学麦克·乔治法学院的研究基金为本书的写作提供了物质帮助。同时，笔者在麦克·乔治法学院、阿拉巴马州立大学法学院所设相关课程，也为本书的写作提供了不少灵感与启发。笔者特别感谢阿尔弗莱德·布菲(Alfred Brophy)、钱德勒·戴维斯(Chandler Davison)、朱莉·戴维斯(Julie Davis)、托尼·

福莱尔(Tony Freyer)、特罗西·兰斯伯格(Dorothy Landsberg)、米歇尔·兰斯伯格(Mitchell Landsberg)、玛丽·麦克维恩(Marry MacVean)、史蒂芬·威斯比(Stephen Wasby)、史蒂芬·巴洛克(Stephen J. Pollak)、威廉·罗斯(William Ross)及查尔斯·泽丹(Charles L. Zelden)。杰克逊威尔州立大学的希尔博士为笔者提供了阿拉巴马州地图。同时,笔者感谢堪萨斯州立大学出版社的专业帮助。珍妮弗·戈尔(Jennifer Gore)、布里南·哈德利(Breanne Handley)、杰西卡·瑞德(Jessica Rader)也都为本书的写作提供了宝贵的意见。最终,笔者对于麦克·乔治法学院图书馆以及以上列明的相关图书馆工作人员表示谢意。本书的部分内容曾出现在笔者于2003年发表的《阿拉巴马州索姆特县:选举权法的发源地》一文中(*Sumter County, Alabama and the Origins of the Voting Rights Act*, 54 Ala. L. Rev. 877).

导 论

在这个政治的时代，
我们都是时代的弃婴。
日出日暮，
万事万物，
皆刻有政治的烙印。
无论厌恶，抑或喜欢，
你我的基因中都留下了政治的脉动。
你的皮囊，满是政治的刺青，
你的眼神，满是政治的魂灵。

——维斯拉瓦·辛波斯卡:《粒沙微光》[1]

1955年前后，居住在美国南方的黑人，实质并未享有受到法律保护的选举权。少数黑人往往并非依法，而是得到某种“特别恩赐”，才获得投票的权利。当时所谓的“人头税”(Poll Tax)，将包括很多白人在内的穷困民众一并排除出选举活动之外。前景似乎不容乐观。美国南方白人的政治势力，对于1954年美国联邦最高法

〔1〕维斯拉瓦·辛波斯卡(Wisława Szymborska)，生于1923年7月2日，卒于2012年2月1日，波兰诗人、1996年诺贝尔文学奖得主。这首诗波兰文原名为 Widok z ziarnkiem piasku，英译为 View With a Grain of Sand。——译者注
本书页下注均为译者注，以下不再一一说明。

院在布朗诉教育委员会(*Brown v. Board of Education*)案中,要求废除公立学校中的种族隔离制度这一历史性判决颇为不满,由此引发的抵制浪潮甚至超越了教育体系,扩散到了社会生活的诸多方面。很多被用来保证宪法第 15 修正案所承诺的,选举权不受种族歧视影响的立法,被实质搁置。虽然偶有个人通过诉讼,成功地挑战过某些极端歧视性立法,如"祖父条款"(the Grandfather Clause)与"白人初选制"(White Primary)等,然而对于选民登记资格标准的质疑,却似乎始终无法撼动。1903 年奥利弗·温德尔·霍尔姆斯(Oliver Wendell Holmes)大法官代表美国联邦最高法院,作出不支持此类观点的判决。同时,仅有的少数几位民权律师手上满是种族隔离的案子,因此很少有涉及种族歧视的案件可以最终进入到诉讼程序,而当时美国司法部的民权保障部门,也没有就选举权平等问题提起民事诉讼的管辖权。虽然从理论上来讲,司法部可以就选举权登记标准的差别待遇问题提起刑事诉讼,但这就意味着在美国南方,检方需要排除合理怀疑地说服一个全部由白人组成的陪审团,使其相信当地的白人官员故意违反了选举登记制度。[1] 杜鲁门总统曾下令相关部门就扩大对于民权,特别是选举权的联邦保护进行调研,但事实上美国国会自 1875 年后,就再也没有通过任何一项民权法案,而国会中颇具影响力的南方各州参议员,更是会连类似于禁止民间私刑的法律都会竭力阻挠。虽然某些民间团体对于选举过程中种族歧视问题的程度与危害多有陈情,但这种做法对于美国选民的感知影响不大,更谈不上促使选民就此问题对于立法机构施加任何像样的压力了。

1955 年前后,前途看起来依旧十分渺茫。但仅仅 10 年之后,美国国会却通过了行之有效且全面彻底的民权立法,不仅严格禁止了美国南方各州的歧视性做法,同时还加强了法律的执行力度与司法前瞻性。

本书的主旨即在揭示在这短短 10 年当中,美国如何完成了上述重要而又复杂的转变,而司法部代表美国联邦政府就选民登记制度,针对阿拉巴马州埃尔默县、苏特县与派利县所提起的 3 起诉讼,可以帮助读者解析这一历史转型。笔者作为一名初出茅庐的年轻律师,在美国司法部民权保障部门工作期间,曾亲身参与了这 3 起案件的审理过程,并曾调查、走访过那些试图获得选民登记的黑人,曾反复观看相关选民登记的复制记录,曾研究相关立法、准备庭审资料、观摩联邦庭审、接触白人官员，直到自己负责整个案件的审理。从某种意义上，笔者本人在工作过程中所受到的洗礼，恰恰可以被视为美国克服白人至上势力的抵制、保障南部黑人获得平等选举权历程的缩影。这一过程揭示出来的一个冷酷现实就是，即使司法部的调查明确证明美国南方在选民登记制度上存在种族歧视，这些地方也不会自动停止实施违反宪法第15修正案的歧视活动；司法部在联邦司法体系中针对选举权问题提起的诉讼是否会产生积极的结果，主要取决于由哪位联邦法官主持庭审；一般而言，只有在经历冗长的上诉程序之后，才会出现某种程度上的救济与改正；即使法院发出了禁止选举过程中种族歧视的禁令，很多地方依旧我行我素；国会专门设立的联邦监督与仲裁机制，也无法确保被错误驳回选民登记的申请者的合法权利。

因此，最终的改变是不同力量共同作用的结果，有不断出台的严格立法，有联邦政府日益完善的执法机制，有民权团体的奔走呼吁，更有美国南方白人地方官员的顽固抵抗，加之媒体的渲染，以及联邦法院在选举权种族歧视问题上相关判决的庞杂无序等。这些力量的杂糅汇集产生出强大的压力，迫使美国国会采取强硬措施终结乱象，根本性地解决美国选举中的种族歧视问题。强有力立法的出台显然存在其迫切性与正当性。美国联邦法院在处理相关个案过程中所遭遇的尴尬与困难也凸显了此类立法的重要性，并为其最终成形廓清了范围。种种试图消解选民登记制度中人为拟制障碍、限制的努力，最终迫使美国国会要求那些对于选民登记制度增加额外限制的南部州到华盛顿说明情况。

《1965年选举权法》[2]采取了一系列创新机制来确保选举权免受种族歧视的干扰。这一法案在很大程度上改变了宪法第15修正案的执行模式[3]，使其不再局限于联邦法院，而更多地倚重于司法部。这种转变所带来的结果之一就是，举证义务也在一定程度上从代表黑人的律师转移到了负责选举的官员。同时，通过法律规则的改变，司法着力点从关注证明歧视性目的，转移到官方行为的实际后果上来。导致出现上述技术性转变的原因，大体可以归于之前涉及选举权诉讼的经验与教训。这些诉讼体现出一种较为特异的战略合作关系，一方面是试图登记参选的黑人申请者，另一方面则是当地方登记部门歧视性地排斥申请选民登记的黑人时，对其提起诉讼的美国司法部。另外，导致此类诉讼大量出现的原因，还在于南方白人官员对于黑人选举权的践踏与剥夺，正如约翰·胡普·富兰克林（John

Hope Franklin)曾言,"这是为了保持种族界别所必须付出的惨痛代价。"[4]

从阿拉巴马州的整体情况来看,黑人和平争取选举权的努力从未停歇,同时,一些黑人运动的先驱也在一直坚持申请选民登记。历年累积的选民登记文档恰恰成了证明黑人遭受歧视的无言证人。虽然学界及民权团体曾就美国南方选举过程中的种族歧视问题发表过大量的研究报告,但地方当权者却选择对负责选举官员的违法行为视而不见。一直到1957年,美国通过第一部现代意义上的民权法案数年之后[5],重组后的美国司法部才开始下决心处理选举权平等这一棘手问题,最终不负众望,为这一问题的解决,设计、建构了很多极富创意的法学理论、证明方法与法律救济措施。后来的法律实践也证明了这些理论与措施在建构真正合理、有效的选举权法方面的实用性。《1965年选举权法》通过之后不到10年,美国南方黑人的选民登记人数已经超过百万,而同一时期通过民选产生的黑人地方官员的人数也从0上升为963人。[6]

必须承认,如果不是"公民抗法活动"〔2〕(Civil Disobedience)数次将选举过程中泛滥的种族歧视问题,戏剧性地置于美国公众面前,美国司法部的任何努力都将于事无补。马丁·路德·金博士在《伯明翰监狱来信》(Letter from the Birmingham Jail)中,曾谈及所谓"良法"与"恶法"的问题,并明确指出,恶法非法,不必遵循。从这一意义上,美国南方黑人对于当时选举制度的挑战,其实是在挑战浸润着"白人至上"理念的整个美国法律体制。美国黑人没有选择静坐或者游行,而是开展了一种身段更为柔软的"不守法"运动。同时必须指出的是,美国南方黑人违反的并非严格意义上的法律本身,而是南方各州约定俗成的选举习惯。和这些争取自身合法权利的黑人不同,真正违法的实际上是那些不遵守美国宪法第15修正案、践踏黑人选举权利的白人地方选举官员。这种"有权违法"大致体现为如下两种形式:"大规模地公然践踏联邦权威",或者可以将其更有说服力地表示为"这些负责选举的地方官员公然无视、搁置应被强制执行的联邦法律。"[7]虽然联邦宪法第15修正案明令禁止选举过程中出现任何种族歧视行为,但地方官员在选民登记过程中

〔2〕"公民抗法"经常被理解为所谓"非暴力抵抗"(Nonviolent Resistance),最早见于埃及革命期间,埃及民众自发不遵守那些在其看来不具有公平性、正当性的殖民法律。但最为著名的非暴力抵抗运动则出现在印度,由甘地所倡导。

却往往因为黑人的肤色将其排除在外。作为解决上述问题的终极方案,《1965年选举权法》强调,违法者必须承担相应法律责任与后果。另外,联邦政府律师在这一过程中扮演了较为重要的角色。试图争取自身选民登记权利的黑人,往往无法得到律师的帮助。实际上,整个阿拉巴马州也没几位律师愿意为黑人提供法律帮助,少数几位敢于挑战“白人至上”积弊的律师,也往往因为自身事务的繁杂而应接不暇,无法抽身。所幸1957年通过的《民权法案》(the Civil Rights Act of 1957),为美国南方各州黑人的抗争提供了另外的选择,即授权美国司法部成立“民权保障事务部”(the Civil Rights Division),这一部门的成立极大地促进了美国黑人争取自身选举权的斗争。

当然,问题远非如此简单。在这一方面,埃尔默县所发生的事件颇具代表性与说明力。事实上,如果美国南方各联邦司法区的法官,都能像弗兰克·约翰逊法官那样秉公断案,就根本不必再有《1965年选举法》的出台。以阿拉巴马州为例,各县的选民登记制度大同小异,虽然各县的选民委员会互不隶属,但其成员都由阿拉巴马州负责选举事务的官员任命。各县使用的选民登记申请表几乎完全相同,而所涉及的歧视手段更如出一辙。美国联邦政府试图通过诉讼途径挑战各县选民登记委员会的种族歧视做法时,所根据的联邦法律没有太大差别,个案的证据更高度类似。即便存在如此之多的类似性,不同联邦法官的断案理由与最终结论却差别很大。

联邦法院针对阿拉巴马州埃尔默县、苏特县与派利县作出的相关判决,极大地补充、丰富了我们所熟知的《1965年选举权法》的两类法源:1965年3月发生在阿拉巴马州达拉斯县首府塞尔玛市(Selma)爱德蒙·派特思(Edmund Pettus)桥附近的民权示威游行,及随后阿拉巴马州巡警对于示威者进行血腥镇压的消息虽然受到了严密封锁,却在很大程度上震惊了整个美国社会,并唤醒了诸多富有良知的美国公众对于这一现实的理性反思。[8]后来,鉴于美国黑人在选举权问题上所受到的严重歧视,审理本案的联邦法院判令,黑人示威者有权沿公路从塞尔玛一直示威至阿拉巴马州首府——蒙哥马利市,从而使得示威活动得以持续。[9]时任美国总统的杜鲁门迫于压力,要求其立法团队加紧立法,并发表公开演说,将发生在塞尔玛的示威活动定性为和著名的“列克星敦事件”(Lexington)、“康克德事件”[3](Concord)以及“爱波麦特思事件”[4](Appomattox)一样重要的历史事件。与此同时,美国国会也以创纪录的速度通过了《1965年选举权法》。时任美国总统约翰逊(Johnson)为此公开宣称,“美国黑人才是这场斗争胜利真正的幕后英雄。”[10]因此,似乎可以将约翰·路易斯及阿尔伯特·特纳[11]等人所领导下勇敢无畏的黑人所进行的“不守法”运动,与地方选举官员赤裸裸的滥权行径,视为催生这一重要法案的两大法源。

大卫·盖洛曾就《1965年选举权法》问题进行过十分详尽的研究,而其所持观点即为如此。在盖洛看来,1965年初,塞尔玛市爆发的争取选举权运动标志着“选举权发展历程中最为关键的一个阶段,因为在此期间,《1965年选举权法》草案出台,并被送交国会审议。”[12]盖洛强调,在这一过程当中,“非暴力学生运动联合会”、“南方基督教领袖大会”等民权组织发挥了十分重要的作用,而媒体对于塞尔玛事件的报道,以及随之而来美国社会公众对于这一事件的激烈反应所发挥的作用同样不容忽视。应该承认,盖洛的主张存在一定的道理,但也在如下两个方面存在明显的局限。首先,强调民权组织发挥作用,不当地淡化了美国南方黑人实际扮演的角色与发挥的作用。事实上,在所谓民权团体走上历史舞台之前,美国南方的黑人就已经开始了大规模争取平等选举权的抗争,而这些平凡个体为了捍卫自身的应有权利,往往需要承担巨大的生存乃至个人安全的威胁与风险。其次,尽管盖洛在研究中也用一定篇幅关注了美国司法部进行的选举权诉讼,但其并未意识到这些诉讼与《1965年选举权法》的具体内容之间存在的实质联系。与此类似,泰勒·布兰奇所进行的开创性研究也将《1965年选举权法》视作英雄人物所主导的戏剧性事件,同样忽视了法案内容的形成过程与影响动因。[13]

如果从美国种族歧视的流变历程着眼,关注美国联邦最高法院的判例,显然有助于理解与把握这一问题。在认定《1965年选举权法》合宪的判决当中,联邦最高法院就曾强调,“美国某些州及地方官员,长期以来赤裸裸地公然违反宪法,否认黑

---

[3] 所谓“列克星敦”与“康克德事件”事件,是指1775年4月19日在马萨诸塞列克星敦打响的美国独立战争第一枪,一般将其视为美国独立战争的发端。

[4] 所谓“爱波麦特思事件”,是指发生在1865年4月9日电美国内战最后一战,是役后,美国南方联军向北方格兰特将军投降,美国内战结束。

人享有平等选举权。”[14]约翰逊总统在签署选举权法案的时候指出“有人曾说，不应好高骛远，而应从细微之处入手，脚踏实地。但事实上，这样的尝试从未停歇，却又不断碰壁。而现在，失败的阴霾终将散去。”联邦最高法院对此表示赞同，并将之前民权法的执行不力归咎于司法救济力度的缺失。[15]连美国国会也第一次有机会通过详尽的个案文档，直接“领教”南方联邦法院对于黑人平等选举权的敌视态度。这一切距宪法第15修正案首次宣称，选举过程中不得存在种族歧视已经过去了大约95年，也正是在这一时期，美国国会第一次通过立法，保证黑人的平等选举权免受种族歧视的侵害。[16]概括而言，基于立法与司法的双重根据，美国最高法院承认了《1965年选举权法》的正当性，而这段历史后来也在大量个案中被反复强调。

笔者择选的发生于20世纪60年代的3个典型案例，和其他类似案例一样，不仅可以被用来支持联邦最高法院的相关论断，更可以用来帮助读者理解《1965年选举权法》的具体内容。这部伟大法律的内容与其说是约翰逊政府，或者美国国会的杰作，倒不如说是产生自美国联邦政府从包括上述3个案例在内的个案诉讼过程中所获得的经验教训。同时发挥作用的还包括美国黑人针对地方选举官员所坚持的“非暴力不合作态度”。

《1965年选举权法》代表着始于《1957年民权法》的民权立法进程的段落性终结，而《1965年选举权法》最为显著的特色在于，将违法检验标准从之前考察执法者主观心态，改变为关注法律适用所产生的实际效果，并规定原告得主张行政救济。与之相比，《1957年民权法》当中虽然并不包括实质性的检验标准，但却在美国司法部之内创立了民权保障部门，并授权其可对地方当局违反选举法的行为提起民事诉讼。在此类诉讼中，美国政府作为诉讼参与人，必须提供证据证明，负责选举的地方官员在处理选民登记时歧视黑人，或者在制定地方选举法的过程中具有歧视黑人的意图。《1957年民权法》同时还创设了“民权委员会”(Civil Rights Commission)，该机构也为问题的根本解决发挥了作用。总体来说，《1957年民权法》开启了一个看似缓慢，但后来却进展惊人的诉讼与立法进程。

导致美国南方长期存在明显违反宪法与相关法律的种族歧视现象的主要原因，概括起来大体包括如下三点：首先，美国南方选民登记制度中歧视黑人的部分，在几十年间从未得到任何纠正。选举过程中的种族歧视因为历时甚久，已经成为习惯性规范，而任何试图纠正这一现实的措施，都将面临改变现状所附带而来的巨大压力。例如，路易斯安娜州曾有一位选民登记委员，试图对黑人平等适用选举法，但很快就被炒了鱿鱼，理由再简单不过，这位女士显然对“黑鬼”太过宽厚。其次，如果大量黑人获得选举权，那么之前几乎全部由白人选举出来的官员，将会受到因选民种族构成剧烈改变所带来的威胁。因此，很多地方立法机构与立法者，对于支持黑人享有选举权并没有太大兴趣。其三，美国联邦政府似乎并不热衷于处理选举过程中的种族歧视问题。20世纪早期，联邦最高法院就曾拒绝通过判例，为遭受种族歧视的黑人提供选举登记，而在20世纪中叶，联邦最高法院也曾明确认定，虽然将文化水平测试作为选民资质遴选标准的做法，实际导致了大量黑人申请者被不当排除，但这种做法本身并不违反美国宪法。同一时期，美国国会并未赋予《1957年民权法》与《1960年民权法》任何实质可操作性。美国司法部在《1957年民权法》出台后，也并未采取积极的执行措施。在这种氛围下，对于试图寻求平等选举权的黑人的欺凌与怠慢，似乎已经成为维持白人至上理念所应采取的一种策略性做法。[17]而执行《1957年民权法》的最初尝试，明白无误地证明了美国南方地方官员强烈抵制黑人享有选举权，因此，联邦政府有必要采取更为有效的解决办法。

有鉴于此，美国国会制定了《1960年民权法》，尽管较之前的相关立法，内容上并未出现显著的变化，但《1960年民权法》的确试图尝试新的执法措施，其中就包括由联邦法院指定“选举仲裁人”(Voting Referees)，即后来由行政机构所任命的联邦选举监督员的前身。[18]美国司法部也基于这一理念，开始逐渐增加诉讼的频率，以期达成这一民权法案的立法初衷，并取得了一定的成效。尽管如此，大量在任职伊始，曾宣誓效忠宪法与美国联邦法律的美国南方地方官员，却继续抵制黑人平等享有选举权。[19]更有甚者，很多位于美国南方的联邦法院也钻法律的漏洞，规避甚至拒绝为当地白人官员违反选举法的行为提供有效法律救济。[20]所有的一切又进一步催生了《1964年民权法》。尽管这一法律最初强调的重点在于劳动关系，以及联邦救助体系中的种族歧视问题，但其也的确为美国司法部在涉及选举权的诉讼中，不用明确证明存在种族歧视便可赢得官司提供了有效的帮助。[21]

虽然《1964年民权法》的有效性还尚待观察，但随后不久两大戏剧性事件的发生，直接导致了《1965 年选举权法》的出台。首先，1964 年在密西西比州的费城，来自全美各地的大学生聚集于此举行集会，抗议黑人在选举问题上遭受的不公正待遇，在活动过程中，3 位民权活动人士遭到杀害。另外，1965 年 3 月，电视报道了密西西比州巡警在该州塞尔玛市埃德蒙桥附近，血腥镇压和平示威的行为。之后不久，美国国会便通过了《1965 年选举权法》。[22]

事实上《1964 年民权法》出台之后，主张应更为强硬地捍卫平等选举权的人士，主要面临三大难题。首先，一直以来，立法的通过都必须突破国会内部不同利益集团的反对或者抵制。民权活动人士如何得以在短短 10 年中，连续四次获得国会多数派在民权立法方面的政治支持？其次，此类立法需要在不牺牲各州自治权的情况下，有效地终结选举中所存在的种族歧视问题。第三，在设计强有力的立法过程中，起草者必须能够为联邦政府干涉本来专属于各州的选举事务的这种做法提供合理解释。例如，1959 年，美国联邦最高法院就曾认定，路易斯安那州一项要求选民登记申请者必须通过相关文化水平测试的法律合宪。[23]这一测试后来也成为美国南方各州在选举问题上坚持种族歧视做法的主要根据。1937 年至 1951 年，联邦最高法院曾认定，将“人头税”作为参与选举活动前提条件的做法合宪。考虑到上述情况，美国国会是否有权禁止各州采用上述被联邦最高法院认定合宪的选举资格审查措施？面对这些困难，政府所进行的专门诉讼就成为解决上述问题的必要措施。事实上《1965 年选举权法》大多数条文体现的，正是政府之前提起选举权诉讼的成果，唯一的例外是“人头税”，理由很简单，自始至终，政府方面在诉讼过程中都未涉及过这一问题。

世事流转，终究有因。曾几何时，富有勇气与抗争精神的法官、联邦政府律师与民权领袖，被认为是导致美国选举法律理论与实践进步的根源。但通过对于美国选举制度变迁的解读不难发现，群体性作用似乎十分关键，不同角色的合力似乎才是最终的决定性力量。黑人个体争取平等选举权的努力，联邦政府律师所付出的努力，似乎都无法圆满地解释这一流变，民权活动团体的活动同样没有产生实质性的积极后果。相反，正是上述不同力量的共同作用，才催生了选举权法的最终出台。学界就这一过程中不同政治势力与民间力量的合流，南方黑人草根阶层与其民权盟友之间的关系等重大理论问题多有研究，学者们也曾关注过《1965 年选举权法》通过前相关诉讼的大量文档记录。[24]遗憾的是，就这些诉讼如何影响、决定选举权法的具体内容却很少有人注意。[25]但恰恰是联邦政府根据《1957 年民权法》《1960 年民权法》以及《1964 年民权法》，就选举权平等问题所提起的相关诉讼，最终勾勒了《1965 年选举权法》的轮廓。

厘清这一历史过程十分重要。我们生活在可以对记忆加以选择与控制的时代。如果大卫·艾维萘(David Irving)可以否认犹太大屠杀的存在[26]，那么就有其他人可能否认美国种族歧视问题的存在。美国 20 世纪早期的历史研究恰恰就不承认存在什么种族歧视问题，对此，更有如《一个国家的诞生》(Birth of a Nation)[27]、《乱世佳人》(Gone with the Wind)等流行文化的加持。[28]《1965 年选举权法》中所凸显的"预防性机制"(Prophylactic)本身的合理性，建构在客观证据累积的基础之上。目前，美国学界围绕《1965 年选举权法》进行的研究，大多关注 1965 年之后这一法律文本的演变及修正，而很少有人会去关注该法通过之前，政府方面针对选举权平等提起的相关诉讼对于该法的影响。从这个意义而言，对于 20 世纪 60 年代美国司法部在阿拉巴马州一些县提起的相关诉讼的充分理解，无疑有助于充分理解该法通过的必要性与急迫性。这些诉讼为规范美国行政、司法等机构的相关行为，提供了弥足珍贵的试验田。事实上这些案例也在某种程度上证明历史上，美国的立法、行政及司法部门曾一度联手，致力于践行、维护宪法保障的相关权利。

为了更好地理解与《1965 年选举权法》有关的具体个案，及其在这一历史变革期所发挥的作用，有必要了解当时美国联邦及地方相关的政经背景。因此，笔者首先着墨于阿拉巴马州的种族问题与选举权问题的纠结，然后将视野扩大到国家层级，最后，将研究的重点落于三个极具代表性与说明力的案例。在此基础上，本书还就《1965 年选举权法》最终文本的形成过程、文本不同部分与之前相关诉讼的关联等问题加以研讨。

第一章　阿拉巴马，1964

曾几何时，星辰坠入阿拉巴马，而这片土地的最终命运，随之改变。

——卡尔·卡摩尔：《星辰坠落阿拉巴马》[1]

从1819年加入美利坚，到1964年为止，阿拉巴马州的种族对立一直十分严重。而这种“黑”与“白”的分割，贯穿美国奴隶制时期、南北战后重建时期、白人至上主义复辟时期，以及现代民权运动的始终。

显而易见，奴隶制催生出的是一个白人统治黑人的经济体系结构。尽管在1865年至1877年期间，因为南北战后重建，美国南方曾出现过短暂的种族平等运动，但生活在阿拉巴马的白人却坚持认为，自身经济、社会乃至政治地位的稳定都取决于种族的区分与位阶，而黑人，应位于这一种族阶梯的最底层。尽管如此，重建期间联邦军事力量的介入，曾使得几乎百分之百的黑人获得了选民登记，并有超过百分之七十的黑人实际行使了投票权，某些黑人甚至通过胜选，出任地方基层、州乃国会的公职。

但随着联邦军队的撤出，事实证明，宪法第14、15修正案在面对试图复辟白人至上主义的地方当权派时完全失效。渐渐地，最初针对黑人选举权的欺诈，甚至赤裸裸的恫吓，开始让位于一种更为复杂，并被阿拉巴马州1900年宪法合法化的剥

〔1〕卡尔·卡摩尔(Carl Carmer)，生于1893年，卒于1976年，美国二十世纪四五十年代的知名作家，代表作为《星辰坠落阿拉巴马》(Stars Fell on Alabama)。

夺黑人选举权的行径。[1]正如一位阿拉巴马历史学者所尖刻指出的那样："1900年前后，阿拉巴马州有超过10万名黑人选民。10年之后，只有3752名黑人免受清洗，得以继续留存在选民名单之上。"[2]理查德·维利(Richard Valelly)就曾指出，美国南方存在一种非常特殊的情形："一个人数众多的社会族群被整体赋予选举权，但后来，这一群体的选举权却又藉由立法、公投乃至宪法修正等形式被逐渐剥夺，从而使其需要再次重新争取选举权。"[3]

如果美国能像南北战后重建时期那样，继续强势推行、保障黑人理应享有的选举权，那么20世纪美国南方的发展历程与轨迹将发生显著变化，也无需再制定像《1965年选举权法》之类的法律。相反，那个时期构建的大多数民权保障法先后遭到废止，事实上，阿拉巴马州1901年宪法的目的即在于清除"黑鬼的选举权"。[4]结果，截至20世纪中期，阿拉巴马州95%以上的黑人仍然无法享有选举权，甚至连密西西比州都没有如此极端、狂热地捍卫白人的至上性。[5]

发生在1901年的这场镇压民权运动，得到了美国南方某些所谓"杰出"思想家的有力支持，在这些人看来，剥夺黑人选举权有利于减少选举过程中的欺诈行为，避免种族冲突，从而有利于美国南方尽快全面地重新融入美国政治体制。[6]那些积极捍卫白人权利、竭力压制任何革新可能的人，可以通过鼓吹剥夺黑人选举权得以连选连任。[7]南方各州成功剥夺黑人选举权所产生的影响极其深远，甚至可以作为导致美国国会于1957年、1960年通过的民权法并未发挥太大作用的深层次原因。正是由于相关法律的失效，美国国会才最终于1965年通过了更具操作性，也更为有力的选举权法。

尽管南北战后重建时期，美国黑人与白人或多或少曾经平等生活过，早期历史学家及社会学者却认为，这一时期的美国政府由腐化堕落的黑人、北方佬以及无赖所把持，缺乏责任感。乌德勒·威尔森(Woodrow Wilson)提出，美国南方白人采取各种措施剥夺黑人的选举权，实属不得已而为之，因为只有这样做，才可以确保自身利益免受来自黑人或无知、或敌意选票的干涉。[8]甚至连非洲裔美国历史学家乔治·W.威廉姆斯(George W. Williams)也认为，"虽然黑人从美国南方政治生活中消失得几乎有些随意，却又无可避免。"[9]当时哥伦比亚大学历史系的主任则认为，"宪法第15修正案是这个时代最明目张胆的罪行之一。低等民族对于高等民族的屈从，甚至高等民族对于低等民族的奴役实属正常，但如果事情颠倒过来，则显得极不正常。”[10]这种刻画显然可以作为维系白人在经济、政治乃至社会事务中占据至上性的根据。生活在美国南方的白人不仅将黑人视为异类，认为黑人的无知、贫困及民族劣根性与政府的有序管理格格不入，甚至连那些接受过良好教育、经济条件良好的黑人也被剥夺了选举权。约翰·霍普·富兰克林（John Hope Franklin）曾援引一位密西西比州选出的美国参议院议员的话，“就好像我不认为每天早上给我擦鞋的那位黑皮肤、呆脑壳的安迪·多特森（Andy Dotson）应享有这些权利一样，我拒绝承认布克·华盛顿（Booker Washington）享有选举权以及其他任何盎格鲁—撒克逊法律体系项下的权利。”[11]而直到1960年代末，还有来自密西西比州的白人议员在众议院辩论过程中提出：

> 我本人对于命运多舛的黑人兄弟毫无恶意，就在几年之前，这些黑人还在非洲丛林当中任人奴役，而是这个国家，为其砸开了身上附着的镣铐。在南方白人兄弟的引领下，美国黑人获得了史上最大的进步。但是所有向善者及政治人物所做出的努力，并不能在一夜之间将黑人置于与白人等量齐观、分庭抗礼的地位，毕竟和黑人不同，白人在过去的千百年当中一直享有文明、宗教、教育的福祉与教化。黑人，必须在白人的引领下，谨慎地慢慢踏过荆棘，才能实现最终的文明，而这，是一个渐进的过程。但目前，美国政治生活的真正悲哀之处在于，本来良好，甚至未来可以一直良好的种族关系不仅正在受到威胁，而且正遭到践踏。[12]

白人似乎真的担心黑人一旦重新夺回投票权所意味的结局。除了认为黑人是“扶不起的阿斗”之外，白人也从心底担心黑人的“报复”。阿拉巴马州塔斯克基（Tuskegee）的一位白人商人认为，黑人主导的地方政府将会以显失公平的方法对待白人：“听着，如果有所谓‘仇恨’的话，这个词说的就是南方黑人对于白人的那种切身感受。”[13]历史上曾出现过的白人选民与黑人选民的合作，例如1946年詹姆士·弗森（James Folsom）的州长选举活动，已被证明实属偶发。三K党的暴行，普通白人在议事过程中的杯葛，以及极端种族主义者在选举过程中的接连胜利皆属常态。说到底，恰如亚特兰大宪章的起草者所言，“如果白人至上主义者无法维系自身的所谓‘优越性’，那么其所生活的那个虚幻的世界将彻底崩塌。”[14]

当然，这并不意味着所有生活在阿拉巴马的白人都是极端的种族主义者。还是存在某些温和派，甚至民主派人士。相当部分的南方白人确信应该调整黑人与白人之间的种族关系，并终结黑人所遭受的不当对待。然而，这些所谓南方白人主派一直秉持着的是某种渐进的改良之道，即回避种族隔离本身，而是有选择地对于某些细枝末节加以完善，同时坚决抵制联邦政府的民权保障措施，时刻考虑南方白人的感受。白人社区也往往排斥那些主张赋予黑人选举权、反对种族隔离的白人。[15]截至20世纪50年代，虽然反对种族隔离的声浪日渐高涨，但在美国南方的特定政治氛围之中，白人民主派如果直抒胸臆，无疑将与持反对意见的校董会、警方、政客、市议会，特别是蠢蠢欲动的三K党发生正面交锋，将处于极端不利的位置。这些白人民主派所面对的困境与阻滞程度，将远远超过似乎不可撼动的各种“种族歧视法”〔2〕(Jim Crow Laws)所导致的不良后果。[16]

至于那些所谓的白人温和派，则基本上持有对于黑人相同的刻板印象。例如，1935年联邦最高法院曾在一个判决中指出，阿拉巴马州杰克逊县某份报纸的总编曾提出，黑人即使品性纯善，也不具备良好的判断能力。更匪夷所思的是，联邦最高法院还在判决书中援引了一位邻近的摩根县陪审员的话：“个人而言，我不认为摩根县有哪位年龄介于21岁至65岁之间的黑人，具有诚实、聪慧的品性，也没有哪位这个年龄段的黑人，被公认人格端正、性情温良且具有较好的判断是非能力，相反，他们当中的大多数要不贪杯，要不就因为生理或者心理的疾患、大字不识几个或者曾犯有有违良俗的犯罪，根本无法出任陪审员。”[17]

因此，即便南方温和派白人承认，不应仅仅因为黑人的种族就褫夺其选举权，但这种认知并未转化为明确反对歧视黑人选民登记申请者的具体行动。一般认为，大多数黑人尚未做好投身选举的充分准备，而在时机尚未成熟的情况下全面承认黑人的选举权，无疑将对国家治理产生负面的影响，并很有可能导致由黑人主导

〔2〕种族歧视法，又称吉姆·克劳法(Jim Crow laws)，主要指1876年至1965年，美国南方各州及其地方权力机关所制定的，试图建立、维护、推行种族隔离的地方法律的总称。

南方黑人聚居各县的政治生活。因此，温和派白人对于南方的种族歧视多持隐忍，乃至纵容的态度，甚至一度对于暴力镇压黑人民权运动的恶行也视而不见。更有甚者，由于艾森豪威尔总统并未明确支持“布朗诉教育委员会”一案的审理结果，大多数南方白人温和派深感自己遭到总统出卖，毕竟总统是全美唯一一位有能力挑战种族隔离制度的人。[18]

一个很自然的问题是，对于美国南方白人官员公然违背联邦法律的行为，本意良善的白人民众为何秉持支持的态度？白人官员所具有的公职成为其大肆进行种族歧视的护身符，这些人将“联邦主义”与“司法限制”视为魔咒。在其看来，即便大多数温和派白人或许会遵从法院的判决，但联邦主义的冲动是魔鬼，联邦司法体系对于地方选举事务的介入更是魔鬼。因此，“1962 年元月，阿拉巴马州民主委员会发表决议，谴责美国检察总长干预‘美国南方白人历史性权利’，同时反对其干涉本州选举法的行为。”[19]其实，这种干涉的最好结果也不过是各州对这一判决的阳奉阴违，以及种族隔离主义者的疯狂反扑。[20]

生活在阿拉巴马州的黑人以及全美各地的黑人团体，强烈反对这种对于黑人选举权的剥夺。1901 年阿拉巴马州宪法对于剥夺黑人选举权的行为加以合法化之后不久，当时阿拉巴马州一位十分知名的黑人领袖，布克 · T. 华盛顿（Booker T. Washington）就曾秘密资助相关团体，试图通过诉讼的方式挑战严格限制黑人选举权、同时对于白人选举权却采取相对宽松态度法律的合宪性。[21]即便对于这种质疑阿拉巴马选举法中歧视性条款的努力，联邦最高法院并未表示支持的情况下，黑人也并未因此放弃争取选举权的努力。

二战后，“全国黑人大会”（the National Negro Congress）曾代表全美受压迫的 1300 万黑人，向当时刚刚成立的联合国提出动议。这一动议同时也提交给时任美国总统杜鲁门。在动议中，全国黑人大会列举了美国种族主义者种种歧视黑人的行径，并将剥夺黑人选举权痛斥为一种“由这个不民主国家偷偷安插在美国南方，却又被成功政客加以大肆鼓吹的卑劣行径”。一年之后，“全美有色人种协进会”向联合国提交了《告世界书》（An Appeal to the World），谴责了美国剥夺黑人民权的行径。该协会领导人，W. E. B. 杜博斯（W. E. B. DuBois）博士指出：“剥夺黑人选举权，使得美国自身民主机能的运转举步维艰，而美国作为世界民主旗手的倒下，对于世界范围的民主运动无疑产生了灾难性的影响。”这一文稿特别强调了人头税以及其他类型政治、经济恐怖主义对于选举权的实质性剥夺，并坚称，联邦政府应被赋予抗拒选举权歧视的权力。[22] 4 年后，杜博斯作为 93 位创始人之一，发起了“民权大会”(the Civil Rights Congress)，并向联合国人权委员会提出了一份措辞更为激烈，名为《我们所指控的种族灭绝：一份呼吁联合国敦促美国政府终止针对黑人所犯罪行》的倡议。尽管这一文件着力谴责对黑人滥用私刑及其他暴力犯罪，但其还是利用一个章节，谈及了美国地方各州利用人头税以及其他经济恐怖主义剥夺黑人选举权的行径，并谴责了“故意干扰适格黑人选民申请选民登记，以及通过立法赋予相关有权部门权限，使其可以恣意剥夺任何人选举权的行为”。同时，这一文稿还谴责美国国会没有通过立法保证黑人享有自身应有权利，没有对于剥夺黑人选举权的行为加以司法对抗。[23]

面对上述指控，大多数美国政府机构选择试图通过种种方式，屏蔽这种将美国家丑外扬的声音。艾琳诺尔·罗斯福(Eleanor Roosevelt)作为“全美有色人种协进会”董事会成员及美国驻联合国代表团代表，拒绝将这一文稿递交给联合国。[24] 杜博斯对此的解释是，“美国代表团不想让联合国大会关注美国国内的民权状况，更不想让任何其他国家有机可乘，正是基于上述考量，罗斯福女士曾表示，将在必要的情况下退出驻联合国代表团。”[25] 更有甚者，当民权大会主席罗伯特·派特森(Robert Patterson)以个人名义向联合国提交了这一文稿之后，美国政府在其返回美国之后，随即没收了派特森的护照。但和美国政府的态度不同的是，美国媒体大多以较为正面的态度，积极报道相关人士为争取黑人选举权在国际上所进行的努力。[26] 当然，少数倾向政府的媒体，如西弗吉尼亚州《摩根城邮报》(Morgantown Post)就刊文批评，“全美有色人种协进会”此举为“苏俄提供了攻击美国所需的口实。”[27]

尽管多有动作，但美国显然无法让这份报告凭空消失。而苏联也将美国黑人种族歧视作为指控理由，提议要求联合国调查“全美有色人种协进会”的相关报告。然而，联合国人权委员会否决了这一动议，并未对此展开任何调查动作。[28] 尽管这些申请并未获得联合国的加持，但的确引发了国际社会对于这一事件的关注与报道。例如，印度的一份亲共产主义报纸《闪电报》(Blitz)就曾经公开支持民权大会的相关努力。[29]除此之外，在一份美国国务院的机密文件当中，一位美国外交官曾报告说，在其与一位荷兰官员的会谈过程中，后者抱怨美国针对黑人的态度与立场让美国的盟友难堪，更别说为其背书了。[30]除却上述国际层面的努力之外，“全美有色人种协进会”还通过资助选民登记以及提起相关诉讼的方式，挑战当时的美国选民登记制度。20世纪40年代开始的这些努力，导致阿拉巴马州黑人选民登记人数从1940年的大约2000人，上升到1956年的533666人，最大的增幅恰恰出现在1952年至1956年期间。[31]在“全美有色人种协进会”所面临的诸多困难当中，缺乏强有力的律师，代表其在阿拉巴马州进行法律战显得尤为突出。马歇尔的继任者，“全美有色人种协进会”法律辩护基金负责人杰克·格林伯格曾撰文，描述了阿拉巴马州那些想投身律师行业的年轻黑人所面对的困境，如种族隔离背景下，没有什么教育机构能够为黑人律师提供合格的养成教育，其潜在的客户往往没有能力支付律师费，等等。格林伯格统计，1937年至1947年阿拉巴马州只有1位黑人律师。直到20世纪50年代，才又有3名黑人成为律师。[32]当地白人律师则很少会插手民权案件。不仅如此，到了1956年，阿拉巴马州总检察长针对“全美有色人种协进会”提起了一系列诉讼，并以此成功地阻止了“协进会”在该州内开展任何活动，这一境况直到1964年联邦最高法院认定该禁令违宪后才得以改观。[33]

在“全美有色人种协进会”遭噤声的这8年空窗期，其他的民权组织并未因此停止活动。例如阿拉巴马州一个名为“阿拉巴马州登记与选举协进会”（the Alabama State Coordinating Association for Registration and Voting）的组织，就曾帮助黑人申请选民登记。另外还有很多地方组织，如“蒙哥马利民众联盟”（Montgomery Civic Association）、“塔斯克基民众联盟”（Tuskegee Civic Association），以及“派利县民众联盟”（Perry County Civic League）等，都在试图填补这一空白。最终，“非暴力学生运动联合会”与“南方基督教领袖大会”成为鼓励黑人申请选民登记的中坚力量。1961年至1962年，民权活动团体在时任美国总检察长罗伯特·肯尼迪的号召下，开展了一项选民教育项目，旨在鼓励美国南方黑人进行选民登记。总之，对于“全美有色人种协进会”的封杀，催生了难以计数的其他战术性尝试。不同组织间的竞争也使得民间抗争活动愈演愈烈，难以控制，截至1961年，美国南方各民权组织之间为了能在竞争过程中压倒对方花招尽出。[34]更值得一提的是，即使在民权组织活动相对薄弱的地区，还是有些黑人不顾白人当权者的阻挠坚持申请选民登记。当二战后黑人老兵返乡时，当白人初选制终结时，当“布朗诉教育委员会”案宣判时，当《1957年民权法》通过时，一个个希望似乎浮现出来，越来越多的黑人尝试进行选民登记。但渐渐地，很多黑人因为连续受挫而心生倦意，最终选择了放弃。例如1954年，索姆特县的乔·比哉尔（Joe Bizzell）首次申请选民登记，1961年，他第三次，也是最后一次提出申请。正如其自己所言，之所以放弃尝试是因为自己已经竭尽全力，而事实证明，一切都已无济于事。[35]

黑人，将选举权视为在美国争取平等权利的核心。例如，“塔斯克基民众联盟”主席高米林博士（Dr. C. G. Gomillion）在一封写于1958年，旨在抗议剥夺梅根县黑人选取权的信中，告诫阿拉巴马州的立法者：

衡量选民登记委员会成员工作绩效的唯一尺度，只能是美国人民的政治信念，即：

1. 如无代表权，则无纳税义务。
2. 所有符合相关资质要求的公民都应享有选举权。
3. 法律面前，人人平等。[36]

黑人也将选举视为改变自身命运的手段。黑人申请选民登记，是因为他们想要获得柏油路面，获得完善的公共卫生设施，获得平等的教育机会，获得在政府部门服务的机会，获得公平的执法服务。而选举，是实现上述梦想的关键所在。1957年。在华盛顿的祈愿游行过程当中，马丁·路德·金曾如此呼吁通过《1957年民权法》的必要性：

赋予我们选举权，这样我们将不必忧心联邦政府蚕食我们的基本权利。

赋予我们选举权，这样我们将夺回书写南方各州法律的权力，从而终结血腥的暴力。

赋予我们选举权，这样我们的立法殿堂将由内心良善的人把持。

赋予我们选举权，这样我们将能确保由可以公正司法且具有宽容之心的人士，担任南方的法官。[37]

横在黑人面前的障碍，高不可攀。尽管程度有所差别，但所有黑人居民占多数的县，都使尽各种办法，旨在排除黑人参与选举，行使选举权。其中有2个县干脆直接禁止黑人投票。在其他的县、市，只有少数黑人享有选举权，这些享有选举权的黑人，或者因为受过高等教育，或者因为受到地位较高白人的加持。至于白人居民占多数的县、市，以及阿拉巴马州都会区，对于黑人获得选民资格设定的门槛相对较低，但几乎在所有的县，相较于白人，黑人获得选民资格的难度要高得多。自始至终，只有那些有能力支付人头税的人，才可能最终获得申请选民登记的资格。[38]

长久以来，选民登记都被认为属于一种和联邦权力无关，专属各州的权力。正如一个由3名法官组成的阿拉巴马州联邦地区法院曾指出的那样，“州，而不是联邦，有权规制选民资质，因此，除非州法违反了宪法第15修正案或者其他宪法规定，否则联邦法院不应对各州做法横加干涉。”[39]正是基于这样的一种考量，州与州之间在选民资格及选举程序规定方面差异颇大，普选制十分罕见。总体来说，超过21个州仍然对于选民的文化程度或者个人品格有所要求，[40]还有些州将是否支付人头税作为享有选举权的先决条件，除佐治亚州之外，享有选举权的法定最低年龄一般都被设定在21岁。

笔者本人在刚满21岁时就在加州获得了选举权。当时笔者来到一间邮局，领到了一份选民登记表，填上姓名、出生日期及居住地址后邮寄出去就大功告成。[41]与此类似，在很多州，选民登记过程并不复杂，基本由民众服务机构的职员具体负责。但美国南方各州的情况显然与此不同。在阿拉巴马州，选民登记由选民登记委员会负责实施，该委员会由3名当地居民，通常情况下是由州长、州审计长及州工业及农业委员会负责人指派的退休人员，或者鳏夫寡妇组成。实质上，在乔治·华莱士(George Wallace)担任州长期间，其一人独揽任命选民登记委员的大权。他在上台时的竞选口号就是：“今天要种族隔离，明天要种族隔离，永远都要种族隔离。”既然如此，为什么要用一个委员会，而不是由某个人来执行这一功能呢？一位在阿拉巴马州研习选举制度的学生曾做如下推断：“要防止有参选意愿的黑人参与投票，从而捍卫种族歧视制度，一个由多人组成的委员会显然要更为得力。”[42]

选民登记委员无一例外都是白人，每天的薪酬为10美金，这笔钱在1964年绝对不算个小数目，笔者当年在蒙哥马利县的一间相当不错的旅馆住宿10天，也只不过花费70.80美金。一个类似于艾莫尔、派利或者索姆特规模的县，选民登记委员会一年开会两次，在奇数年的秋季，或者在偶数年的1月和7月开会次数还有增加。1901年阿拉巴马州宪法的立法目的就在于剥夺黑人的选举权，并将未来黑人的选举范围缩至最小。除了通常在年龄、行为能力及居住地等方面的限制之外，这一宪法还要求选民的品性必须良好，能够践行公民义务，并支付人头税。[43]

长久以来，白人至上主义者都努力使阿拉巴马的选举活动与黑人绝缘。因为当时民主党初选的结果几乎就可以等同于正式选举的结果，因此将黑人从初选角逐当中剥离出去，实际上就意味着即使某些黑人得以获得选民登记，也根本无法影响选举结果。然而，自从1944年"全美有色人种协进会"成功说服联邦最高法院推翻白人初选体制之后[44]，阿拉巴马州民主党开始日渐关注该州政治生态中的黑人力量与黑人声音。有鉴于此，阿拉巴马州通过了针对1901年宪法的"博思维尔(Boswell)修正案"，该修正案最终于1946年获得通过。"博思维尔修正案"要求选民登记申请者必须能够理解、解释美国宪法。

随后，阿拉巴马州的黑人居民借由联邦法院，成功地推翻了"博思维尔修正案"，联邦法院在判决中援引了一位支持通过这一修正案人士曾说过的话，"我衷心希望能够通过一部在可能的情况下，将黑人从选举活动中赶出去的法律，如果这从根本上并不可行，那么我将支持通过一部最好是宪法性质的法律，将这种不可能，变为可能。""博思维尔修正案"本意即在于褫夺黑人选举权，而其也的确达到了预期目的："选民资格标准十分含混，因此白人选民登记委员可以对其恣意解读，大量黑人因此被无端地剥夺了选民资格，而相同条件的白人却可以轻松获得选举权。"[45]

阿拉巴马州的历史，实际上就是一部与联邦政府睚眦不断、对抗不断的历史。尽管联邦最高法院曾经宣告，禁止任何形式上的种族歧视，但包括阿拉巴马在内的美国南方腹地各州，一直奉行着看似中立，实质上却排斥黑人参与选举的法律。在"博思维尔修正案"被裁定违宪的两年前，阿拉巴马州再一次修正宪法，修定后的宪法要求，选民登记申请者能够诵读并书写宪法的任一章节。[46]

阿拉巴马州选民登记委员会所选择的选民资质测试方法包括如下步骤：首先，向申请登记者发放登记表，并由其在没有他人帮助的情况下独自填写，需要强调的是，申请表格中所列问题的合法性都已得到阿拉巴马州最高法院的支持。[47]最后，申请者在申请表格上签字，然后面对选民登记委员宣誓。1902 年刚启用时，申请表格仅有 1 页，内容十分简单，仅仅要求申请者签字确认自身符合选民资格。1922 年，在女性被允许登记参选后，登记申请表的篇幅虽未改变，但内容却开始变得繁复起来，选民需要自己填写诸如姓名、职业、婚姻状况、性别，种族，住所及居住年限等大量细项。到了 1952 年，登记表增加到了 4 页，需要申请者自行填写的问题也大量增加，同时还规定了额外的宣誓内容，以及需要保证人填写的内容。保证人应由可以证明申请者符合法定居住期限，且不具有其他任何褫夺选举权理由的合格选民担任。后来，申请表格中的种族选项被删除，但新的表格中所包括的 21 大项问题，却要求申请者提供大量与选举无关的个人信息。例如，在询问申请者是否被曾被判重罪或者其他道德失范之罪的同时，阿拉巴马州最高法院通过判例又增加了一项问题，即申请者是否曾被控上述罪名。另外，还有 6 项问题涉及申请者的个人操守。申请者需要明确表示支持、捍卫宪法，当履行宪法义务与履行世俗义务发生冲突时，必须选择履行宪法义务。有鉴于此，"全美有色人种协进会"曾于 1954 年提出，该申请表中有 9 个问题可能被用来剥夺黑人选举权，但直至《1965 年选举权法》施行，这些歧视性问题还在一直沿用。[48]

1960 年前后，由于很多黑人团体开始教授黑人如何回答选举登记表中的问题，选民登记委员会将表格中相关问题的顺序打乱，并重新排列。[49]到了 1964 年，随着民权活动的活跃，阿拉巴马州最高法院决定适用一种新的、长度为 5 页的表格，其中还包括一个特别的问题："是否曾在填写此表之前见过这一表格，请列明时间及地点。"[50]尽管登记表与其他类型测试存在很大差别，事先看到类似的选民登记表也不违法，但这一问题的确在某种程度上吓退了很多申请选民登记的黑人。或许更为重要的是申请表格增加的第三部分，即公民知识的部分，内容包括回答阿拉巴马州副州长的名字，读写宪法某些条款，以及书写选民登记委员相关指示等内容。这一部分每月更新。新的申请表取消了由合格选民为申请者提供品格证明的规定，只保留其证明选民申请者住所地的要求。

阿拉巴马州选民登记制度十分类似于被联邦法院裁定违宪的“博思维尔修正案”，因此具有种族歧视性，可以将其视为旨在排除黑人选举权的阿拉巴马州1901年宪法的延续。[51]在这一体制下，选民登记委员被赋予极大权限，可以任意决定申请者是否符合选民资格。而且，这一制度在防止种族歧视方面缺乏透明度，负责执行制度的人也由热衷于种族隔离制度的白人州长任命。然而，阿拉巴马州立法机构在立法的过程中，并未公开表明自身的种族歧视倾向，其立法设计也不像“博思维尔修正案”那样庞杂无序。从某种意义上，直接挑战这样一种制度的显得有些困难。1965年1月，美国政府正式向阿拉巴马州选民登记制度宣战。联邦政府在其提起“美利坚合众国诉巴盖特”(*United States v. Baggett*)一案中，要求联邦法院禁止选民登记委员会在申请表中设定任何形式的文化水平测试。[52]换句话说，联邦政府最终选择，通过在阿拉巴马州逐县提起代价不菲的诉讼的方式，挑战该州充满种族歧视色彩的选民登记制度。[53]

第二章　联邦执法

合众国或任何一州不得因种族、肤色或以前的奴隶身份而否认或剥夺合众国公民的选举权。

——《美国宪法》,第 15 修正案

任何研读美国宪法第 14、15 修正案的“旁观者”都有理由认为,这一规定足以有效遏制选民登记中的种族歧视行为。根据宪法第 14 修正案,如果某州拒绝赋予符合选民资格的男性居民选举权,就可以减少,甚至剥夺该州在美国国会众议院的代表席次。但可惜的是,这一十分有力的反歧视措施形同虚设,从未付诸实践。根据理查德·维利的观点,如果真的将上述制裁措施付诸实践,1903 年至 1953 年美国南方各州在参议院的席次将至少减少 25 席。[1] 进一步而言,宪法第 15 修正案明确禁止各州基于种族因素,否认或者限制公民所享有的选举权,并授权美国国会通过适当立法来对此加以执行。最初,国会曾立场十分强硬,试图通过法律严格禁止基于种族因素剥夺公民的选举权。然而,1891 年,在众议院通过由参议员乔治·豪尔(George Hoar)与众议员亨利·卡波特·罗智(Henry Cabot Lodge)联名提出的相关议案之后,参议院却成功杯葛了这一法案。随即在 19 世纪 90 年代,美国国会相继废止了许多之前保障选举权平等的立法。[2]

联邦执法的阻力首先来自于当时美国上下对于这一问题的普遍态度。尽管作为一种朴素的国民情感,美国人珍视平等、尊重选举自由,但百数年间,包括选举在内的社会生活各个方面,处处存在种族歧视。生活在美国北部的白人对此问题的态度，多少可以折射出南部各州白人所持的理念。F. 斯科特·菲茨杰拉德（F. Scott Fitzgerald）就曾在其著小说《了不起的盖茨比》中，借由虚构的人物汤姆·布楚南（Tom. Buchanan）来捕捉当时大多数美国北部白人对于这一问题的态度。布楚南，一位曾经是耶鲁大学美式足球队明星的芝加哥白人，对其他人种对于美国文明所造成的威胁直言不讳，"我对于整个事态持极度悲观态度，你可曾读过高道德（Goddard）所写，名为《有色帝国的崛起》这本书？应该是我们这些占统治地位的白人来把握大局，否则，其他种族势必抢班夺权。"这个时候汤姆的妻子迪西也同声附和："我们的确应该将这些人踩在脚下。"[3]

这里菲茨杰拉德提到的高道德，是一位从哈佛大学获得博士学位的流行作家，在他看来：第一眼，我们就明白，黑人不仅仅与白人，也与棕色、黄色人种存在极大不同。实际上，黑人与其他所有人种都存在明显差别。黑人的唯一特长在于超强的动物性活力。在这个方面，黑人将其他种族远远甩在后面。正因如此，黑人才极度情绪化，才极具繁殖能力，甚至可以被视为最会生养的族群。这种活力还体现在其他的很多方面，例如，黑人可以在十分艰困的奴隶体制下得以繁衍生息，而其他种族显然无法在这样恶劣的条件下获得生存。最终，在不同种族间相互融合的问题上，黑人的劣根性似乎时刻都显露无遗，永远不会因为血缘的交叉而丧失。[4]

1946 年，美国参议院组成专门委员会，调查密西西比州参议员比尔博（Bilbo）号召"每一位热血的白人使用任何可能的措施将黑鬼赶出选举队列"的言论。但该委员会的调查结果却认为，比尔博仅仅是"忠心捍卫密西西比州法、习俗与传统"[5]。甚至到了 20 世纪 50 年代，艾森豪威尔总统还曾告诉美国司法部长艾尔·沃伦（Earl Warren），美国南方那些支持在学校中实施种族隔离的民众绝非坏人，而这些人所关心的，仅仅是让自己家的乖巧女儿不用担心与过度发育的黑人在一个教室上课而已。[6]

正是由于美国南方的政府官员们看不出任何需要遮遮掩掩的理由，因此这个地区的种族歧视可以用明目张胆形容。1938 年，一位颇为显赫的南方州参议员曾在主流杂志大放厥词："为什么要抱有歉意，抑或者回避遮掩？我们在遵守联邦宪法方面已经做到了锱铢必较——但是对于任何可以让黑人误认为自己与白人平起平坐的法律或者宪法修正案，我们则大可将其置于一边，并且应当将这样的态度与做法坚持到底。”[7]在一份由社会学家盖纳·马德尔(Gunnar Myrdal)所准备的学术备忘录当中,美国知名种族关系学者、霍华德大学教授拉尔夫·邦奇(Ralph Bunche)曾对于20世纪30年代美国黑人的政治地位有过十分精准的描述,在其看来,美国南方各州白人至上主义愈演愈烈,阿拉巴马州除了传统的3K党之外,还存在着诸如“阿拉巴马白人至上主义联盟”(Alabama League for White Supremacy)等极端种族组织。这份备忘录详尽描述的很多歧视措施,在20世纪60年代美国司法部提起的诉讼中又再次出现。邦奇认为,导致种族歧视的最根本原因在于,“对于黑人获得主导权的忧虑,使得白人对于黑人选民十分忌惮,成见颇深。”此种担心大多源自历史学者所鼓吹、误导的一种信念,即认为黑人大多无知、懒惰,狡诈狂妄,对于政府功能的瓦解负有责任。而对于美国南方的白人选民,负责选民登记的政府官员却往往十分宽容,有舔犊之情,甚至对于目不识丁的白人选民申请者也是如此。根据他的调查,在阿拉巴马,白人选民申请者无需提供保证人证明自身的品性。但官员对于黑人的态度却截然不同,总体上,白人选民登记委员抵制黑人获得参与选举的权利,并想当然地认定黑人选民申请者不符合相关的资质要求。据邦奇统计,1938年阿拉巴马州获得选举权的黑人不超过2000人。与此同时,阿拉巴马州负责选举的选民登记委员对于自己的歧视性做法也似乎不屑掩饰。蒙哥马利县选民登记委员会主席曾向马德尔直言,必须剥夺黑人参与选举的权利,否则势必影响社会关系的平等,而黑人也将藉此获得这一地区的主导权:“所有的‘黑鬼’,无论是否受过教育,都有这样一种邪念,即希望获得平等,但是请你看看他们的样子。你肯定不希望和他们去同一间教堂礼拜,你不希望这些黑人死后和你分享同一块墓地,你不想让这些黑人在我们的学校、家庭当中获得比猩猩或者其他动物更大的空间。当然,黑人也有灵魂,也应该有属于自己的地方。这点毋庸置疑,甚至普通的白人劳动者,例如那些磨房工人,也和我们不在一个地方生活。正是因为这样,黑人所应获得的只能与此大致相当。不让黑人参与选举是十分必要的,否则,势必会导致社会平等。无论是蒙哥马利县,还是阿拉巴马州,黑人在数量上都占有优势,这样,他们将最终获得统治这片土地的权力。白人,不能容忍黑人获得这样的权力。”[8]

邦奇教授的研究结果,后来成为马德尔教授1944年所著《美国式困局:黑人问题与当代民主》(An American Dilemma: The Negro Problem and Modern Democracy)核心章节的立论根据。马德尔认为,“白人从自身实际利益出发,剥夺了美国南方黑人的选举权。”在著作当中,马德尔详尽描述了美国南方各州用以规避宪法、维持种族差异制度的各项措施,如“祖父条款”、“白人初选”、“人头税”以及“合格选民所需要的财产、教育以及品性”等要求。这种针对选民的财产、教育及品性资质审查,几乎无一例外地专注于黑人,但很少适用于白人。除此之外,还有其他剥夺黑人选举权的技巧,如在选民登记申请表上动手脚,在填表时只为白人申请者提供帮助,对于白人申请者填表时所犯错误睁一只眼闭一只眼,但对于黑人所犯相同错误却锱铢必较,吹毛求疵。最后,美国南方还大量存在针对申请选民登记的黑人实施暴力、恐吓及威胁等卑劣手段的现象。[9]

马德尔的研究后来蜚声国内外,无论是在大学殿堂,还是在街头巷尾,这一研究都受到了广泛关注与热烈讨论。美国联邦最高法院也在1954年“布朗诉教育委员会”案中援引了这一研究成果。面对马德尔所提出的大量无可辩驳的证据,大多数美国人却在相当长的一段时间内,选择像普鲁斯特(Proust)笔下的主人公所吟唱的那样:“我所作的仅仅是随波逐流,一旦长大成人,在面对不公与苦痛之时,我选择视而不见。”[10]即便存在着马德尔与邦奇的研究报告,尽管有着“全美有色人种协进会”的指控以及“南部地区议会”的后续调查,美国民众一直到1957年才凝聚出足够的民意压力,促使国会通过立法打击美国南方选举过程中针对黑人的种族歧视。当美国民众最终擦亮双眼时,可以轻而易举地发现,美国国会于1957年以及1960年制定的民权法案,折射的其实是一种认为半吊子举措或者妥协态度就足以解决问题的错误认识。年轻一代所秉持的理想、勇气,决心与牺牲精神,最终迫使美国的民主政体直面长久以来一直被回避的问题:对于选举过程中存在的种族歧视,需要采取类似于大萧条时期以及南北战后重建时期那样的坚决态度。

与美国全国上下针对种族问题态度的转变相伴生的是,很多美国人仍然坚信应该限制联邦政府的权力。导致这一复杂情感的存在根据包括:首先,20世纪50年代是美国联邦政府权力不断扩大的时代。其次,对于联邦执法,长久以来尊重州权的传统似乎构成了抗拒联邦介入的中性理由,而其,似乎与种族问题无关。

尽管人们认为执行宪法的联邦法院可以为受到多数人暴政凌虐的少数族裔提

供庇护，但 20 世纪前半期，联邦最高法院及其他较低层级联邦法院，在保护少数族裔选举权问题上所取得的成就可谓乏善可陈。早在 19 世纪末，联邦法院的判决就已指出，联邦法律的手不应伸得太长。[11]在世纪之交，霍尔姆斯大法官在“吉尔诉哈里斯”(*Giles v. Harris*)案[12]中发表的意见，或许可被视为是最具影响力的代表性观点，这一意见宣告 50 多年来，宪法第 15 修正案名存实亡历史的开始。联邦最高法院对吉尔案作出的判决，为地方选民登记委员会实施种族歧视的全权背书，并使得无法为歧视性执法寻求联邦司法救济。自此，只有在选举法本身，而非其执行存在种族歧视时，联邦司法救济才会介入。本案中，原告指控阿拉巴马州宪法规定的整个选举体制都实质违反了美国宪法，因此有权获得联邦司法救济，对此，联邦最高法院的结论是，联邦法院无权命令阿拉巴马州为原告提供选举登记，因为这样做将使得该州宪法违反联邦宪法的行为永续存在。这一反常的判决结果，导致阿拉巴马体制下恣意侵犯黑人选举权的白人官员毫发无损，也未改变黑人选举权遭剥夺的现实。对此，一些知名学者在研究中，将吉尔案作为佐证提出，“衡平法不适用于个人主张政治权利的诉讼，对于政治权利的惯常解读不属于衡平法的管辖范围。”对此，唯一可行的救济措施只能是要求损害赔偿。[13]20 世纪 20 年代通说观点甚至错误地将吉尔案解读为支持美国南方各州褫夺黑人选举权。[14]1940 年，《哈佛法律评论》的一篇文章曾提出，“试图通过司法机制认定人头税具有种族歧视性无疑十分困难。”该文认为，霍尔姆斯大法官以令人难以置信的勇气作出了这一总结。[15]直到 1952 年，一部关于民权法的早期著作仍然认为，“即便在某些情况下存在例外，但吉尔案的深远影响在于，联邦法院对选举权诉讼只能提供有限的衡平法救济。”[16]因为无法获得联邦司法帮助，相当一部分黑人选民登记申请者最终又毫无意义地将最后的希望寄托给州法院。[17]

虽然联邦最高法院的确推翻了两项和选举相关且十分明显的种族歧视措施，即 1918 年废止的“祖父条款“及 1944 年废止的“白人初选”制度。然而，人头税及文化测试之类最为常见的歧视性措施却仍并未被涉及。联邦最高法院在 1937 年及 1951 年两度认定人头税合宪。[18]1959 年联邦最高法院认定，文化测试如果操作适当，则符合宪法，并认为，读写能力与合理行使选举权直接相关。然而，联邦最高法院也承认，“看似公平的文化测试，也可以有悖于宪法第 15 修正案的方式被加以执行。以阿拉巴马州的博思维尔修正案为例，其要求申请登记的选民能够理解并解释宪法的条文，但这样的规定违反联邦宪法，因为从其立法背景判断，其目的在于赋予选民登记委员以自由裁量权，便利其实施种族歧视的行为。”[19]

联邦行政机关偶尔在选举权问题上也有所动作。例如美国司法部曾提起诉讼，质疑俄克拉荷马州选举法中的“祖父条款”，同时，美国司法部也曾对基于种族因素剥夺选举权的做法提起过诉讼。[20]二战结束之后，美国国民逐渐开始接受禁止种族歧视的法律。而杜鲁门总统与艾森豪威尔总统先后支持美国司法部成立民权部门来执行选举法。[21]所有上述要素共同作用，催生了美国第一部现代意义上的民权法，即《1957 年民权法》。这一法案以《1890 年谢尔曼反托拉斯法》(Sherman Antitrust Act of 1890)为模板，后者禁止合谋限制或者垄断贸易的行为。而《1957 年民权法》从总体上禁止选举过程中的种族歧视行为，并授权司法部负责执行该法。然而，和《谢尔曼法》不同，《1957 年民权法》所执行的是宪法条文中早已存在的禁止种族歧视规定，同时，围绕宪法第 15 修正案所提起的私人诉讼也大量存在。从理论上来讲，要求负责选民登记及投票的官员停止种族歧视的基础业已成形。同时，强有力执法也大大增加了严格遵守选举权的可能性。

如果不考察司法实践，会很难理解为什么《1957 年民权法》，及 1960 年、1964 年的民权立法并未产生预期的效果。来自美国南方腹地各州的国会议员强烈反对《1957 年民权法》，直接负责选举事务的地方官员也在执法过程中阳奉阴违。南部各州的白人民众乐于享受既有特权，丝毫无意将其拱手让人。是什么力量可以作为抗制这些巨大阻力的支撑？美国南方的黑人组织松散，并且时刻受到白人地主或者雇主等“衣食父母”的恐吓与阻挠。美国司法部也只有少数几位联邦政府律师负责执行这一法律。南部各州的联邦法官，因为都是白人，基本秉持相同的理念，即美国黑人尚未做好享有选举权的准备，而《1957 年民权法》被视为太过冒进。正如理查德·维利所说，《1957 年民权法》及《1960 年民权法》具有两大基本缺陷：首先，因为诉讼本身费时费力，法案的起草者不得不将希望寄托在地方官员主动遵守法律上。其次，上述法案的设定前提在于联邦司法体系能够保证法案执行，联邦法官与联邦政府律师能够精诚合作，所有人都具有改变种族歧视的热忱。但在美国南方，这两点都不存在。所有问题的实质都在于美国地方，尤其是美国南方地区对于联邦主义毫无认同感。[22]

民权事务部

司法部民权事务部生逢其时。1957 年，美国国会两党合力抵御南方民主党人的阻挠，通过法案创建了这一部门，意在由其负责执行宪法第 15 修正案，防止黑人因自身种族丧失选举权。最终，正是民权事务部，及供职于这一部门的联邦政府律师的共同努力，为《1965 年选举权法》搭建了主要架构。选举权法标志着国会确保选举过程中种族平等努力的最终成果。州与地方官员对于种族平等显然抱持抵制的心态，而联邦地区法院的法官在执行宪法第 15 修正案时，大多较不情愿，甚至抱持敌意。似乎只有司法部民权事务部，可以较为中立地与选举过程中的种族歧视展开斗争。[23]

创设民权事务部的想法，发端于美国南北战后重建时期的执法架构。当时，美国司法部通常倚重于地方政府律师执行民权法，但这些律师往往是地方党派人物所任命的政治亲信。因此，用"一贯保守、诚实的人作为地方联邦政府律师的替代人选"，推动了战后重建的加速完成。[24]与此不同，《1957 年民权法》由位于华盛顿特区的司法部专属执行。

民权事务部的主要职责是执法，而非推动黑人选民登记或者开展民权活动。这一部门的负责人活动积极，并在营造平等对待选民登记申请者的文化方面颇有建树。服务于这一部门的联邦政府律师精力充沛、实事求是、训练有素。他们很少埋头于文牍，而是深入基层，收集证人证言，悉心收集第一手资料。对于任何种族歧视案件，联邦政府律师都要做到熟悉案情，并从中仔细选择胜算较大的案件加以经营。民权事务部的工作流程与工作哲学要求任何案件在被提交给法院之前，都需具备足够的说服力，这一要求的目的在于，一旦初审不利，联邦政府律师可以在上诉法院显而易见地证明一审的谬误。需要指出，这些联邦政府律师虽然天赋颇佳，但并非都毕业于声名显赫的常春藤名校，而是来自五湖四海，涵盖了美国的东西南北。在理解美国南方基层选民登记委员会的运作方面，事实证明这种草根特性无比重要。供职于民权事务部的联邦政府律师们大胆假设，小心求证，开创性地提出了很多归责理论与救济原则，并将其牢固地建立在大量客观事实基础之上。

这些精心收集整理的事实不仅证明了种族歧视的存在，而且还清楚地证明美国南方政府官员，甚至联邦法官等明目张胆的违法行为。由此不难理解，民权事务部在选举法起草过程中所扮演的关键角色，也不难理解国会在立法过程中倚重于民权事务部整理的法学观点与事实的真正原因。

总统提名民权事务部的负责人，并由参议院讨论通过。在最初创建的两年当中，民权事务部并无任何建树，无怪乎《纽约时报》曾在社论中认为，在需要大刀阔斧地进行革新时，民权事务部显得畏首畏尾，在需要勇于承担责任时裹足不前，在需要革命性创新时瞻前顾后。[25]这种情况一直持续到艾森豪威尔总统任命纽约佬哈洛德·泰勒(Harold Tyler)作为民权事务部负责人，而泰勒又找来威斯康星州共和党人约翰·多尔(John Doar)担任自己的首席助理时。几乎一夕间，民权事务部的气象为之一变，开始主动出击，并积极深入到索姆特等县开展工作。后来，肯尼迪当选总统又为民权事务部带来了新的领导层，包括总检察长罗伯特·E. 肯尼迪(Robert E. Kennedy)，以及负责民权事务的助理检察长博克·马歇尔(Burke Marshall)。这一时期司法部内部两党合作仍在继续，多尔也保住了民权事务部负责人的职位，并成为肯尼迪民权事务团队中不可或缺的重要成员。[26]民主党出身的总统与总检察长和在美国南方独掌大权的民主党阀们关系密切。然而，司法部民权事务部雇佣的联邦政府律师却很少受到党派意识的影响，完全靠事实说话。事实上，肯尼迪政府任内民权事务部雇佣的第一名联邦政府律师是一位共和党人，人称“巴德”的艾维德·萨德(Arvid Sather)。更多的新晋律师则是初出茅庐，刚从法学院毕业并获得“总检察长奖”的法学院毕业生，这一奖项最早在1954年，由时任检察总长的布朗纳尔(Brownell)首创，旨在消除联邦政府律师雇佣过程中大量出现的任人唯亲、党同伐异与钻营取巧。[27]巴克·马歇尔则希望可以找到任劳任怨、不畏舟车劳顿的年轻律师为政府效力，事实证明，这一初衷效果不错。[28]虽然民权事务部作为一个法律机构，规模不大，截至1963年，只有21名律师，负责56起选举案件的调查以及45起选举案件的起诉工作。[29]即便如此，其仍然在规模上超过了“全美有色人种协进会”的法律辩护基金会，成为全美最大的民权法律服务机构。[30]

这一部门将捍卫黑人选举权的工作视为单纯的执法工作。正如巴克·马歇尔所言，“我们应重点关注联邦执法活动对各州官员的影响，这一问题事关在各州管辖范围内，联邦司法对地方官员的控制能力问题。”马歇尔并未奢求保证黑人选举权会对于其他领域内的种族歧视产生显著影响，但是其的确认为，如果不保证黑人选举权，联邦执法只是空谈。[31]换句话说，选举权是其他权利保障的必要条件，而非充分条件。

在阿拉巴马州各县，民权事务部对于自身发现的种族歧视问题，在诉讼之前，基本采取与地方官员积极协商的做法。这样也符合联邦权尊重州权基本原则。1963 年 4 月，时任美国总检察长罗伯特·E. 肯尼迪就曾造访蒙哥马利县，拜访刚刚当选阿拉巴马州州长的乔治·华莱士，敦促其遵守禁止种族歧视的法律规定。[32]马歇尔希望联邦通过地方的积极配合，而非单纯依靠强大压力，实现选举过程中的种族平等。然而，在某些领域，寄希望于地方官员的主动守法来达成目标，注定是徒劳的，因为这将直接危及白人作为优势阶层，在这一地区的实际地位与利益。对此，马歇尔一语成谶，“在很大程度上，联邦权力的涉入程度，取决于各州对于联邦保障权的认知与接受程度，而非其他。但在可以预见的未来，前景并不乐观。”[33]

联邦地区法院法官

最初，美国南方联邦地区法院的法官，负责审理政府提起的执行新制定民权法的诉讼。截至 1964 年，阿拉巴马州 3 个联邦司法区中，总共只有 5 位联邦地区法院法官，其中只有 3 位法官审理过针对选民登记委员的种族歧视诉讼。本书从这 3 个司法区当中，各择选一起诉讼作为研究对象，主要研究联邦法官对于选举过程中种族歧视的基本态度。这 3 起案件的发生地大致在北纬 32 度与 33 度之间，位于纵贯阿拉巴马州中部的一条直线上，并分别由联邦中部地区法院的弗兰克·约翰逊法官（Frank Johnson）、北部地区法院的哈巴特·格罗姆斯法官（Hobart Grooms）与南部地区法院的丹尼尔·托马斯法官（Daniel H. Thomas）负责审理。其中，约翰逊法官与格罗姆斯法官由艾森豪威尔总统任命，托马斯法官由杜鲁门总统任命。此类人事任命往往是民主党与共和党内部不同派系博弈与妥协的结果。这 3 位法官的任命得到了阿拉巴马州参议员斯波克曼（Sparkman）与希尔（Hill）的有力支持，在参议院听证会上，这些法官也得以轻易过关。[34]这3位法官都颇为高寿，并且3人的讣闻当中都被冠以“民权运动法官”这一头衔。虽然头衔相同，但3人的司法立场大有区分，3人当中，约翰逊法官最为激进，格罗姆斯法官最为谨慎，而托马斯法官显得较为怠惰。在民权法领域，约翰逊法官所作判决具有开创性，并影响到了后续的上诉审理过程。格罗姆斯法官所作判决则严格遵照上级法院的审理精神，从不逾越雷池半步。托马斯法官往往故意对法律与判例作狭义解读，而被此弄得火冒三丈的联邦上诉法院则不得不重新界定相关选举权法，以弥补可能的法律漏洞。

法律规定，联邦法官必须为自己的判决阐明根据。而这种于法有据的判决方式对于法治而言十分重要，特别在提高司法运作的透明性方面居功至伟，同时，这样做亦可以教化民众。当事人藉此了解案件诉讼成败的根由，并继而掌握如何在未来把握自身的权利、义务。同时，对于一审判决根据的阐释，为案件的上诉审理奠定了基础。某种意义上，法官在个案中所发表的法律意见，具有很强的叙事性，本书所择选的3个判例，虽然案情近似，但法官所发表的法律意见与法律根据却大相径庭。

在这些案件的审理过程当中，黑人选民申请者作为证人出庭，证明自己曾为获得选民登记，在黑人聚居区与位于白人聚居区的县法庭之间疲于奔命；负责选民登记的官员对黑人申请者提出的基本问题置若罔闻；很难找到符合资质的选民为其提供资质证明；无法获知申请结果；失败后，再次折回到法庭或者选举仲裁机构，徒劳地重复之前的步骤，等等。当然，也有申请选民资格的白人出庭作证，证明自己并未受到恶意为难；证明由配偶甚至负责选民登记的官员代为填写申请表；证明无需提供证人证明自身符合选民资格，等等。

对此，美国南方腹地联邦法官的意见可以概括为如下几类：少数法官，如密西西比州南部联邦地区法院的哈洛德·考克斯法官（Harold Cox）等，毫不掩饰自身的极端种族主义立场。对这些人来说，事实为何并不重要。而包括托马斯在内的其他法官，虽然偏向白人选民登记委员，但在证据充分的情况下，也会做出有利于黑人申请者的判决。例如，托马斯法官在判决书中，绝口不提黑人申请者的个人信息以及所受遭遇，只是将无可辩驳的歧视性事实，笼统地概括为存在种族歧视这一枯燥结论。如果民众不了解选举过程中存在种族歧视的话，也根本无法从托马斯法官的判决中获得任何有用信息。被告也不会因此认识到自身行为的错误之处，更妄谈采取什么改正措施了。而以格罗姆斯为代表的第三类法官，虽然对于黑人选民的遭遇多有同情，但同时又往往对于种族歧视行为的实施者网开一面。尽管格罗姆斯法官等人未提及黑人申请者的遭遇，但却说明了种族歧视的具体做法，并将黑人申请者称之为“种族歧视受害者”。最后，还有一些联邦法官，特别是约翰逊法官，严格执行反种族歧视的法律，充分认识到了种族歧视对于阿拉巴马州黑人所造成的巨大苦难。约翰逊法官在自己的法律意见当中，巨细靡遗地描述了种族歧视的事实，不仅仅认定在选举过程中存在种族歧视行为，而且还对于黑人个体在白人地方官员手上所遭受的不公对待多有提及。

这 3 位法官都为自己的做法进行了辩护。尽管通过对比各自的判决，可以大致了解这 3 位法官为什么不予采信特定的事实，但却很难，或者根本无法获知最终判决的理由。虽然无法确定哪些因素最终影响了判决结果，但审理程序以及法官所面临压力，或许有助于理解不同法官判决的根本差异。

首先，《1957 年民权法》与《1960 年民权法》都属于专门立法，目的在于确保在民权保障方面，美国南方各州与北部各州保持同步，其内容也主要在于再次强调宪法第 15 修正案的贯彻落实。但在美国南方，主张选举过程中种族平等的，只有少数几位学者与政治人物。正如麦克·卡尔曼(Michael Klarman)所言，法院对于选举过程中种族歧视的态度，似乎取决于 2 个极端的互动：一方面是法律的明确规定，另一方面是巨大的政治压力。[35] 在法律规定十分明确的情况下，政治信仰将不得不做出让步。但当法律较为含混时，政治信仰将获得优势地位。尽管卡尔曼的这种理论最初仅仅针对美国联邦最高法院，但却仍然可以被用来说明美国南方较低层级法院的运作模式。法律禁止种族歧视，但宪法第 15 修正案以及相关民权法从未明确界定过这一问题。联邦最高法院的判例也无太大助益。事实上，联邦最高法院还曾认定，各州在选民登记时适用文化水平测试合宪。而且，即使能够证明存在种族歧视，宪法也没有为其提供任何救济措施。[36] 当时主要的补救措施是，法官对于有种族歧视行为的选举官员作出禁令，禁令的内容并无法定要求。联邦最高法院在“布朗诉教育委员会”一案中的判决，由于要对种族歧视行为实施制裁，引发了大规模的抵制。在布朗案中，联邦最高法院表达的是一种渐进性、拒绝提供直接宪法救济措施的态度。布朗案及《1957年民权法》通过之后，联邦政府执行联邦法院判决及国会立法的范围十分有限。考虑到地方白人群众的强烈反对，联邦法官在审理涉及选举权的种族歧视案件时往往一拖再拖，并在可能的情况下，尽可能地做有利于白人的判决也就不足为奇了。因此，在很大程度上，需要上诉法院来明确法律的边界，并排除考克斯与托马斯法官之流在判决中所夹杂的种族歧视倾向。

其次，民权案件中的联邦地区法官需要承担无比艰困的重担。作为国家权力的象征，联邦法官必须与地方官员为主的多数派直接对抗。而且一审法官所面临的压抑氛围远胜于上诉法院法官。正如一位学者所言，一审法官需要在政治与法律的夹缝间游走。[37]“大多数联邦法官认为，在缺乏明确的判例，立法意图亦不明确的情况下，或多或少都需要在判决过程中考虑宪法之外的因素，如历史上长期存在的价值取向、实用性、个人背景以及法律的精神，等等。”[38]

1961年，杰克·派特森所著《五十八独行者：南部联邦法官与学校种族隔离制度之除废》(Fifty Eight Lonely Men: Southern Federal Judges and School Desegregation)，是研究南部联邦法官与当代种族歧视法的第一部重要著作。派特森生动地阐述了法官所面临的巨大压力：种族分子希望本身也是白人的南部联邦法官拯救这一濒于死亡的制度，但法官所服务的这个国家，特别是广大黑人，希望其可以终结种族主义。在选举权诉讼案件当中，联邦法官们所面对的就是这样一种棘手的局面。派特森注意到，限于联邦最高法院在废除学校种族隔离时并未给出具体指引，因此美国南方的联邦法官往往感觉掣肘。宪法第15修正案、《1957年民权法》与《1960年民权法》，对于选举权案件的审理同样无法给出明确的指引。他也注意到，很多南方联邦法官不认为自己有责任、有义务接手这一烫手的山芋。换句话说，联邦法官所做出的禁令，使得学校当局得以规避废除种族隔离制度这一重任。与此类似，十分明显，至少托马斯法官也没有要求必须批准黑人的选民登记申请。派特森也简要地谈及了《1957年民权法》与《1960年民权法》，以及这两部法律给联邦法官造成的不当负担。这些法官不必强制选民登记委员为黑人提供选民登记，就可以在废止学校种族隔离制度方面有所建树。[39]派特森认为，负责行政执法的联邦官员并非本地人，无需背负联邦法官所必须面对的巨大社会压力，因此相较于司法，行政执法更为可行。

1960 年，威斯康星大学法学院的福斯特教授(G. W. Foster)就南部联邦法官所面临的压力做过如下概括："我们将领导一场社会变革的千钧重担，硬塞给少数几位联邦法官。法官生活在特定社群之内，这显然超越了法官个人所应承担的服务国家与社会的义务范围。因此，在司法活动当中，如果有其他办法，一切可以为黑人解决问题的办法，都不应尝试。"[40]

尽管美国南方白人的偏见根深蒂固，尽管民权法案含混不堪，废除种族隔离制度的斗争与联邦法官所面临的压力，无法充分解释或者预测不同法官在选举权案件中的具体态度，但仍有助于理解联邦地方法官所必须考量的各种要素。正如后文具体列明的 3 个具体案例所揭示的那样，3 位法官作出了不同的判决。约翰逊法官同情被剥夺选举权的黑人，对于负责选举登记的官员态度严厉，并且希望通过适用强有力的救济措施来解决问题。格罗姆斯法官也对于黑人的境遇表示同情，但却不愿对于白人登记官员提出谴责，也不愿适用行之有效的措施改变现状。托马斯法官则对于持有种族歧视态度的选民登记委员心有戚戚，对于黑人选举权的保障不甚感冒。约翰逊与托马斯属于那些尊重法律，同时个人的生活经历也对于自身案件的审理有所影响的那类法官。[41]

第三章　索姆特县:种族与家长制

身处这场战争已太久太久,

我身处这场战争太久太久,却从未厌倦。

从未厌倦。

漏液的露珠将我的头发打湿,

闪烁的星斗作证,

我身处这场战争太久太久,却从未厌倦。

——《阿拉巴马州索姆特县宗教民歌集》[1]

阿拉巴马州索姆特县所发生的一切,彰显了黑人选民申请者所付出的不懈努力、联邦执法活动与最终催生选举权法的联邦司法实践之间的互动。生活在索姆特县的很多黑人一直尝试通过和平手段争取选举权,同时,也有部分黑人从未放弃申请选民登记的努力。相关的选民登记文档忠实地记录了黑人所遭遇的一切。颇为讽刺的是,索姆特县生活优渥的白人以及联邦法官们,对此似乎根本无动于衷。虽然当时业已生效的几部民权法与司法部所做出的努力仍显不足,但这些尝试为更强有力的行政执法铺平了道路,并最终催生了引发巨大变革的《1965 年选举权法》。

笔者将索姆特县选择为研究模本的原因较为特别,事实上国会从未关注该县

---

〔1〕节选自 Olivia and Jack Solomon eds, "*Honey in the Rock*": *The Ruby Pickens Tartt Collection of Religious Folk Songs from Sumter County, Alabama*, Mercer University Press (1991)。

选民登记活动，不存在任何与其相关的开创性判例，笔者所择选的案例从未被提交给上级法院，也未收录在收纳重要判例的《联邦判例选编》(Federal Supplement)当中。凭心而论，索姆特县选举中存在的种族歧视并不像罗恩德县(Lowndes)、威尔克斯县(Wilcox)那样臭名昭著，没有像达拉斯县那样发生"爱德蒙·派特斯桥惨案"，也不存在像达拉斯县警长吉姆·克拉克(Jim Clark)那样死心塌地，甚至不惜动用武力压制黑人的白人官员。因为地处偏远，索姆特县从未吸引民权活跃人士的关注。在侵犯黑人选举权的程度方面，阿拉巴马州远逊于密西西比州与路易斯安娜州，因此，发生在索姆特县的这起讼诉并未过分拖冗，审理本案的联邦法官也多少为黑人提供了某些程度的救济措施。

恰恰是因为此类案例所具有的稀松平常特质，使其成为研究的最佳范例。诸如罗伯特·摩西(Robert Moses)〔2〕、阿尔伯特·特纳(Albert Turner)〔3〕等英雄人物并非随处可见，而生活在索姆特县的黑人显然对此无福消受。与此类似，如果将阿拉巴马州的托马斯法官、密西西比州的考克斯等法官，海德堡(Hattiesburg)的赛容·林德(Theron Lynd)或者塞尔玛县的维克多·阿特金斯(Victor Atkins)等选民登记委员作为恶人的"典范"，也多少有些偏颇，事实上，大多数白人工作人员仅仅是在依法办事，恪尽职守而已。但这些似乎都与索姆特县这一平庸之地无缘，对此，可以通过一份阿拉巴马当地报纸发表的尖锐社论得以一窥："记住：《选举权法》在阿拉巴马州获得了通过。[1]该法律对于地道坏人的适用效果显然要好于对于无心之过的普通人的适用效果，但反歧视这一问题显然只能通过普通人才能发挥作用。尽管案情普通，但索姆特县黑人与选民登记委员，同时也是民俗学者的卢比·派金斯·塔特(Ruby Pickens Tartt)这位当地著名白人女性之间的复杂关系，却为平淡的故事平添了一抹色彩。"

索姆特县

刚于1964年进入美国司法部民权事务部时，笔者对于联邦诉讼，抑或种族歧

〔2〕罗伯特·摩西，生于1888年12月18日，卒于1981年6月29日，美国最为知名的建筑家，当代城市理念的缔造者，并曾担任纽约州务卿。

〔3〕阿尔伯特·特纳，生于1901年4月7日，卒于1985年4月24日，美国职业足球运动员。

视都知之甚少。虽然曾在法学院学习过《宪法》以及《讼诉实务》等课程，但也只能说对于这一切都处于启蒙阶段。尽管笔者之前从未到过美国南方，但笔者的上司，大卫·诺曼(David Norman)还是将笔者派往阿拉巴马，跟随极富经验的联邦政府律师卡尔·坎贝尔(David Gab)实习。美国南方航空公司的飞机将笔者第一次送上了阿拉巴马州的土地，卡尔在机场接机，并将笔者安置在托斯卡洛萨(Tuscaloosa)〔4〕的一间著名的连锁汽车酒店，当晚，黑人服务员偷偷告诉我们，酒店前台偷听了我们的电话联络。翌日，我们开车前往黑人聚居区展开调查活动。当时，还没有直拨电话，后来才知道，我们曾到访过的某县电话接线员就是当地警长的妻子，而其，也偷听了我们对外电话联络的内容。的确，作为联邦政府律师的我们，没有隐藏身份的可能。很快，笔者就开始了深入索姆特县各偏远地方的单打独斗，不仅需要脱下西服在湿滑的红土地上艰难跋涉，而且还需要学习当地听起来口音颇为奇怪的方言。

本案的背景是，作为一个偏远的农业县，索姆特坐落在美国南方的一条所谓黑人聚居带上，地广人稀，并与密西西比州为邻。1960 年，该县适龄的白人共计 3061 人，黑人共计 6814 人。当时，方圆 905 平方公里的索姆特县常住人口也不过 1.64 万人。全县人口超过 500 人的城镇只有 2 个，分别是县城所在地列文斯顿(Livingston)，人口 3403 人，以及约克(York)镇，人口 2833 人。[2]1863 年林肯总统发表《解放宣言》(Emancipation Proclamation)时，阿拉巴马州法律及地方规范都还将黑人视为奴隶。“很多索姆特县的白人认为黑人作为奴隶，从属于白人，符合上帝的旨意，天经地义。”宪法第 13、14 以及第 15 修正案的立法初衷，就在于保障这些新晋解放的黑人享有与白人类似的权利，此后短期内，黑人曾被允许享有选举权，竞选公职的白人也曾积极游说黑人支持自己。[3]

一部阿拉巴马坊间传说，道尽了索姆特县经历的那段南北战后期重建历史：“在史蒂文(Steven Renfroe)〔5〕就职之前，索姆特县所面临的局面十分困难。共和

---

〔4〕托斯卡洛萨位于阿拉巴马州西部，是该州第五大城市，在十九世纪二十年代末至四十年代末，曾是该州首府所在地。

〔5〕史蒂文·雷弗尔曾在担任索姆特县警长，他是当地白人极端组织 3K 党中坚分子，同时还被指控从事了大量的犯罪活动，因此在历史上“臭名昭著”。

党人与黑人沆瀣一气。黑人议员们在蒙哥马利市的州议会横行霸道,北方佬们则把持了位于利文斯顿市的联邦法院,3K 党员试图反抗,但却导致事态恶化。几经冲突,北方佬派来的大兵开始介入,以防止事态升级。随后,事情还是终于发生了。”[4]

究竟发生了什么事情?生活在阿拉巴马的白人使用威吓、欺骗以及操纵法律等手段,成功地在 20 世纪初期,剥夺了黑人所享有的选举权。而索姆特县,也被认为是一个十分险恶的所在:“一位战后重建时期派驻索姆特的司法部官员曾写报告,宣称宁愿被送到印第安人聚居的科曼奇(Comanche),也不愿在没有士兵保护的情况下被送到这个地方来。该县的 3K 党徒,在臭名昭著的前警长史蒂文领导下,长期在当地实施恐怖统治,在光天化日之下对黑人公然实施暴力,甚至还谋杀了来自纽约、积极支持黑人运动的白人律师以及几名黑人支持者。[5]

正如 1949 年政治学者克伊(V. O. Key)所言,南部黑人聚居区的治理问题,可以被概括为少数白人对于多数迟钝的有色族裔的统治。[6]尽管 1930 年,索姆特县的适龄选民中,黑人所占比例高达 76%,但 1960 年这个数字小幅下降至 69%,实际上参与登记的选民中 95%以上为白人。[7]索姆特县政府基本上由白人把持,享有针对黑人几乎毫无限制的管理权限。在 20 世纪 30 年代至 40 年代,索姆特县 3K 党的暴力活动十分猖獗。[8]奴隶制的余孽也在这个县偏远地区的种植园中阴魂不散,在这个地方,黑人“雇工”死亡事件从未引发任何杀人案件的诉讼调查,仅仅在 1954 年对此出现过一次经济补偿。[9]观众或许都会对于利莲·海尔曼(Lillian Hellman)所创作的歌剧《小狐狸》(Little Foxes)当中的黑人女仆艾迪(Addie)心生同情,“是的,白人可以肆无忌惮地欺骗黑人。很多人像圣经中所描述的蝗虫一样,在啃噬这片土地,以及这片土地上生活的人们,而更可悲的是,还有人站在这些人的旁边,目睹这一切,却选择束手旁观。”[10]

即便困难重重,还是有少数黑人选择勇敢面对,积极参与选民登记。少数侥幸过关的黑人选民,也曾在民主党一党独大的阿拉巴马州初选中投下自己的一票,投票箱上装饰着阿拉巴马州民主党的标志,不是驴子,而是雄鸡,以及白人至上的口号。有学者在将印度尼西亚、印度与荷兰、德国治理下的黑人聚居区做对比之后认为,“就殖民统治而言,作为少数派的白人统治者只有在获得外来的支持或者默许的情况下才能得以存活。”[11]为白人统治黑人提供理论支撑的，是两项相互联系，但又十分偏颇的理论：一方面，很多南方历史学者不断强调，美国南北战争战后重建理论与实践是失败的，另一方面，坚持认为黑人能力不足。这两种迷思还曾共同出现在1946年的一份报纸广告上，广告的发布者是索姆特县民主党执行委员会，目的是想通过这样做，为剥夺黑人选举权的主张大造声势。广告的标题为《将阿拉巴马从黑人的统治与主宰中拯救出来》，其宣称：在战后重建的那段苦难岁月中，很多混进州立法机构的黑人等无赖与游民，在联邦政府的刺刀保护下，窃取了阿拉巴马各县市的领导权。这些无知的黑人和他们的同党通过高息发行债券的方式，彻底毁掉了我们州的经济，而我们已经为此支付了超过6000万美金的利息，至今还有大量的不可回赎债券尚未归还。直到今天，这些针对理智白人所犯下的罪行仍历历在目。而这，也为将选举权交还给这千百万无知黑人的做法敲响了警钟。博思维尔修正案将在不影响既有选民权益的情况下，通过修改阿拉巴马州宪法纠正上述错误。请投票支持这一修正案，使得阿拉巴马免受黑人的专制。[12]

在涉及黑人的选民登记方面，索姆特县所存记录较为庞杂。和很多县市不同，索姆特县的做法允许，甚至鼓励某些黑人申请选民登记。选民名册上列明了3238位白人选民，约占其适龄人口总数的百分之百，以及315位黑人选民，约占适龄黑人总数的4.6%。目前所知，3位黑人于1933年率先在该县获得选民登记。但接下来，直到1947年二战结束后，另有一位黑人选民获得了选民登记，在接下来的6年当中，又有23位黑人获得选民登记。到了1954年1月，由于阿拉巴马州废除累进税率计征的人头税，在随后的几个月当中，又有很多黑人与白人申请选民登记。[13]然而，1954年5月，联邦最高法院对“布朗诉教育委员会“一案进行了宣判，导致直到1962年，黑人申请选民登记一直停滞，这一年，总共有69位黑人申请到了选民登记。布朗案之后，当地选民登记委员会对于黑人申请者的拒绝率为47%，而对于白人的拒绝率只有不到1.7%，对此，联邦地区法院认定，“这一统计数字可以让我们推定，黑人因为种族因素而被剥夺了，或者正在被剥夺获得选民登记的权利。”[14]

这并不是能够证明黑人因为自己的种族而被剥夺选举权的唯一统计数字。1960年，索姆特县的黑人平均教育程度为5年，而白人平均受教育程度超过了

11.5年。即使很久之前,联邦最高法院已经判定公立学校不得进行种族隔离,该县黑人还是在与白人不同的学校中接受这可怜的5年教育。黑人所上的学校不仅老师待遇很差,而且师生比也极不合理。每名白人学生每年接受到的教育补助大约为2.63美金,而每名黑人学生只能得到0.41美金的补助。[15]索姆特县各学校平均每年为每名白人学生提供28美金的交通费,而只为黑人学生支付7.54美金的交通费。索姆特县每年为每位黑人学生支付的教师费用为129美金,而为白人学生支付的这一费用要高出大约150%。[16]而这种差异不仅仅局限在教育领域。尽管1960年黑人与白人的失业率大致相当,但黑人的平均家庭收入却远远低于白人的平均家庭收入。1959年的统计报告显示,49%的黑人家庭年收入低于1000美金,而只有大约9%的白人家庭年收入低于这一标准。尽管只有0.08%的白人家庭年收入超过10000美金,但年收入超过这个数字的黑人家庭仅为其40分之1。索姆特县只有32%的黑人家庭拥有自己的住房,而超过92%的白人家庭有自己的住房。[17]随后,黑人与白人在工资、工作机会等方面的差异日益扩大,到了1980年,黑人的失业率已经高达16%。[18]

长久以来被奴役、遭受暴力凌虐、生活举步维艰的苦难,并未使生活在索姆特县的黑人绝望。相反,这一地区的黑人文化蓬勃发展,民间文学与音乐发展的尤为兴盛。这其中就包括约翰·洛美克斯(John Lomax)所收录的《乐之大川:阿拉巴马》(Deep River of Song, Alabama)。笔者的笔记中曾写道:"这是黑人创造力与爆发力的鲜活证明。尽管身处极端苦难的生存环境,歌唱依然构成了黑人生活中一个十分积极的组成部分。"民俗学者,阿兰·洛美克斯(Alan Lomax)将由他父亲安排灌制唱片的黑人歌手们描述为一群天才,用智慧和声音让自己的生命更为鲜活,更为美丽。[19]尽管大多数黑人的生活一贫如洗,但也有少数黑人可以安居乐业,更有极少数黑人的经济能够独立于白人,如经营殡葬业的詹姆斯·卫斯理(James Weatherly),以及建筑承包商德雷恩(I. L. Delaine)等。卫斯理还曾告知联邦政府律师法兰克·约翰逊,是哪些白人杀害了绰号"和尚"的赫尔波特·汤普森(Herbert Thompson)。[20]另外一些黑人,如公立学校的教师,以及县政府的黑人雇员,虽然经济收入上属于中产阶级,但却都需要仰仗白人教育委员会等公权力机关得以生活。尽管20世纪50年代,索姆特县曾出现过一定规模的黑人组织,但卫斯理告诉笔者，组织开展十分困难，原因是少数参与这一组织的黑人法官，会在第一时间向白人通风报信。[21]因为得不到全国性民权团体的重视，当地黑人团体又一盘散沙，因此黑人教会在索姆特县黑人社群中发挥了相当重要的作用。

司法部民权事务部在索姆特县的活动

1960年，司法部民权事务部的联邦政府律师开始关注索姆特县的种族歧视问题。那些之前几乎肆无忌惮的白人种族主义官员，将面临在其看来多少有些爱管闲事的联邦律师的挑战。乍看起来，联邦政府似乎可以凭借大量有力的证据，轻而易举地打赢此类官司。但即使到了1964年，仍然有很多法院在审理选举中出现的种族歧视案件时，做出不利于联邦政府的判决，这种所谓的不利或者体现为败诉，或者体现为胜诉后缺乏救济措施。从法律层面判断，由于宪法第15修正案明确禁止基于种族因素而剥夺选举权，因此主张黑人与白人享有平等选举权具有可能性。然而，美国南方政治架构中白人至上主义根深蒂固，在这个语境中主张种族平等反而被视为一种极端观点，同时，南部联邦法官的任命过程无疑也反映出这样政治特点，也就是说这些法官在判案过程当中必须考虑当地的主流社会情感。

最初，民权事务部在索姆特县并未大规模开展活动。只是因为联邦调查局曾于1960年对于索姆特县选民登记委员进行过调查，于是当时供职于美国司法部的联邦政府律师R. J. 格罗(R. J. Groh)自告奋勇前往索姆特县，做些敲山震虎的工作。[22]除此之外，出生于新奥尔良，曾在很多产品责任诉讼中大显身手的联邦政府律师格里德·乔聘(Gerald Choppin)；曾在包括水坝溃堤等诸多侵权诉讼中崭露头角，后来成为著名律师的格里德·斯特恩(Gerald Stern)[23]；后来成为阿拉巴马州检察总长的法兰克·顿博(Frank Dunbaugh)；现在已是芝加哥知名律师的华伦·拉德尔(Warren Radler)；尼克，即后来成为马萨诸塞州联邦上诉法院法官的J. 霍华德·弗兰尼(J. Harold Flannery)，以及后来将我介绍到阿拉巴马州工作，现在也是知名律师的卡尔·坎贝尔等人先后投身进来。1961年前后，这些联邦政府律师曾先后在索姆特县工作过。20世纪60年代，由于人员少、任务重，因此在涉及种族歧视的案件中，联邦政府律师人员变化十分频繁。

因为人员频繁整合与重组[24]，负责索姆特县案审理阶段的联邦政府律师，与最初案件调查阶段相比已经发生了很大的变化，但无一例外，所有的联邦政府律师都是来自美国北部的白人。例如，美国北部平原地区的大卫·L.诺曼，来自威斯康星州的艾维德·萨得，来自新墨西哥州的乔纳森·苏定（Jonathan Sutin），来自爱荷华州的吉米·凯利（Jim Kelley），以及笔者本人。套用一句某位联邦上诉法院法官曾经说过的话，“这些来自北部的优秀年轻人，正在美国南方发动一场令人叹为观止的进攻”[25]，这并不难以理解，毕竟这个团队当中的很多人，都受到过被誉为“联邦政府律师坚韧、创新能力表率”的约翰·多尔的指点与调教。[26]

萨得是索姆特案诉讼计划的总负责人。作为前海军航空兵飞行员，当时萨得刚过而立之年，却也足以让还是菜鸟律师的笔者对其佩服得五体投地。大概也是因为萨得沉着冷静的性格、刚直不阿的品质、极高的智商以及平实的风格，司法部曾指派其作为詹姆斯·迈瑞德斯（James Meredith）的副手，辅佐迈瑞德斯度过废除密西西比州立大学种族隔离制度这一重任的最初难关。[27]在接手索姆特案之前，萨得已在阿拉巴马州15个以上的县市工作过，而其足迹还遍及佐治亚、密西西比以及路易斯安娜等地。[28]作为一流的诉讼律师，萨得言辞犀利，善于把握重点，从不轻信任何证据，对于自己的工作极端具有组织性。

后来升任司法部负责民权事务的副部长的大卫·诺曼担任本案的顾问，负责统筹此案。诺曼为人极为聪慧，往往将案件的诉讼工作视为一场象棋比赛，总是能创造性地提出极具可操作性的法学理论，并善于将诉讼产生的相关成果进行立法转换。诺曼全力支持黑人争取选举权，对此，可以通过其在索姆特案审理之前接受的一次采访窥以一斑：一直以来，我恪守一个非常实用的诉讼技巧，正如我曾经在路易斯安娜州麦迪逊县使用过的那样，如果有很多当地黑人领袖出庭旁听，我就会传召一名白人选民登记委员出庭作证。注意，我对于这位证人的提问多都集中于白人所享有的权利，例如，你的工作时间如何安排？工作日都是哪天？对于申请登记的人一般都有什么资质要求？等等。通过这样的对答，旁听案件的黑人将获得十分重要的信息。特别是我会故意地问证人，是否对于所有符合资质的黑人申请者，都会批准其获得选民登记。即使审理本案的法官有意久拖不决，但也变得不太重要，因为通过使用上述技巧，下周就会有另外七十名黑人申请者去申请选民登记。[29]

笔者长期生活在加利福尼亚，从萨格拉门托市 C. K. 麦克克拉其高中（C. K. McClatchy）毕业时恰逢布朗案审结，后进入到加州大学伯克利分校就读，并在这里获得了法学博士学位。笔者十分怀念那段鼓吹言论自由、学校民主气氛激荡的岁月。但当时，除了参与旨在修复一所因种族冲突而被炸毁的田纳西州高中的“零钱换砖头”活动之外，笔者对于民权运动的理解，仅仅局限在自己所选修课程，如杰克布斯·田布罗克教授（Jacobus TenBroek）主讲的有关言论自由及种族平等的课程[30]，以研究美国南北战后重建问题著称的肯尼斯·斯坦普教授（Kenneth Stamp）主讲的美国史，以及由加州大学伯克利分校法学院院长法兰克·纽曼教授（Frank Newman）主讲的平权课等。笔者毕业后的第一份工作就是担任美国司法部的联邦政府律师，年薪 7030 美金。在接手索姆特案之前，笔者曾在阿拉巴马州埃尔默县、派利县等地代理过民权案件。在进入司法部的第一年当中，笔者就参与了 9 起民权案件的审理，在阿拉巴马州呆了 150 多天。

起初，有些人对于司法部的联邦政府律师抱有成见，认为这些联邦政府律师都具有特定的政治立场或者背景。[31]但截至 1964 年，检察总长肯尼迪与马歇尔等人重新遴选了供职于司法部的联邦政府律师，将真的具有特定政治背景或者倾向的人踢了出去。因此，在此之后，被指派到美国南方开展工作的联邦政府律师都志在捍卫民权法，特别是选举权。马歇尔指出，事实证明，司法部当时采取的措施将会使自身在这场波澜壮阔、跌宕起伏的民权运动中，扮演十分重要的角色，大量初出茅庐的法学院毕业生生逢其时，并积极投身其中。[32]很短的时间内，包括笔者在内的这些年轻人在查阅相关选民登记记录，调查目击者之后就已经确信，美国南方种族歧视问题的确十分严重，已经达到了让任何尚存一丝正义之感的人都无法接受的程度。对于司法部民权事务部联邦政府律师的工作绩效，时任司法部长的尼古拉斯·卡赞巴赫（Nicholas Katzenbach）曾致信褒奖：“无论是在政府服务，还是在私人执业，抑或在学界供职期间，我本人都未曾见过工作如此勤奋、如此出色、对于复杂局面与环境适应能力如此之强的年轻法律人。”[33]

尽管当时民权事务部中，黑人联邦政府律师屈指可数，而在 1964 年阿拉巴马州司法实践第一线征战的律师全部是白人，但在这种表象之下，民权事务部已经在司法部内率先改革了的聘任程序与标准。在司法部其他部门中的黑人还在跑腿学舌的时候，民权事务部就已经开始着手，从顶尖黑人商学院校遴选专业人才担任工作人员。分析选民登记数据是一项对于人员素质与成本资源要求极高的工作，但民权事务部的黑人雇员却与白人雇员一道，在资深雇员海蒂·巴罗德（Hatti Ballod）领导下，在由2个小房间组成的“海蒂工作室”中并肩战斗。这道绚丽的风景鼓舞着司法部其他年轻的法律人：首先，海蒂工作室的黑人雇员将自身的情感投入到工作当中，作为种族歧视的受害人，这些黑人雇员对于争取平等选举权的斗争感同身受，并且坚信自身所从事的是上帝所赋予的神圣事业。其次，司法部民权事务部的雇员种族构成，与其他政府部门工作人员种族构成形成的强烈反差，时刻提醒着这些年轻的战士们种族歧视的荼毒之深。包括笔者在内的很多人都知道，司法部其他部门并不认为其所采用的雇佣制度存在任何歧视性色彩。如果总检察长罗伯特·肯尼迪领导下的司法部，都可以为其本身存在的种族歧视寻找正当性，更遑论阿拉巴马州基层的白人官员了。从这个意义上，海蒂工作室的存在不仅可以时刻提醒人们需要采取措施，对抗种族歧视，而且也可以用来说明制定选举权法的必要性。

戏剧性发展

除此之外，司法部在索姆特县提起的相关诉讼，还为《1965年选举权法》的最终出台培养了大量相关人才。1964年1月，笔者正式开始了自己在司法部民权事务部的工作。作为加州大学伯克利分校法学院以及伦敦大学的优秀毕业生，笔者渴望能够投身于对抗不公的司法第一线。但很快，笔者就发现，自己所实际从事的工作是呆坐在汗牛充栋的微缩胶片前，逐一核查来自阿拉巴马州的选民登记申请表。过了很久，笔者才有机会亲身前往阿拉巴马，走访黑人选民登记申请者，收集证据。而这构成了联邦政府律师实际司法工作的全貌——文牍工作与深入到阿拉巴马泥泞红土地的田野调查。也正是通过这样的工作，笔者第一次遇到了乔·比哉尔，一位居住在科特巴（Coatopa）的五十七岁农民。[34]。比哉尔曾在1954年和1961年两度申请选民登记，都以失败告终。虽然投身于这场看似根本不可能取胜的斗争已有时日，但比哉尔显然乐此不疲。他当时正值壮年，不仅相貌堂堂，举止得体，而且还曾接受过5年教育，并拥有120公顷土地。对于相关选举登记申请记录的分析表明，就在1954年比哉尔第一次申请遭拒的同时，一位大致条件与其类似的白人申请者却成功地获得了选民登记，并且这位白人申请者温尼·厚利(Winn Holly)无法独立填写选民申请表，与此相比，乔的笔迹虽然潦草，但仍可以辨识。

在出发之前，笔者了解到，比哉尔家坐落在大约6英里之外的一条崎岖小路的尽头。行至途中，笔者租的汽车陷入到了泥泞的红土地中，无法动弹。虽然笔者试图向车轮下投石，以将陷入泥沼的车拯救出来，但却徒劳无功，为了防止溜车，笔者最终勉强将车抵在路边的一棵松树上。在泥泞的红土路上跋涉了半天之后，笔者最终步行抵达了比哉尔的家。得知情况，比哉尔将锯子放在自己的拖拉机上，载着笔者回到了原地，他将那棵松树锯断，并成功地将笔者的汽车拖拽了出来。比哉尔邀请笔者来到他简朴，但十分舒适的家中，将自己申请选民登记，却屡次遭拒的缘由一一道来。比哉尔的叙述简明扼要，他3次申请选民登记均以失败告终，在整个过程当中，比哉尔没有获得选民登记委员的任何帮助，最终也不知道自己的申请结果，只是隐约觉得自己因为在某处犯错，从而没有通过测试。第一次，比哉尔请求一位成功的白人商人作自己的保证人，但这位商人婉拒了这一要求，理由是根据规定，保证人必须与被保证人认识25年以上。比哉尔告诉笔者，自1961年就再没申请过选民登记，因为自己已经竭尽全力，但情况丝毫没有任何好转。[35]笔者当场要求比哉尔朗读选民登记申请表，他所朗读的声音洪亮，内容也极为准确。相反，后来案件审理的过程当中发现，有几位白人证人虽然目不识丁，却获得了选民资格。

在索姆特县，对于黑人选民登记申请极少成功的标准解释，并非源自种族歧视，而是这些黑人不具有相应的选民资质。但笔者认为，提出这种解释的选民登记委员本人显然口不对心，或者，这些人只是不乐意将自己的真实想法，告诉给一位来自华盛顿的白人毛头小子。然而，对比成功获得选民登记与没有获得选民登记的相关记录，笔者认为有证据证明，索姆特县选民登记委员经常替没有文化的白人填写登记申请表，却拒绝为有文化，甚至具有硕士学位的黑人提供帮助。笔者也知道，大多数在地方法院工作的白人官员经常担任白人选民登记申请者的保证人，却很少会为黑人提供担保。[36]至于选民登记程序也会根据选民的种族不同，产生宽严程度上的区别。黑人虽然对此多有质疑，但因为苦无证据，无法加以解决。例如，1964 年理查德 · 威尔森(Richard Wilson)在自己 28 岁的时候第一次申请选民登记。根据阿拉巴马州法律，如果威尔森从未被判任何法律所列明的重罪，并且符合公民资格、年龄、居住地、文化水平、品格以及精神状况等条件要求，即应获得选民资格。虽然从申请表格来看，威尔森完全满足上述要求，但选民登记委员会却拒绝了他的申请，理由是威尔森在回答一项 1964 年之前从来没有出现过的新测试时，出现了两处错误。但，多年来，索姆特县选民登记委员会对于大字不识的白人多少都会网开一面。1954 年到 1963 年，至少有超过 60 位白人，在他人代为填写申请表格的情况下获得选民资格。[37]威尔森没有正确回答美国由多少州组成这一问题。但在威尔森毕业的时候，美国还只有 48 个州，连负责审理索姆特案的法官也承认，威尔森的答案基本正确，他是真的不知道美国还有夏威夷和阿拉斯加 2 个州。[38]

在与这些黑人座谈时，笔者从来没有问过这些黑人，为什么要通过申请选民登记，来挑战人数较少但占据统治地位的白人的权威。很简单，这种动机的思考与笔者的本职工作无关，联邦法保证黑人在选民登记的过程中不受种族歧视，而笔者的任务就是落实这一法律。然而，在国会和总检察长看来，选举权是一项根本权利，是其他权利存在的前提条件。申请选民登记的渴望或许来自于民权平等、公民义务等美国传统价值信条，但在乡间的调查走访，让笔者认识到还有其他的原因。相较于白人聚居区的柏油路面与完善的污水管道，黑人聚居区的公路泥泞崎岖，露天的下水沟渠也破败不堪。尽管布朗案后，美国南方在废除种族隔离制度方面已所有进展，但黑人学校在办学条件与经济投入上，都还远远不及白人学校。除了某些黑人学校的教师等位卑阶低的职位之外，县府所有工作人员清一色都是白人。因此，似乎有理由认为，白人政府可以对于黑人的要求置之不理，却不可以对于白人的要求无动于衷。

正是像比哉尔、像威尔森这样的平凡黑人，奠定了日后选举权法的现实基础。成千上万选举权遭到剥夺的黑人表现出积极参与民主进程的兴趣与能力。很多黑人一直在持续努力，而这些人的遭遇也将当时选举制度的积弊暴露无遗。

卢比·皮金思·塔特

在很大程度上,《1965年选举权法》建构在控制与预防种族歧视风险的基础上,这里所说的种族歧视者不仅仅指所谓的种族分子,还包括秉持良善初衷的白人。对于这一点来说,最大的讽刺莫过于卢比·皮金思·塔特,一位美国南北战争时期南方将军的后人。1963年,塔特已年逾80。自从1952年开始,这位被索姆特县黑人与白人居民称之为"卢比小姐"的白人女性,一直在该县的选民登记委员会担任一份"十分痛苦"的公职。[39]日常生活中,塔特并没有窠臼于当地教条,而是选择与黑人保持一种相较于其他白人,十分特殊的密切关系,她参与黑人教堂的宗教活动,参观黑人家庭,甚至要求死后葬在黑人与白人墓地的交界处。在20世纪30年代,塔特小姐曾为"公共事业振兴署"(Work Progress Administration, WPA)口述史项目工作,负责对于过去的黑奴及其后代进行调查、走访,并将这些黑人年少时即被从母亲身边夺走并被转卖[40],动辄遭到鞭笞[41],以及奴隶主训练猎狗追踪逃跑奴隶的史实加以记录。[42]还有些黑人回忆起南部战后重建时期,黑人曾经享有选举权并曾选任过很多公职,回忆起这一期间围绕选举权各方面所作的斗争,及3K党徒所实施的暴政等。因为卢比小姐与索姆特县黑人之间良好的关系,其被"公共事业振兴署"评为工作最为出色的几个员工之一。[43]豪威尔·瑞恩(Howell Raines)曾指出:"对于黑奴遭遇的记述发自真情实感,甚至对白人奴隶主对于女性黑奴的性剥削这类敏感话题也毫不讳言,而这一点对于一个在她所生活的那个时代,具有类似教育背景和社会地位的女性而言极其难能可贵。"[44]后来,塔特小姐还成为约翰·罗梅克斯(John Lomax),以及哈罗德·库兰德(Harold Courlander)等人的音乐领路人,将其引荐给索姆特县的黑人音乐家与歌者。[45]卢比小姐长期师从威廉·梅里特·奇思(William Merritt Chase)研习画作,为索姆特县头面人物创作肖像画,也成为她的主要收入来源。她对艺术的真正旨趣在于描绘索姆特县黑人聚居区的教堂、村舍与农人,捕捉与黑人聚居区这一画作背景有机结合,尤其关注与大时代格格不入的黑人生活的细部特征。[46]她曾经试图说服地方当局,将一位为了挽救溺水白人儿童而英勇献身的黑人孩子的雕像摆在索姆特县法院,当然,最终并未得到批准。本来,如果树立起这样一尊雕像,多少可以中和掉法院门口纪念美国南方联军兵士雕像所塑造的肃杀气氛。值得一提的是,这尊雕像于1908年由塔特家族出资树立，旨在纪念为维护南方奴隶制献身的南方联军将士。

塔特同时还是一位天才的短篇小说家，20世纪40年代，她文学创作的焦点集中在记录被美国南方白人蔑视为“黑鬼”的黑人遭遇。[47]在现实生活中，塔特小姐积极帮助黑人。例如有一次，一位白人试图诓骗一位黑人地主卖出自己的土地，塔特识破了他的诡计，并告知了那位黑人。同时，塔特小姐还为捍卫黑人的权益奔走呼号，例如，她曾呼吁为黑人聚居区配备消防设施。她还说服索姆特县当局在县府所在地列文斯顿的广场安装长椅，从而使得长途跋涉而来的黑人可以得到片刻歇息。在她看来，专门为黑人设置休息座椅天经地义，毫无任何不妥之处。她的文学作品中洋溢着对黑人“家长”般的关切，以及对于选举过程中黑人遭受歧视性待遇的同情，例如，她曾谈及“在回答一道实际上旨在剥夺黑人选举权而设置的模糊问题时，一位黑人长者曾用两个字作答。这道题大概问及的是美国公民的相关义务。显然，这道题的答案散见于《独立宣言》《圣经》等典籍，难度甚至可以作为大学毕业考试题。但这位年逾八旬的黑人老者所郑重写下的答案只有两个字，‘为人’(be manable)。当时，我真的希望能够根据这个精彩、深刻的回答，批准这位黑人长者的选民登记申请。”[48]对此，作为第一批拜访过她的司法部律师，尼克，也就是哈罗德·弗兰尼曾回忆道：“塔特小姐对于索姆特县的黑人，抱有一种深沉厚重的慈悲之心。”塔特曾表示，很多黑人之所以没有能够获得选民资格，固然有不良政客操纵误导的成分，但在很大程度上也要归咎于黑人对于时事的冷漠与无知。[49]相比之下，虽然有些白人的表格填写错误百出，但仍能因为每天读报，紧跟时事而获得选民资格。[50]

1962年，联邦政府律师卡尔·加贝尔审查索姆特县选民登记申请记录时，第一次见到了塔特小姐。[51]在他看来，和其他选民登记委员不同，塔特不仅热忱直率，而且十分健谈。38年后的2000年，加贝尔仍能回忆起，当年塔特小姐曾不无担心地指出，如果赋予黑人选举权，那么列文斯顿镇的财政将面临前所未有的危机。因为那就意味着要为黑人聚居区修建一座水塔，从而保证其喝上自来水。[52]而在一份致友人的信笺当中，塔特也将加贝尔描述为一位“睿智讨喜的年轻人”，但同时也表达了对于居住在列克星顿的黑人是否准备好行使选举权的担忧。[53]她在一封信中曾提到，最近有一位桀骜不驯的年轻白人律师来到了索姆特县，并不无担忧地写道：今年适逢大选，事态已有恶化的趋势，可以想见，这些温顺、无知但又没什么文化的黑人的遭遇，绝对不可以用尊重生命、公正或者尊严形容。别有用心的人士将大肆利用黑人的这些弱点。如果白人能够遵纪守法，并且遵从法律面前人人平等的原则，是可能将黑人教化成尊重法律、尊重他人的合格公民的。黑人生来贫困，一生在为生存而挣扎，他们坚信，唯一能够结束自己悲惨命运的途径就是获得选举权，因此不难理解为什么黑人可以为了争取这一权利付出一切。很多年来，黑人都生活在过去的那个时空当中，从不奢望遥不可及的未来。在现有条件下，争取选举权可以解决黑人所面对的所有问题？谁有资格判断什么是公平的，对谁是公平的？即使接受过训练，大部分黑人申请者还是无法顺畅地读懂选民申请表。教育，无疑才是黑人能够真正独立、获得自主权的必要条件。塔特小姐承认自己的感受有如芒刺在背，一边是黑人正在遭受种种不公与残暴，一边有些人却在为如何干扰黑人解放自己而绞尽脑汁。在她看来，对于黑人来说，当务之急应当将教育摆在首位，通过教育使黑人摆脱被奴役的困境，谋求真正的独立。塔特小姐并不讳言，自己也不知道什么才是判断标准，毕竟这个问题牵扯各方利益。白人世居于此，并且一直致力于为黑人解决种种问题。塔特小姐认为白人应担当这种责任，这种种无法推卸的责任。[54]在一份写于 1963 年的笔记当中，她写道："作为资历最老的选民登记委员，我必须承担任何在联邦调查局探员看来属于不当或者违法的责任。"[55]

这样的一种自责心态并非空穴来风。1963 年萨得走访、调查当地的黑人领袖与白人官员之后，将 1961 年索姆特县选民登记委员会主任的辞职，归咎于其与塔特小姐之间发生的争论，"古德福瑞(Godfrey)先生认为应当批准某几位黑人的选民登记申请，但塔特小姐对此坚决反对，并拒绝签字。"[56]

塔特小姐身上的这种情感纠结还可以通过联邦政府律师卡尔·加贝尔与尼克·弗兰尼起草的报告加以说明：塔特小姐自诩为索姆特县黑人的领袖，司法的良心。她同时宣称因为自己付出的努力，避免了这一地区白人与黑人之间可能发生的大规模冲突。这样说当然不是夸夸其谈。从 19 世纪家长制理念来看，塔特小姐与黑人的确可以称得上是朋友。例如，她认为大多数黑人不应参与选举，不仅因为选举是白人的玩意，而且弄不好还会受到别有用心白人的利用。于是，对于塔特小姐认可的黑人申请者，她可以帮其填写申请表并帮助寻找保证人，相反，对于一个她不喜欢，或者不认识的黑人申请者，无论是否符合申请资格，都会将其拒之门外。[57]

居住在索姆特县并且认识塔特小姐的白人也证明了这一点。当地的人类学家阿兰·布朗(Alan Brown)告诉笔者，塔特小姐认为黑人在某些方面的确不如白人，而这种劣势往往是由白人所导致的，因此，她认为自己对于黑人有所亏欠。[58]但在允许选民登记委员随意决定申请者是否符合选民资质的体制当中，即使这些选民登记委员的本意良善、初衷甚好，还是无法从根本上改变劣势种族的命运。

塔特小姐和其他负责选民登记的工作人员，都只是执行阿拉巴马州法的工具。尽管阿拉巴马州相关立法中多有种族歧视的意味，但从表面上看仍较为中立，甚至似乎可以不带任何种族色彩地加以适用。塔特小姐一直标榜自己在直觉的引领下追求公正，同时，也没有证据能够证明，其他选民登记委员故意不正当地履行自己的职责。一位出庭作证的选民登记委员伯纳德·海因斯(Bernard Hines)就宣称，自己在工作中从来不考虑种族因素。然而，阿拉巴马州的政经形势与社会环境，迫使每一位选民登记委员都自觉或者不自觉地区分不同种族选民，居住在阿拉巴马州的白人本身并无任何特殊之处，和美国其他地方，甚至世界其他地方的白人没有太大差别。塔特小姐认识到了阿拉巴马州黑人的悲惨遭遇，同时也的确希望采取措施改变这一局面。但从塔特小姐的著作及言行中流露出来的对于种族差异与种族阶层的潜意识认可，解释了为什么她对于公平、正义的追求往往有始无终，前后矛盾。塔特小姐经常为目不识丁的白人申请者填写申请表，以确保表格内容不出现明显的错误。[59]虽然她曾三四次为黑人选民申请者填写过申请表，但在大多数情况下，她拒绝为黑人提供此种帮助，更遑论为其寻找保证人了。

后来，当笔者参与有关废止学校种族隔离制度的政府诉讼时发现，很明显，学校当局不希望这样做，但是却希望借由联邦法院这一白手套来达成所愿。[60]但笔者坚持认为，同样的情况不应适用于解决选举过程中的种族问题。因为选民登记委员或者认为拒绝不符合选民资质要求的申请者是合法的，或者认为为了维护白人的至上地位，歧视黑人是正当的。作为乔治·华莱士州长任命的选民登记委员，需要认识到自己的职责所在，也是州长所关切的问题，不是如何帮助申请选民登记的黑人，而是如何对其设置障碍。这种态度充分地表明了其选择尊重现状，而非忠于联邦法律的倾向。[61]

维利·德里曼(Willie Dearman)

《1965年选举权法》的预防性条款——特别是对于保证人制度的废止——可以通过维利·德里曼的经历来加以说明。作为土生土长的索姆特人，德里曼在一座很大的农庄当中长大成人，他的爸爸，也是这个农庄的主人，雇佣了一百余名黑人雇工。后来在长达11年的时间当中，德里曼一直担任索姆特县的假释法官。选民登记申请者也往往爱找他来担任自己的保证人，一方面因为德里曼在法院办公，而这里是人群汇聚之地，另一方面，德里曼的职务乃是选举得来，因此他和很多选民都打过交道。他自己宣称，认识索姆特县超过85%的适龄选民，无论黑人还是白人。但在10年当中，他只为23位黑人做过保证人，同时期为205位白人担任过保人。[62]而据透露，德里曼会在拒绝黑人请求的时候告诉对方，法律禁止公职人员担任选民的保证人。[63]在索姆特县，人们对于自己选择担任某位申请者的保证人或拒绝其请求的原因心知肚明。德里曼承认，保证人制度的主要目的在于确认选民登记申请者的身份，但同时，他本人从未担任过道德低下者的保证人。在一次出庭作证时，德里曼解释了自己为什么选择性地担任黑人保证人的原因，作为一名业余人类学者，德里曼主张的是一种所谓“船头理论”。也就是说，当年某些批次运奴船运送的黑人是好人，而其他的批次的则不是。

过去的蓄奴记录证明，非洲是一片广袤的大陆，生活在索姆特县的黑人先祖来则自于这片大陆的不同部族。记录显示，有些黑人的售价高达3000美金，而有的则连300美金都卖不上，造成价格显著差异的原因不仅因为二者在智力水平上存在差别，更为重要的是，不同黑人族群间所存在的显著差异。

后来，德里曼在回答萨得交叉诘问的时候曾提出，“我认为索姆特县15%的黑人来自拥有智识的部族，受教育的话，可以学会知识。”[64]对于黑人的守法性，德里曼的评价更低，“10黑人中就有1个曾经实施违背道德、不甚名誉的犯罪。”[65]但当地警长的估计却与此存在很大出入，根据后者的评估，“从全县人口比例来看，有二分之一的黑人实施过此类犯罪。”[66]当时笔者还不知道，佐拉·尼尔·赫斯顿(Zora Neale Hurston)在其所著经典小说《望神之眼》[67](Their Eyes Were Watching God)中描述“白人认为自己认识的黑人就是好的，而不认识的就是不好的”这一论调，但听到这样一种评价时，笔者还是根本无法置信。当时笔者也还没拜读过R. D. 斯普林特(R. D. Spratt)所著《莱克兴顿：阿拉巴马州索姆特县府志》(Livingston: Alabama, the Sumter County Seat)。斯普林特认为“聪慧的黑人都移居都市，留下大量愚钝的黑人在乡下耕作农田。”[68]直到今天，德里曼的观点或许仍然有很大市场。最近就有法院提出，“随着大量受教育黑人涌入美国城市，白人开始对于黑人进行区隔对待，即将黑人分为能够体现白人价值观的黑人，与白人主流生活模式格格不入的黑人两类。”[69]

美国联邦地区法官哈兰·赫伯特·格罗姆斯(Harlan Hobart Grooms)

《1965年选举权法》很多条款，折射出立法者对美国南方联邦法官的不信任感，当然，部分条款也融合了若干被美国南方各联邦法院率先建构的创新原则。1957年至1965年曾供职于司法部民权事务部的前美国联邦地区法官哈罗德·格林曾回忆道：“最初民权事务部在美国南方，发现了大量证明种族歧视存在的事实，然而，不久各方面的阻力，就开始接踵而至。一方面美国南方的联邦法官处处与我们为敌，另一方面，我们的工作也得不到坚持种族隔离的白人官员的任何帮助。”[70]一个腐朽的政治体制，加之一党独大与白人至上的共同作用，使得大多数南部联邦法官选择与当地政府官员同流合污。

审理索姆特县相关案件的哈兰·赫伯特·格罗姆斯法官，曾于1955年判令阿拉巴马州立大学有权开除该大学的第一位黑人学生，并于1962年拒绝将一名因为纵火焚烧“自由运动”游行巴士，并造成人员伤亡的白人投入监狱。[71]与此同时，联邦最高法院推翻了格罗姆斯法官拒绝为民权运动领导人、德高望重的弗雷德·沙特沃斯(Fred Shuttlesworth)提供人身保护令的裁决。[72]不可否认，在很多事实清楚、证据确凿的案件中，格罗姆斯法官也曾支持过黑人反抗种族歧视制度的诉求。当时美国第五巡回上诉法院的布朗法官曾评价道：“格罗姆斯法官精力充沛，理性勤勉。”[73]和很多美国南方联邦法官不同，格罗姆斯法官从不对于民权案件久拖不决。[74]虽然从审判记录来看，格罗姆斯法官的态度颇值得玩味，但相较于其他另外两位阿拉巴马州北部联邦地区法官，赛博恩·林(Seybourn Lynne)与克拉伦斯·奥古德(Clarence Allgood)，要好得多。[75]

作为一名农场主兼小店主的第13个孩子，格罗姆斯法官生于肯塔基州，并在那里完成了自己的学业，1926年他还曾担任过《肯塔基法学评论》主编。作为一名共和党人，虽然在艾森豪威尔总统提名格罗姆斯担任联邦法官时，代表阿拉巴马州的两位参议员都表示过支持，但这并不意味着格罗姆斯法官属于阿拉巴马主流政治派别。在一个民主党初选结果即意味着大选胜负的州，格罗姆斯法官以共和党人角逐国会议员的努力显然有些白费。[76]格罗姆斯法官的根一直在白人社会，在1956年担任联邦法官之前，他从1926年起即在一间伯明翰的律师事务所执业。因为民主党主导阿拉巴马州的政治生活，并占据两名美国参议院议员的席次，因此即便是共和党总统对于该州联邦法官的提名，也需要两党进行政治妥协。而这就需要被提名人“政治背景温和，出身基层，但在全国享有一定声誉，也就是说在被提名之前就已经相当有名望等条件”[77]。更为直接的说，被提名人所反映出来的必须是支持经济自由化的两党共识，从而建构一种非对抗式的提名认定过程。[78]

格罗姆斯法宣誓就职仪式的食物从司法界的传统观点来看十分可口。通常情况下，人们用这一仪式纪念履新法官杰出的职业生涯，以及其在法律界所取得的成就，特别是有很多法律人将在这个仪式上，表达自己对于新科法官法律理念的认可。然而，格罗姆斯法官受到的称赞大多和他直截了当、不加掩饰的个性相关。有人提出，“格罗姆斯法官在同侪看来，是一个没有什么城府、简单直接的人。他在执业活动中直截了当的思维模式，几乎和呼吸一样自然而然。”[79]

格罗姆斯法官自嘲，自己是“一名标准的保守派，但还没有保守到不能接受法律本来面目的程度”[80]。虽然他对于种族问题的视阈，还无法超越白人所惯常持有的角度，但白人和黑人都承认，格罗姆斯法官为人十分正派。他曾在自己的民权法备忘录中写道：“阿拉巴马州立大学废除种族隔离的行动不仅符合法律规定，而且符合道德诉求。”[81]格罗姆斯法官的儿子告诉我：“如果我将某位黑人称之为‘黑鬼’，那么我的父母肯定会用肥皂好好给我洗嘴。”[82]作为一名虔诚的基督徒，格罗姆斯法官在当地浸礼派教会活动中十分积极。在一篇题为《基督教与法》的文章中，格罗姆斯法官曾指出："法律应当建立在教义基础上，教义强调个人道德的价值，法律的基本任务强调保护个人的尊严。"他坚信，基督教义的影响可以使人们在行事的时候谨遵原则——这些原则根植于上帝所教导的，亘古不变、普世存在的道德规范之中。在文章的结尾，格罗姆斯法官认定，立法者与法官在作出判断的时候需要尊重宗教以及个人、社会乃至文化背景等因素的影响。[83] 1972 年，他和家人脱离了之前一直皈依的教会，因为这个教会拒绝黑人教友参与其中。在他的帮助下，一间不考虑种族问题的教会成立，而他也将自己的余生贡献给了这类宗教活动。[84]

格罗姆斯法官对抗种族歧视的个人经历，似乎意味着，他会在审理种族歧视案件时发挥积极的作用。但毋庸讳言，在一个深受种族主义滋扰的社会，格罗姆斯个人能够发挥多大作用，的确存疑。有学者曾考证，在作出支持阿拉巴马州立大学取消黑人学生学籍的判决之前，格罗姆斯法官曾对这位学生的代理律师说："尽管之前我曾经做出过很多有利于黑人的判决，但现在情况发生了变化，只要我还和我的爱人生活在一起，我就不得不这样做。人人都知道格罗姆斯法官每天睡觉的时候枕边都放着手枪，他的妻子十分担心自己的两名幼子的安危。格罗姆斯法官判令阿拉巴马州立大学必须同意接收黑人露西小姐入学之后，他和他的家人时常受到死亡威胁。"即便如此，8 年之后，格罗姆斯法官还是判令阿拉巴马州立大学应批准两名黑人学生的入学申请。[85]

就选举权案件而言，格罗姆斯法官早已认识到阿拉巴马州黑人争取选举权的重要性。1963 年他曾因为要求阿拉巴马州立大学批准黑人薇薇安·马龙(Vivian Malone)的入学申请。对此，华莱士州长发表了一份措辞激烈的声明，用格罗姆斯法官后来的话说，"语调十分轻蔑。"1979 年，格罗姆斯指出："在政治上，华莱士州长的做法无疑是正确的，因为当时黑人选民在该州所占比例微不足道。民主党的主要票源，仍然是秉持白人至上主义的白人，联邦对于黑人享有平等选举权的承诺仍然遥遥无期。"很明显，格罗姆斯法官并不认为自己处理索姆特县案的做法值得歌颂，在他为此类诉讼所作的笔记当中清楚地记载着对于某些案件，他必须睁一只眼闭一只眼。实际上，他也是这么做的。尽管格罗姆斯曾希望将所有作为历史一部分的事件都记载下来，从而使得这些鲜活的部分不会随着时光的流逝而灰飞烟灭，但他的确从未提及索姆特县选民登记案件当中的种族歧视问题。[86]

格罗姆斯逝世于1991年，《伯明翰新闻》的头条宣布："民权法官赫伯特·格罗姆斯逝世，享年90岁。"桑福德大学(Samford)校长回忆认为，格罗姆斯法官是法律界的巨人，基于虔诚的宗教信仰，他奋起捍卫法律原则，即使这样做并不流行。而库伯林法学院(Cumberland)法学院院长曾认为，格罗姆斯勇于公平、公正地适用法律。[87]

案件：诉讼之梯

尽管《1957年民权法》授权总检察长，得就选举过程中的种族歧视提起诉讼，但在艾森豪威尔总统任期的最初两年，司法部仅仅根据这一法案提出过3起诉讼。一般认为，这主要因为当时司法部"无法接触到地方的选民登记记录"[88]。因此，面对地方政府毫不妥协的强硬立场，立法当局采取行动，出台相应的立法作为对抗措施。1960年5月6日，国会通过了《1960年民权法》，授权司法部得要求相关选举负责机构允许司法部调查、复制选民登记记录。司法部的文档并未解释，为什么艾森豪威尔总统所任命的总检察长威廉·罗杰斯(Williams Rogers)，将索姆特县选为4个接受司法部检查选民登记记录的南部地区之一。司法部发布的新闻稿仅仅提出，对于南方各县进行调查的目的之一，是为了判断居住在这里的公民，是否因为自身的肤色或者种族被剥夺了宪法权利。这份新闻稿同时还援引了各县的人口及登记选民等数据。[89]

或许，选择索姆特县作为研究对象纯属偶然。毕竟除了索姆特县，阿拉巴马州还有20个县的黑人登记选民，占适龄人口总数不足10%。没有文件显示有任何居住在索姆特县的黑人曾对此提出过抗议。正如总检察长在1959年作证时所说，"我们惊讶地发现，在选举过程中并没有出现我们所想象的那么多抗议。"导致并未出现大规模抗议活动的原因虽然无法明确，但大致是因为黑人的恐惧。因此，尽管早期民权事务部所从事的工作主要是基于民权法提起诉讼，但从1960年哈罗德·泰勒(Harold Taylor)担任民权事务部主任以来，联邦政府律师在启动选举种族歧视调查前，已经不再需要提交书面申请。[90]即便如此，民权事务部采取的相关行动，还是会参考民权委员会所提供的相关信息，饶有意味的是，1959年民权委员会的报告并未将索姆特县列为潜在种族歧视地。[91]

另外一个对于司法部选择索姆特县的可能解释，或许是因为这里对白人残忍对待黑人的做法十分纵容。就在6年之前，司法部所指派的联邦政府律师弗兰克·约翰逊，成功地根据《联邦劳工赔偿法》起诉了索姆特县的一位白人种植园主迪尔斯。迪尔斯将一名试图逃离种植园的黑人雇工鞭笞致死，但当地的检察官从来没有对其做出过杀人罪指控。虽然有证人证明，迪尔斯经常在自己的种植园中殴打黑人，但迪尔斯的辩护律师公然宣称，这在索姆特县根本算不上什么大事。[92]又或者司法部之所以选择索姆特县的原因，是因为该县是阿拉巴马北部少数几个黑人聚居县之一，而司法部已经对于除索姆特县之外的其他几个黑人聚居县进行过调查。

通过诉讼方式对抗种族歧视的征途并不平坦，联邦政府律师必须面对来自于州及地方官员和稀泥战术的干扰，面对民权事务部本身对于种族歧视的不同理解，面对自身人员构成的频繁更迭，面对越来越多的黑人申请者因为种族因素无法获得选民登记，以及面对民权事务部人员少、任务重所导致的力量薄弱、效率较低等等困难。

在认定选民登记委员是否基于种族因素歧视黑人申请者时，一般首先需要考察相关的文档记录。曾有人在研究选举问题时不无感慨地指出，如果不考察选民登记记录，甚至都搞不清楚98%的适龄白人获得了选民资格，而只有不到2%的适龄黑人能获得选民资格这一基本事实。这表明，造成不同种族选民登记比例出现显著差异的原因在于，该县选民登记委员会对于黑人申请者适用了十分严苛的资质要求，对白人选民申请者却大开方便之门。对于联邦政府律师的动作，选民登记委员会往往以拖待变，不积极协助提供有关种族歧视的证据，而这，最终导致《1960年民权法》授权总检察长，在这种情况下，可以指派选举仲裁人，从而规避这些不愿配合的选民登记委员。截至1964年，司法部曾试图调取100个县的选民登记记录，有38个县的选民登记委员拒绝提供，因此，司法部根据《1960年民权法》起诉了这些不配合的县。[93]

最初，索姆特县府官员对于配合联邦政府进行调查，采取一种公事公办的态度，并向媒体保证，从未在选举登记过程中实施过任何类型的种族歧视行为，因此，联邦机构的调查多少有些迫害的味道。有报道说，塔特小姐在接受联邦调查局调查的时候曾说，“1955 年之后，索姆特县就从来没有无故驳回过黑人的选民登记申请。”德里曼法官也告诉记者：“索姆特县从未剥夺过黑人的投票权，选民名单上一直有黑人存在，事实上该县所有黑人学校的教师都是合格选民。”[94]然而，在联邦调查局探员才复印了几份人头税档案之后，一位地方法务官就前来阻止，宣称蒙哥马利市的一位法官作出禁令，禁止联邦探员继续复制这些档案材料。《伯明翰新闻》对于发生在索姆特县的这一事件进行了简要概括，标题是《无知联邦探员仓促上阵，华盛顿在索姆特选举案上栽了大跟头》。[95]

在接下来的半年当中，索姆特县的选民登记委员与地方法务官以执行州法院禁令为由，拒绝向联邦当局提供相关资料。同年 8 月，联邦地区法官弗兰克·约翰逊推翻了阿拉巴马州法院的这一禁令。[96]随后，联邦调查人员得以重返索姆特县，收集并复制相关资料。但在这个时候，他们又被告知另外一位州法院法官根据他对于索姆特县的管辖，将所有资料的管理权交给了阿拉巴马州总检察长麦克唐纳·盖林(Macdonald Gallion)，并授权只有盖林与索姆特县府官员可以接触这些资料。[97]和之前的禁令一样，这次阿拉巴马州法院所作出的决定也毫无预警，并且从来没有举行听证。准确地说，因为本案只有原告而没有被告，这里甚至都牵扯不上所谓案件的审理问题。有鉴于只有盖林掌握相关资料文档的管理权，因此司法部要求盖林允许联邦探员接触上述资料。[98]与此同时，司法部还试图通过德里曼法官，当地负责选民登记的官员，以及第 2 次作出禁令的赫尔德思法官(Hildreth)获得相关资料[99]，但都并未取得明显进展。《纽约时报》报道说，盖林总检察长因为拒绝联邦探员接触相关文件档案，甚至冒了被投监送狱的风险。该报援引盖林的话说，“我将誓死捍卫本州的权力与自治。”[100]

在肯尼迪总统宣誓就职，同时新任司法部长上台 3 天后，由格罗姆斯法官主审的另外一起联邦诉讼终于尘埃落定。[101]盖林，这位坊间巷议要角逐州长宝座的民主党人[102]，最终选择了不再负隅顽抗。[103]第 2 天，3 位联邦调查局探员在一位司法部联邦政府律师的领导下，开始了复印选民登记记录的工作。而这引发了当地媒体铺天盖地的报道，例如，有家报纸的大标题就写道：《获得法院判决支持的司法部工作人员主动出击，寻找选民登记记录》。[104]几天之后，《伯明翰新闻》

上刊登了一篇笔锋辛辣的社论，社论指出："毫无疑问，索姆特县的官员对于正在发生的一切冷眼旁观。任何熟悉这片土地的人都深知，要想撼动索姆特县居民的心神还需要更大动作。白人至上主义在索姆特县可谓根深蒂固，其程度已经超越了任何外来的干涉所能企及的范围。"[105]或许发表在《索姆特县月刊》上的一段话，可以作为这段历史的小结："狗腿子们从列文斯顿滚了出去，奇怪的是，司法部的这些菜鸟虽然浪费了纳税人成千上万的金钱，却没有发现任何可以证明种族歧视存在的证据。"[106]

对于相关记录的搜证主要是指翻拍、复制汗牛充栋的选民登记申请表和人头税记录。冲洗之后的胶片被送回司法部民权事务部，加注索引，并进行分析。而这意味着工作人员需要花费数周的时间，整理、分析这些质量欠佳的胶片。当时，高质量的影印、扫描及个人电脑都未问世，因此，司法部民权事务部的联邦政府律师们创制出一整套分析文档记录的操作规程。当笔者于1964年加入这一部门时，操作规程大致如下：操作者在机器上阅读微缩胶片，同时通过朗读的方式，将内容录入相应的录音带，结束之后将录音带交给打印社。[107]店里的工作人员随即将录音带上的信息打印在3英寸宽、5英寸长、总共6层的不同颜色复写纸上，并根据种族、时间、首写字母或者其他索引根据进行排序。[108]如此费时费力编辑出来的信息，既可以作为进一步调查的基础，亦可以作为准备案情说明或者展示的资料来源。[109]正因如此，如吉米·布莱斯林(Jimmie Breslin)后来在著作中提到的那样："通过对黑人与白人选民登记申请者相关资料的交叉索引，联邦政府律师可以证明，如果黑人与白人对于相同问题的回答完全一致，白人一般可以获得批准，但黑人却往往遭到拒绝。"如果将相关的索引卡片按照不同的顺序排列，则可以揭示出不同的事实样态。约翰·多尔曾提出："有时当你将这些卡片环形排列在自己周围，会猛地发现一个未曾见过的全新故事。"[110]例如，记录显示索姆特县法院的很多工作人员，曾多次为白人选民申请者担任保证人，但却几乎从来不会为黑人做担保。这一发现后来也成为法庭上，政府律师诘问这些法院工作人员的事实根据。尽管长时间埋首于文牍无疑是枯燥的，但供职于司法部民权事务部的联邦政府律师，却暗自告诉自己，整理文档是一项颇具浪漫色彩的任务。巨细靡遗的文档整理与分析，也为后来国会通过制定《1965年选举权法》提供了翔实的事实根据。

选民登记文档记录分析完成之后，司法部旋即兵分数路，前往索姆特县开展走访。当然，联邦调查局才是司法部的调查机构，民权事务部的联邦政府律师无权调查，因此，联邦政府律师所作的并非事实调查，而仅是走访可能出庭作证的相关人员。事实证明，1961 年初民权事务部联邦政府律师对于索姆特县的走访，为今后的案件诉讼提供了宝贵信息，并在要求联邦调查局进行调查时更有针对性。[111]

某些联邦政府律师则选择更为激进的所谓“黑人鼓动计划”(SNCCing)，即要求黑人尝试申请选民登记。[112]这些联邦政府律师发现了自身的积极作用，即可以鼓励黑人申请选民登记，理由很简单，黑人认识到联邦政府开始调查种族歧视问题，阻挠黑人申请选民登记的阻力也会随之降低。但另一方面，黑人申请者也意识到，不应明目张胆地进行大规模串联。弗兰尼曾回忆到，“斯特恩向索姆特县黑人领袖得莱尼(Delaine)下了最后通牒，1962 年 3 月 5 日，德莱尼家族有 15 人申请了选民登记。其实，德莱尼本人并没有做什么特别之事，后期我曾向德莱尼寻求过帮助，随即德莱尼承诺从索姆特县找二三十位黑人申请选民登记。”[113]显而易见，如果没有黑人申请选民登记，要证明选举过程中的种族歧视就变得异常困难。如果黑人申请选民登记，结局无外乎两种，如果申请获得批准，就无需再进行诉讼，如果申请没有获得批准，就为通过诉讼证明选举过程中的种族歧视提供了事实根据。然而，如果没有额外的鼓励，黑人很少会主动进行选民登记，“毕竟让大量黑人突破既往生活一成不变的樊篱，以极大的勇气、耐心与努力投身选举，是一件十分困难的事情。”[114]民权组织并不重点关注索姆特县，如果司法部民权事务部的律师严格按程序办事，将无法为索姆特县的黑人居民提供任何外在的激励。事实上在可能的情况下，司法部宁愿让民权组织来为自己设定工作的优先顺序。

在某种程度上，“黑人鼓动计划”类似于警方打击犯罪嫌疑人时所经常采取的一种行动。然而，这样做也存在着较大风险，特别是将挑战司法部的中立性。显然，这也不符合时任总检察长的肯尼迪所要求的，司法部在南方的活动应遵从道德底线这一准则。[115]同时，这种做法还容易让司法部背上主动挑拨诉讼的罪名。除此之外，联邦政府律师的鼓动也会在不经意间，给那些听从劝说去申请选民登记的黑人带来无妄之灾。从上述考量出发，司法部民权事务部的一项不成文规定，就是要求其麾下的联邦政府律师不得鼓动黑人申请选民登记，但还是有很多律师将此政策理解为睁一只眼闭一只眼的灰色地带。而这一点，在1963年艾维德·萨德律师与索姆特县黑人领袖之间的一次对话当中显露无遗：我向他们指出，实际上最近并没有黑人申请过选民登记，在这种情况下，联邦政府没有办法判断选民登记委员会是否从事了种族歧视的行为，除非有很多黑人申请选民登记，否则政府将根本无法做出任何决定或者判断。与此同时，必须让这些人明白，联邦政府不关心黑人是否决定参与选民登记，而是关注于黑人是否懂得现行法律，并依据现行法律来进行理性的判断。[116]

尽管听者往往无法体味萨德这番言论中很多微妙之处，但这样说，的确为日后政府方面的指控预设了脱身的伏笔，这在针对政府在达拉斯县挑动诉讼的指控展开调查时，也的确得到了验证。[117]

1961年5月，两位美国司法部的联邦政府律师首次造访索姆特县，开始走访该县申请选民登记遭遇的黑人。二人随身携带了一份选民登记申请遭驳回的黑人名单，并找到了索姆特县的一位德高望重的黑人领袖对于这份名单加以甄别，从而进一步从中选取走访对象。但在接下来对于几位黑人选民登记申请者的走访当中，这两位联邦政府律师并没有得到想要的东西，不得不悻悻地离开。[118]一年之后的1962年6月，时任美国司法部助理检察总长的马歇尔命令联邦调查局介入调查，并由后者最终提交了一份长约141页的报告。

鉴于当时走访接触的有限范围，对于相关走访调查结论加以实际应用显然尚未成熟，有些操之过急。在司法部的档案中，有一份约翰·多尔于1962年写给助理检察长马歇尔的备忘录，建议司法部对于索姆特县负责选民登记的官员提起诉讼。在这份仅有3页的备忘录当中，多尔认为在过去的7年时间里，该县共有33人在申请选民登记的时候遭到拒绝，“经过调查发现其中的绝大多数为黑人。”这份备忘录中仅仅提及了一起种族歧视行为，而该行为显然是非法的：“选民登记委员要求黑人申请者提供一名白人担保人。”多尔在备忘录当中强调，通过在索姆特县进行诉讼，可以激励该县及临近黑人聚居县的黑人，投身到选民登记运动当中。[119]没有任何文档显示为什么司法部将这份备忘录束之高阁，可能当时还有更具胜算的案件，而司法部必须在资源有限的前提下作出取舍。[120]另外一个可能，或许是因为其他案件当中的种族歧视行为更为令人发指。

在此后的整整一年当中，时光流逝，司法部在索姆特县毫无作为。这种僵局一直持续到尼克·弗兰尼再次造访该县，并在4天当中走访了之前6个月中成功获得选民登记的3位黑人，以及遭拒的10位黑人申请者。在这个过程当中，弗兰尼逐渐勾勒出了选民登记委员的大致做法，在当时，要求黑人申请者提供白人保证人的做法已经逐渐废止，符合资质的黑人也逐渐开始获得选民资格。然而，他却敏锐地捕捉到了一种较为典型的种族歧视做法，尽管遭拒的黑人申请者绝对数量不多，但相比之下，很多资格与之相当的白人申请者，却获得了选民资格。那些并不太符合选民登记资格的白人申请者，也会受到超出寻常的帮助。由此弗兰尼得出结论："尽管索姆特县选民登记委员会的确批准了某些黑人的选民登记申请，但只要再有25到50名黑人提交申请，那么届时司法部就将为赢得诉讼奠定了十分确凿的事实基础。"[121]事实上，的确在弗兰尼走访索姆特县之后的一个月当中，又有29黑人申请者的选民登记申请遭到了拒绝。[122]弗兰尼在之后的一份备忘录当中强调，在过去的几年当中，索姆特县共有34名黑人申请者所提出的63次申请遭到拒绝，而在同时期，没有一名白人的选民登记申请被拒绝。尽管他也承认，这些黑人的选民登记申请往往存在一些问题，但弗兰尼坚持认为，在一个白人申请者从未遭到拒绝，并获得大量帮助的县，司法部进行诉讼并最终胜诉的可能性是很大的。在这份备忘录当中，弗兰尼承认白人保证人制度的余孽仍然存在。在他看来，很大程度上申请结果取决于塔特小姐对保证人或者申请人的熟识程度。的确，塔特小姐一般会批准自己所熟知的黑人提出的申请。因此弗兰尼的结论是，黑人是否能够获得选民登记，取决于塔特小姐对其的个人评价。同时，弗兰尼也注意到，索姆特县选民登记委员会有一项不成文的规定，即任何一位申请者最多只能申请3次。而塔特小姐对此的解释是，德里曼法官曾告诉她根据州法，必须这样做。通过审查申请遭拒的黑人的申请文件，可以发现，如果是白人提出申请，将毫无疑问地获得批准。[123]同年11月，诺曼告知弗兰尼，如果认为有足够的理由针对索姆特县进行诉讼，就准备好诉状及案情说明。[124]

1962年秋，当地报纸上出现了一则肯定是由索姆特县白人领导人策划的传奇故事，题目大剌剌地写道：《阿拉巴马州索姆特县成为种族关系和谐的典范》。这篇发自美联社的报道对索姆特县种族关系的"和谐"褒奖有加，并将其视为整个美国的范本。根据这份报道，索姆特县居民中黑人所占比例为 65%，并已有 650 名黑人获得了选民登记资格。但事实上黑人居民所占比例被严重低估，同时，获得选民登记资格的黑人数量大肆夸张报道。报道当中并没有给出相关白人的统计数据。报道指出，1962 年 10 月曾有两位黑人担任过陪审员，并藉此暗示该县并不存在种族歧视。作者似乎坚信某位白人官员的说辞："是黑人在反对种族融合。"同时，报道还将联邦调查局探员在该县的调查活动描绘得无比顺利，却对于围绕相关调查的法律战只字未提。[125]一个缺乏判断力的读者在通读这篇报道之后，或许会质疑，为什么联邦调查局还要死盯着索姆特县不放。

到了第二年春天，新晋被指派负责索姆特县案件的联邦政府律师萨德总结，索姆特县选民登记委员会的做法在六个方面违反了联邦法。而这六点也成为之后《1965 年选举权法》所力求解决的问题：

(1) 因为一名选民登记委员去世，另外一名选民登记委员辞职，卢比·塔特小姐成为实际上唯一的选民登记官员，在这个意义上选民登记委员会已经名存实亡；

(2) 该县选民登记委员会所坚持的每位申请者最多只能申请 3 次的内部规定，剥夺了申请者进一步申请的机会；

(3) 该县选民登记委员会未能给选民登记申请者提供明确的申请地点；

(4) 该县选民登记委员批准文化程度很低的白人申请者的选民登记，并未对其进行教育水平测试；但却将大量文化水平一般，甚至受过高等教育的黑人申请者拒之门外；

(5) 黑人在申请选民登记的时候必须提供保证人；但白人申请者却无需提供保证人；

(6) 申请遭拒的黑人申请者通常情况下无法获知申请的进展情况，更无法获知为何遭拒。

萨德建议，司法部民权事务部将这些问题通报给当地的司法当局，并敦促新成立的选民登记委员遵循相关的程序及标准。[126]

萨德律师的建议引发了旷日持久的协商谈判。索姆特县的选民登记委员会已经名存实亡，因此美国司法部检察长助理马歇尔致信阿拉巴马州总检察长理查蒙德·弗拉沃斯，并将复印件寄给了索姆特县的地区检察官办公室。在信中，马歇尔详尽地描述了该县选举过程中出现的种族歧视行为，并敦促该县立即采取措施加以补救。马歇尔指出："修正后的《1957年民权法》规定，总检察长有权在选民登记委员会失效的地区自行提起诉讼。"马歇尔希望能够成立新的选民登记委员，并保证其主动遵守相关规范，从而避免面对政府的指控。在他看来，黑人选民申请者在资格条件上应与白人申请者毫无二致；申请表格本身不能用来作为测试申请者文化水平的依据，只能用来证明申请表是否由申请者本人所填写；选民登记委员如果拒绝申请者的申请，必须告知申请者这一结果，并明确告知申请者申请遭拒的原因；申请者有权随时再次提出选民登记申请；申请者需被告知相关保证人的资质条件，特别是黑人也可以担任保证人。[127]

与华莱士州长不同，阿拉巴马州总检察长弗拉沃斯对于种族问题所持的态度较为温和。[128]尽管马歇尔要求弗拉沃斯在6月15日之前回复，但弗拉沃斯并未对于马歇尔的来信采取任何正面回应。然而，就在6月份，索姆特县选民登记委员会补充了两名新选民登记委员，从而恢复了正常运作。4个月之后，马歇尔再次致信弗拉沃斯，提出新近组成的选民登记委员会，并未按照其5月来信中所要求的那样来遵守相关法规。在此期间，共有23名黑人提起过选民登记申请，但其中的20人遭拒，这20人当中有4位教师，6位接受过高等教育。马歇尔强调，这20位黑人申请者当中有19位与获得选民资格的白人条件相同，因此，选民登记委员会必须在两周内主动采取措施，批准这19位黑人申请者的申请，从而满足之前信中所列明的相关要求。[129]预料到索姆特县会对此要求消极应对，因此约翰·多尔随即准备提起诉讼的备忘录以及相关资料，"从而可以在必要的情况下，于周五马上提请诉讼。"[130]

索姆特县的选民登记委员会并未在规定期限前做出回应。虽然该委员会同意采取某种措施，但显然，和马歇尔信中的相关要求相距甚远。例如，索姆特县选民登记委员会非但没有同意不再将选民登记表作为文化水平的测试之用，反而笼统地宣称将用这一登记表格作为衡量选民资格的措施，并对于黑人申请者与白人申请者一视同仁；另外，选民登记委员会也未批准之前遭拒的那19位黑人的申请，而是为每位申请者提供了拒绝的根据。正如萨德总结的那样："新的选民登记委员会给这些黑人申请者提供如其所愿的'平等对待'。从我个人走访黑人以及白人负责官员的经验，下一步无论是采取诉讼还是继续协商，都必须对此问题提出决定性的解决方案。”[131]

随即，萨德为马歇尔准备了将要向弗拉沃斯发出的公函，信中声明：因为选民登记委员会明显没有表现出遵守联邦法律的良好意愿，接下来的诉讼将无可避免。这封信发出后的一个月左右，诉讼被最终提起。记录中没有显示为什么拖延了这么久才提出诉讼，但最有可能的解释无疑是肯尼迪总统遇刺这一事件，因为这一大事的发生，司法部的工作陷入了停顿。

1963 年 12 月 16 日，在罗杰斯总检察长表态两年之后，美国政府终于针对索姆特县选民登记委员会的 3 名成员，以及阿拉巴马州提起诉讼。总检察长肯尼迪、助理检察长马歇尔、美国联邦政府律师麦肯·维沃（Macon Weaver），约翰·多尔等人在诉状上署名。[132]这一指控大体上延续了马歇尔致弗拉沃斯相关信件的总体思路，但和其他同时期的诉讼类似，诉状还列举了很多新的指控，诸如因为索姆特县教育体系中种族隔离制度导致的教育水平不均衡，黑人的受教育程度普遍不如白人，这意味着将教育水平作为选民资格测试标准，存在种族歧视问题。诉状认为上述做法剥夺了黑人的权利，并构成了种族歧视。这些指控如果成立，依法将由法官确定联邦选举仲裁人，由其对于选民登记申请进行判断。

政府方面的诉状要求法院发出禁令。因为既非损害赔偿案件，亦非刑事案件，所以法院根据衡平法做出的禁令并不涉及宪法权利，无需陪审团的介入。法官在审理此类案件时，可以根据事实与法律自由判断。在这种情况下，一个关键性的问题，就变成了如果政府赢得诉讼，法官应该采取何种救济措施。起诉方要求法官禁止被告在认定选民资格时，对黑人采用比白人更为严格的要求、标准、程序，同时禁止不合理地将选民登记申请表或者其他问卷，作为选民资质的测试标准。最后，政府方面要求法院判令，被告批准之前与白人选民资质相同的黑人提出的申请。

联邦政府正式提出了诉讼，因此必须为其提供法律与事实依据。被告将反击的重点首先放在了政府主张的教育不平等这一问题，并随即提出驳回这一诉讼主张。被告主张，原告应该为相关的诉讼请求提供调查报告。被告的主张概括起来非常简单，即认为只有少量黑人获得选民登记的原因在于，其余大多数黑人并不具有选民申请资质，“原告实际在要求法院，为低素质、低文化者提供特权，这无疑对那些教育良好、素质较高的人构成歧视。”[133]在美国宪法第15修正案通过之前，就有很多人基于相同主张，强烈反对黑人享有选举权。[134]基于之前联邦最高法院的相关判例[135]，被告同时还补充了“错上加错不等于对”这一论点，即主张“原告要求，因为白人之前曾以违反阿拉巴马州宪法与相关法律的方式，获得过选民登记，因此黑人申请者也应该获得选举权。”[136]之后，被告还主张，“索姆特县选民登记委员会过去与现在，都没有基于种族实施过任何歧视行为，并且诉讼提起时，索姆特县的选民登记委员会已经能够正常工作，因此没有理由将阿拉巴马州作为本案的被告。”[137]

同年2月，法院作出判决，支持被告的主张，驳回原告提出的教育机会不平等主张。然而，这并不意味着原告的这一主张没有任何意义，事实上政府用来证明索姆特县存在的教育不平等现象的相关证据，最终成为了总检察长卡赞巴赫用来支持通过《1965年选举权法》的重要根据。[138]

与此同时，司法部民权事务部的联邦政府律师，虽然也提交了一些证据文件，但因为手头案件繁多，因此并未充分顾及。3月，萨德在位于蒙哥马利县的联邦地区法院出庭，提起了针对埃尔默县选举过程种族歧视问题的诉讼，笔者作为本案代表联邦政府的律师，首次参与了案件的审理。4月，笔者首次造访索姆特县，历时一个星期。在此期间，乔纳森·苏定和笔者走访了33位黑人选民登记申请者，同时，笔者与苏定还出席了位于图斯卡洛萨[139]的联邦法院内召开的案前会议，就是在这里，笔者第一次遇到了格罗姆斯法官，以及选民登记官员海因斯、赫尔曼与索姆特县公诉人麦克康奈尔（McConnell），后者曾被一份政府备忘录定性为“死硬的种族隔离分子”。[140]之后不久，因为萨德正在塞尔玛提起诉讼，本案的准备被打断。在完成这一诉讼之后，笔者再一次投身于索姆特县案，并在5月5日、6日完成了该案的出庭工作。5月8日，笔者终于返回了华盛顿。虽然所有的成功律师都必须接受棘手案件的洗礼，但州与地方官员死命顽抗，以及联邦法官的掣肘，都在很大程度上消耗着司法部民权事务部的有限资源。很明显，通过逐县诉讼的方式捍卫宪法第15修正案，进展缓慢、成本高昂。对此其他替代解决方案还包括在州一层级展开诉讼，或者进行全联邦范围的联邦立法，即通过全国性的选举权法。

从当时的时空条件来看，无论是在州一层级的诉讼，还是全国性立法，都显得太过遥不可及。因为具体案件的诉讼进程迫在眉睫，因此负责个案的联邦政府律师工作压力极其沉重，不仅需要走访黑人证人，而且还需要准备证据开示，准备法律意见书，反复准备证人，整理调查笔记、联邦调查局报告及发言提纲等工作。

对于任何种族歧视的指控，原告首先需要证明当事人的种族。如果不知道当事人的种族，根本无法证明黑人与白人境遇存在任何差别。索姆特县的选民登记记录虽然记录了成功申请者的种族，但没有对申请遭拒者的种族做任何记载。联邦政府律师只能通过政府官员、邮局雇员等提供的证人证言，对于遭拒绝申请者的种族加以证明。4 月末，司法部总共收到了 21 份证言，这些证言基本认为，大多数索姆特县黑人无法满足选民的资质要求。除了德里曼法官之外，其他证人认为，索姆特县的白人居民大多受过良好教育，但黑人居民普遍文化水平很低。例如，一位邮差作证，索姆特县 90%以上的白人居民接受过良好教育，75%以上的黑人没有什么文化。[141]当地警长作证，大约 15%的白人居民，75%的黑人居民没有接受过良好教育。[142]一位税务中介作证，有大约 2%的白人居民，65%的黑人居民没有文化，该县严重犯罪人中黑人与白人比例为 15∶1。[143]另外一种较为流行的说法认为，黑人居民对于选举根本不感兴趣。[144]

此类托辞大体上沿用了既有的白人至上主义，虽然很容易露出马脚，却会迅速激起选举权法反对者的认同与呼应。[145]很显然，即使地方官员真的认为黑人不符合选民资质，而白人符合，也仅可以解释为什么存在种族歧视，却无法为其提供正当性。相反，这一假设反而证明，被告极有可能适用了双重标准。至于认为黑人无意参选的看法，则是因为符合资质的黑人一再申请选民登记遭拒，因此心灰意冷。

案件审理

格罗姆斯法官将索姆特县案的审理日期定在 1964 年 5 月。至此，距离时任美国总检察长罗杰斯调取索姆特县选民登记已经过去了 4 年多，但仅距美国政府针对选举中种族歧视正式开始诉讼不足 5 个月。美国司法部民权事务部的负责人，专门为索姆特县诉讼组织了律师团队，由资深律师萨德领衔，成员包括乔纳森·苏定、大卫L.诺曼、凯利以及笔者本人，小组秘书是乔纳斯·阿瑟。在笔者保留的相关工作记录当中，有一份长达9页的工作分配清单，其中笔者本人负责的主要是关于教育不平等指控的举证部分，[146]检查、确保原告需要出示的52份证据的准确性与完整性，总结保证人制度的种族歧视属性，以及准备证人证言。在庭审期间，笔者将负责安排出庭作证的证人，对于黑人证言进行模拟，对于之前没有走访过的白人进行面谈，等等。

联邦政府律师需要面对的白人证人可以大体分为两类：第一类被联邦政府律师要求出庭作证的白人，主要是那些被政府方面怀疑受到了不当优待的申请者。通过对于已获得选民登记的申请表进行分析整理，联邦政府律师有理由怀疑某些没有文化，或者文化水平很低的白人申请者在填写申请表的时候受到了他人的帮助。而还有很多白人申请者并未提供保证人。虽然联邦调查局探员之前所进行的调查在很大程度上证明了上述质疑，但联邦政府律师还是需要走访很多之前从未接受调查的白人申请者，收集他们申请选民登记的个人经历。因为传票产生的威慑力，除了少数持敌意的不配合者之外，大多数受访者都能将自己的经历和盘托出。联邦政府律师精心策划了己方传召证人的出庭顺序，即先有一至二位黑人出庭作证，然后由一两位经历与之前黑人证人形成鲜明对比的白人申请者出庭作证。虽然大体上联邦政府律师清楚自己手里黑人证人的具体情况，但对于白人证人的情况，只能通过在法院期间非常短暂的面谈加以把握。至于被告希望传召的白人证人，联邦政府律师也只能在非常有限的情况下，在某种程度上了解这些证人证言的本质，以及在交叉诘问过程应当采取何种应对策略。

比哉尔出庭作证时提供的证人证言，和之前笔者所描述的，除了没有烂泥路和树木的点缀之外，别无二致。比哉尔回忆，自己在1954年提交选民申请表时，被要求必须为自己找到一位保人。因为不认识其他黑人选民，因此比哉尔次日又跋涉了10英里路程到了列文斯顿，找到了一位白人选民路易·多布森(Louie Dobson)作保证人，选民登记委员会认为，多布森并不具有保证人资格，但对于原因却只字未提。接下来比哉尔又再次尝试，并提供了另外一位白人保证人，但这次申请的结果却石沉大海(记录显示，选民登记委员会拒绝了他的第二次申请)。在庭审过程当中，比哉尔现场朗读了一道选民登记表中的问题，并希望借此证明自己的文化水平。[147]总而言之，共有18位黑人申请者作为政府证人出庭作证，其中包括大学毕业生、教师、承包商，以及仆人和家庭主妇等。一般情况下，第一位黑人证人出庭作证之后，第二位黑人证人被随即传唤到庭，对于自己填写申请表，及提供保证人的遭遇加以说明。在两位黑人证人作证完毕之后，联邦政府律师将会传召相同数量的白人证人，并籍此证明文化水平较低的白人申请者，如何在填写表格的时候得到帮助，如何没有提供保证人的事实。

不幸的是，每位证人在庭上所做证言，都具有某种令人沮丧的同质部分。因为仅仅被用来证明存在种族歧视，因此很少触及每位证人的个体特质。司法部的联邦政府律师所代表的是美国政府，而非黑人选民申请者。因此，这些自身权利岌岌可危的黑人，根本无从控制自己将会被问及哪些问题，以及会被以何种顺序问及这些问题。导致这一现象产生的原因在于，政府的关注点较为单一。政府关注的问题，不是为什么会在选举过程中出现种族歧视，也不是种族歧视产生了何种不良效果，而是单纯的一个事实，即是否发生了种族歧视行为，以及以什么具体方式实施的种族歧视。在这一点上，上述证人证言的证明力无疑是巨大的。

例如，玛格丽特·坎贝尔·布朗（Margaret Campbell Brown）是列文斯顿一所白人大学的黑人女服务员，曾先后两次尝试进行选民登记。布朗女士受过11年的教育，并一直生活在索姆特县。1957年，时年39岁的布朗女士第一次申请选民登记。而在这一年，只有一位黑人成功获得了选民资格。联邦政府律师后来在文档中找到了布朗女士填写的选民登记申请表，她填写的笔迹清晰，内容准确。在回答一道题为"请列举若干公民义务"的题目时，布朗女士的回答是："诚实、服从美国的法律。"布朗女士对于一道棘手问题的回答也可圈可点，题目是"当上述义务与你本人所应履行的其他世俗义务产生冲突时，上述义务是否应当被优先服从？"很多申请者都在这个圈套问题面前栽了跟头，在自己的本意是"是"的时候填写了"否"。还有很多人干脆空着不答。那些回答"否"，或者没有作答的白人都获得了选民登记，但做相同回答的黑人却没有获得选民资格。布朗女士对于这道题做了"是"的回答。更为重要的是，和那些被拒绝的黑人不同，布朗女士还成功说服了一位在当地法院工作的白人担任自己的保证人。那布朗女士的申请为什么还被拒绝了呢？布朗女士本人对此一无所知，事实上选民登记委员并未告知她的申请结果，更别提为其解释相关原因了。布朗女士对于自己的申请还抱有一丝幻想，因为当时选民登记委员承诺将会告知她申请的最终结果。后来发现，在布朗女士的申请表格上方，联邦政府律师发现了可能是选民登记委员所写的“不完整”一词。如果这里所谓的“不完整”，指的是布朗并未回答“申请者是否是居住在本选区的诚实居民”这一问题，那当时负责的选民登记委员为什么没有告知布朗应回答这一问题？同时，很多没有回答对于这一问题的白人，却获得了选民登记。或者布朗女士遭拒，是因为没有填写选民登记申请表第3页，可有证据证明，选民登记委员为24位白人代行填写了这一部分。

布朗女士在1957提出选民登记申请的原因不得而知，但其在1963年5月再次提出申请，则估计和萨德律师与当地黑人领袖的游说有关。同年的6月1日，布朗女士及另一位黑人的申请遭到了拒绝；第二天，6位黑人申请被拒；6月3日，又有3位黑人申请遭拒。或许正是因为选民登记委员会的“名存实亡”，在之前的6个月当中，只有一位黑人曾申请过选民登记。[148]在海因斯与赫尔曼加入索姆特县选民登记委员会之后，该委员会形成一致意见，要求所有申请者都必须合理回答申请表格中所有问题，并提出一位保证人。正如联邦政府律师在事实摘要中指明的那样：“索姆特县选民登记委员会很清楚，采用更为严格的标准，那些自1954年起获得选民登记的申请者，将会因为没有全部回答出申请表中的问题而被剥夺选民资格，这意味着，所有符合资质的白人都将被赋予选民资格，而只有很少符合资格的黑人会成功获得选民资格。”[149]这样来看，布朗女士申请遭拒也就顺理成章了。在开始运作8个月之后，新成立的索姆特县选民登记委员会拒绝了61%的黑人申请，同时只拒绝了8%的白人申请者。布朗女士的申请因为没有填写完整，且没有提供保证人，因此再次遭到了拒绝。布朗女士在作证时指出，自己无法在当天找到一位合格的保证人，与此相对，一位白人证人作证说，在自己申请选民登记时，一位选民登记委员曾跟随他一道寻找保证人。[150]

尽管上述总结多少有些抽象，但在法庭之上，控辩双方之间的交锋却有血有肉。应该承认，被告的反击十分有力。在交叉诘问过程中，被告的代理律师几乎对于每位黑人证人都进行了追问，并试图证明，这些黑人申请者并未要求选民登记委员的帮助，或者证明这些黑人申请者的证言前后不一。被告的律师还传召了8位成功获得选民资格的黑人出庭作证。83 岁的退休教师艾迪 B. 杰克逊(Addie B Jackson)自 1880 年出生起就生活在索姆特县,并在本案审理前几个月前获得了选民资格。杰克逊本人也无法解释为什么在美国女性获得选举权之后,直到 1964 年,自己始终无法获得选民资格。事实上被告方面提出的杰克逊证言多少有些欲盖弥彰,因为她的经历证明,索姆特县选民登记委员不乐见受过良好教育的黑人申请选民登记、参与选举。在交叉诘问过程中,杰克逊女士坦承,如果自己的寿命许可,很乐于能够投下自己人生中的第一张选票。与此类似,一名获得选民资格但文化水准较低的黑人,以及一位在申请过程中由保证人帮忙填写表格的黑人,也证明了选民登记委员在判断“好”黑人与“坏”黑人时,享有极大的自由裁量权。除此之外,辩方律师还请包括德里曼法官、选民登记委员海因斯以及其他若干白人县府官员出庭,以期证明选举的公平性。但这些证言中也有不少对于辩方有害无益,因为这些证言可以证明,很多所谓保证人本身即持有偏见,且在决定是否担任某人保证人时并无标准。尽管设定保证人制度的目的仅仅是证明申请者的居民资格,但一个黑人是否获得选举权,在很大程度上取决于申请者在白人保证人眼中是否属于“好”黑人。

索姆特县案所涉及的法律问题,正是布克 T. 华盛顿(Booker T. Washington)与 W. E. B. 杜布斯(W. E. B. DuBois)之间旷日持久的论争。华盛顿在自传中回顾了美国南北内战后重建期间出现的曲折与错误。在他看来,很多重建政策太过率意、强制性过高,结果有助于白人当选官职,最终反而伤及黑人利益。在他看来,解决问题的症结在于教育。至于选举本身,“如果能够将所财产多少,或者受教育程度作为选民资质标准,并将这一标准不分种族、公平适用,将无疑是更为明智的选择。”[151]与此相对,曾担任“美国有色人种促进会”领导人的杜布斯则坚持认为,事实上,华盛顿的主张将会剥夺黑人的选举权,并在黑人内部制造所属社会阶层的樊篱。诚如历史学家约翰·霍普(John Hope)所言:“杜布斯认为黑人艺术家、商人及有产者势必会奋起捍卫自身的选举权。”[152]

政府的诉讼策略与杜布斯所持观点类似,即认为应优先保证选举权,这一观点也被后来出台的《1965 年选举权法》所采用。尽管被告律师试图证明,受过教育、具有责任感的黑人可以获得选举权,但联邦政府律师却针锋相对地提出,很多文化水平较高，具有社会责任感的黑人，根本无法获得选举权，除此之外，文化水平较低的黑人也应获得选举权。不能再等到黑人提升自身的文化或者经济地位之后，再赋予其选举权了。因为黑人没有选举权，占据优势地位的白人就将继续压制黑人，使其无法提升自身的文化及经济地位。被告方传召的德里曼法官等证人关于黑人受教育程度等证言暗含种族偏见，对此，联邦政府律师充分揭露并加以利用。同时，联邦政府律师还通过提供证据，证明黑人无法获得平等受教育机会，来强化这一论点。如索姆特县黑人居民平均受 5 年教育，而白人平均受 11.5 年教育。[153]另外，该县黑人与白人学生之间，人均教育资源占有量与师生比也存在显著差距。例如，当地颇有声望的黑人威尔·杰姆森作证说，在自己上学的 5 年当中，每年实际学习的时间不足 3 个月，并且全校 8 个年级的学生都挤在一间教室当中，由一名老师授课。与此类似，另外一位黑人阿曼达·哈斯利也印证了此事，他上学的学校也只有 1 名老师，1 间教室，100 多个孩子挤在一起，坐在树桩改成的椅子上课，一年的学习时间也只有两个半月。还有很多黑人作证，因为高中没有班车，因此这意味着只有居住在高中附近，以及那些有条件支付住校费用的黑人才可以读书。黑人学校的师资条件无法令人满意，如伯纳斯·胡德女士自从 1944 年高中毕业之后就可以在黑人学校教书，只有在暑期才会抽空补习大学课程。

联邦政府的诉讼主张大体分为两个部分，首先，被告批准了大量文化水平很低的白人的选民登记申请；作为享有投票权的多数派，这些白人自然而然地选择维持现状。白人的参选活动不会像黑人那样，受自身文化程度、性格特质的干扰或者影响。如果白人申请者是文盲会出现什么情况？选民登记委员会代劳，帮助填写申请表格。如果白人申请者不认识任何保证人怎么办？选民登记委员会为其寻找的一位合适的保证人。但是对于黑人申请者而言，获得选民资格则变成了一种特权，只有那些符合严苛标准，满足选民登记委员及保证人有些恣意的主观判断的黑人，才可以获此殊荣。总体而言，首先，索姆特县多数居民是黑人，多数黑人又没有受过任何教育，是文盲；其次，选民资格的判断标准，即使有公正适用的可能，其本身也充满了种族歧视的成分。例如，选民资质中文化程度的要求就带有歧视性，阿拉巴马州为白人提供了良好的教育机会，对黑人的教育毫不在乎。保证人制度则更是如此，虽然取消了只能由白人担任保证人的规定，但因为黑人选民的数量很少，因此黑人申请者很难找到合适的黑人选民来担任自己的保证人。

司法部很少在种族问题上发表意见，但对于阿拉巴马州的选举问题，这样的一种保留态度显然存在例外。导致例外原因，除了司法部在种族问题上态度变得愈发积极之外，还包括阿拉巴马州选举过程中种族歧视的现状。阿拉巴马州显然是希望维持保证人制度，这实际上将申请者的命运，交给了已经获得选举权的这些人。那些担任保证人的白人，似乎根本没有认识到根据阿拉巴马州的法律，他们唯一可以证明的问题只能是在申请之前，申请者的居住地是否符合选民登记要求。白人保证人在作证的时，反复强调自己只有在认定申请者是好人的情况下，才会同意为其提供证明。例如，一位为黑人戴维·维宾顿(Dave Wabbington)担任保证人的白人作证，“戴维聪明，人品好，并且像白人一样按期缴纳税费。”[154]被告实际上将选举权视为一项特权，黑人申请者必须竭尽所能来争取这种特权，因为事实上存在的种族歧视，导致黑人很难争取此种权利。简言之，白人一般被认为符合选民资质，而黑人却恰恰相反。因为阿拉巴马州事实上对于白人采用的是普选制，因此，司法部积极主张在该州对于黑人同样适用普选。

在案件审理的后期，格罗姆斯法官批准美国政府可以在30日内提交本案的最终诉讼请求，被告则须在原告提交最终诉讼请求15日内，提交自己的案件总结。在计算机文字处理系统尚未问世之前，联邦政府律师必须抓紧一切时间，准备这份案件总结，因为任何书写错误的改正都需要付出大量劳动。有鉴于此，每位联邦政府律师都需要根据自己负责领域的不同，准备相应部分的案件总结。笔者本人负责案件概述、当事人介绍、选民登记程序、保证人选任制度中的种族问题，并准备与保证人制度有关的证据开示、种族认定，并对获得选民登记，以及申请遭拒的申请表格加以总结。

在原告最终诉讼请求中，事实根据、法律依据以及相关法律主张等共计88页，另附有30页左右的事实总结、法律结论，以及政府方面认为应予登记的64位黑人名单，请求书详尽列举了黑人与白人之间在相关数据方面存在的显著差距。面对如此详尽的资料与数据，阿拉巴马州助理检察长高顿·麦迪逊(Gordon Madison)仅仅要求进行口头辩论，拒绝针对起诉方的案件总结提交辩护方的案件总结。对此，他的解释是，“我们不禁回想到，联邦最高法院大法官布莱克曾指出，‘在律师对于案件进一步总结之前,法官无法进行任何案件审理。'"[155]在接下来的一周当中,联邦政府律师数次试图说服格罗姆斯法官,认定索姆特县在教育方面存在的种族歧视,使得选民登记表格的适用方法具有种族歧视特征。诺曼写信给格罗姆斯法官,告知其约翰逊法官在埃尔默县一个类似案件中,曾作出过支持政府方面类似诉讼请求的决定。[156]

从现有的资料看,还不明确为什么当时并没有进行口头辩论,但索姆特县的事态发展无疑给法院和司法部造成了巨大压力。就在麦迪逊给格罗姆斯法官写信的前一天,密西西比州耐舍巴(Neshoba)县的3位民权工作者离奇失踪。这一事件引发了联邦政府的迅疾调查与起诉。麦迪逊的信发出后10天,美国总统约翰逊签署了《1964年民权法》,该法禁止公共领域内出现任何种族歧视行为,这也在很大程度上推动了司法部的执法活动。

法院裁决

在格罗姆斯法官对索姆特县案作出判决的同一天,他和其他两位法官组成的合议庭还在奥利案中裁定《1964年民权法》违宪。[157]格罗姆斯法官在奥利案中对于相关事实、法律的分析十分详尽,其判决也被刊载在官方的法院通讯上。但格罗姆斯法官在索姆特县案中的态度却与此迥异,既没有分析案件事实,也没有将案件刊发在官方的法院通讯上。很大程度上,格罗姆斯采纳了原告最终诉讼请求中的观点,以及其中所包括的法律部分与事实部分。[158]法院认定,索姆特县之前采用的白人保证人制度,以及这一制度废止之后所采用的看似平等的保证人制度,都违反宪法。同时,格罗姆斯法官还认定,索姆特县选民登记委员会在适用选民登记表格时存在种族歧视,如帮助白人申请者填写表格,而对于黑人申请者则置之不理;对于白人申请者采用的测试标准较为宽松,而对于黑人所采取的测试标准较严。即使在司法部开展调查行动之后,索姆特县仍有超过63%的黑人选民申请遭拒,同时期,申请遭拒的白人申请者比例仅为8%。

格罗姆斯法官认为,即使严格适用选民登记申请表这一看似中性的测试标准,也会造成索姆特县黑人与白人申请者之间的实质不平等。但格罗姆斯法官驳回了联邦政府律师的两项诉讼请求。虽然格罗姆斯法官认同政府方面提出的,很多黑人是该县具有种族歧视色彩的选民登记措施的受害者，但这并不足以作为要求批准特定黑人选民登记申请的根据。同时，格罗姆斯法官也驳回了政府方面提出的，索姆特县教育机会不平等导致了文化水平测试虽然形式上平等，但实质具有种族歧视的主张。他所依据的法律根据是第五巡回上诉法院作出的，应由政府解决此类问题的主张。[159]

在很大程度上，这些认定结论为判令被告按照政府方面的要求，提供救济措施，奠定了法律基础。虽然这份判决并未描述某个保证人或者某个种族歧视者的行径，但已取得长足进展。对于任何严肃思考这一问题的人而言，格罗姆斯法官的裁定明确无误地表明，阿拉巴马州官员对选民登记申请者实施了种族歧视。尽管索姆特县有三分之二的居民是黑人，而当地政府只为白人服务。被告这样做显然是违反了美国宪法和阿拉巴马州法。在非种族问题上，如此大规模的违法行为无法为社会所容忍，联邦司法的职责也需要保证，在种族问题上不得存在类似的违法情况。

尽管如此，格罗姆斯法官也仅仅实现了原告方，即美国政府主张的具体解决方案的一部分。例如，他禁止被告在选举过程中实施种族歧视行为，特别是在保证人制度中，对于黑人使用比白人更为严格的审查措施。格罗姆斯法官要求被告必须按照其判决书中所列名单，为这些黑人申请者提供选民登记，但前提条件是这些黑人申请者必须具备相应文化水平。令联邦政府律师更为失望的是，与埃尔默县的约翰逊法官不同，格罗姆斯法官所沿用的是20世纪初以来，就被联邦法院在吉尔案中建立起来的基本观点，即不会要求选民登记委员会为政府方面所列明的种族歧视受害者提供选民登记。相反，格罗姆斯法官仅仅要求，选民登记委员会告知受害人，其有权再次申请选民登记。这也就意味着像比哉尔等已经在案件审理过程中证明符合选民资格的种族歧视受害人，也必须重新申请。因为法院的判决并未谈及具体受害人，很有可能导致这些受害人再次申请时，再次受到不公正对待。[160]在包括笔者在内的联邦政府律师看来，所有列明的64位黑人受害人都已经证明了自身符合选民资格，而这些受害人大多都一而再、再而三地遭受到了侵害。[161]因此，原告方相信，法院有义务要求选民登记委员会为这些受害人提供选民登记。

政府方面最终并未选择对于这一判决进行上诉。对此,司法部文件中并未列明具体原因[162],但大体上存在如下几种可能。政府的案件总结中并未列明可以强制法官作出如上判决的法律根据,实际上,联邦政府律师甚至都没有提出任何证明法院有权力这样做的法律根据。[163]尽管上级法院没有对选举登记中存在的种族歧视采取上述救济措施,但的确在判例中承认过下级法院强制选民登记的补救措施成立。[164]联邦政府如果上诉质疑联邦地区法院的此种自由裁量权,无疑十分危险。[165]而且,在《1964 年民权法》通过前夕,司法部的工作人员已经筋疲力尽。最后,很多联邦政府律师都认为,判决书中列明的黑人将会重新申请选民登记,其中绝大多数会获得通过。尽管这些黑人不是联邦政府律师的当事人,但在很多联邦政府律师看来,是否最终赋予黑人选举权,要比单纯的上诉结果来的更为重要。因此虽然没有上诉,但司法部还是认为自己获得了胜利,“格罗姆斯法官的判决,是迄今为止我们获得意义最为深远的判决。”[166]

后续发展

实际争端并不会因为庭审,甚至最终判决的作出而终结。之所以进行诉讼,是为改变当事方的行为模式,并将索姆特县推向民主。庭审结束之后,在格罗姆斯法官作出判决之前,被告方实际上就已经开始对自己的行为模式进行微调:越来越多白人选民登记申请遭到拒绝,其比例已经占到了所有白人申请者的 17%,黑人申请被拒绝率还是维持在大约 60%。例如,为联邦政府出庭作证的证人坎贝尔,虽然随后提出了再次申请,但还是未获通过。这位拥有超过 100 公顷土地的农场主,在 1954 年自己 46 岁那年首次进行选民登记申请,尽管申请表填写存在一定小错误,但他在第一次申请时就基本满足了选民登记资质要求,而与此同时,犯了同样错误的白人却一般可以获得选民资格。坎贝尔作证,选民登记委员会始终未告知其此次申请结果。选民登记委员会拒绝 1964 年坎贝尔申请的理由是,其并未通过选民资格测试,而这就证明了原告方主张的,被告将填写选民登记表格作为测试,而非获得相关信息手段的观点实现呼应。在此期间,有 51 位黑人申请者没有通过此类测试,还有两位黑人申请者因无法提供保证人而被拒绝。在格罗姆斯法官作出判决之前,包括布朗女士在内的一些黑人也的确获得了选民资格。[167]

在法院判决作出之后，索姆特县周刊发表了一篇文章，题目十分耐人寻味：《联邦法官重创索姆特县选民登记制度》，并试图以此掩饰索姆特县的种族歧视现象。这篇文章报道说通过分析整体数据，格罗姆斯法官命令索姆特县选民登记委员会不得歧视黑人申请者[168]，但对于选民登记委员会如何歧视黑人却只字未提。的确，这篇文章准确报道了法院的判决内容，包括可重新申请选民登记的64位黑人受害者名单。随后的司法实践表明，虽然选民登记委员仍然进行文化水平测试，但测试结果已经不再直接影响申请结果。比哉尔第4次申请选民登记，最终获得批准。虽然司法部试图说服格罗姆斯法官，要求选民登记委员放弃文化水平测试，但法官显然并未支持这一主张，而仅仅要求不得以未通过这一测试为由，拒绝申请者的登记申请。[169]

本案审结后不久，笔者又一次来到了索姆特县。联邦政府竭尽所能，基本上为消除选举过程中的种族歧视铺平了道路，但这并不意味着联邦需要承担发动黑人大规模积极参与选举的责任。索姆特县黑人领导人十分激动地和笔者畅谈，计划组织足够多的黑人参与选举，并藉此给该县警察局以迎头痛击，“如果他不改变对于黑人的态度的话。”[170]然而，司法部对此的评估是：“当时索姆特县黑人运动缺乏强有力的领导人，因此无法引导黑人积极投身于选举运动。如果这一问题得不到有效解决，很难相信该县黑人选民登记的情况会发生很大改观。”[171]

在随后的一年当中，国会通过了《1965年选举权法法》。根据该法，如果地方选民登记委员会在选民登记过程中存在不当行为，联邦总检察长得向该地派遣“联邦检查员”(Examiners)，此举的主要目在于，通过联邦检查员敦促地方负责选举的官员依法行事。在3个月当中，通过联邦检查员的努力，20多个县，超过56000名黑人被纳入调查范围，更值得一提的是，其中有大约11000名黑人的申请最终获批，其中就包括索姆特县批准的229人。在此期间，索姆特县从未驳回任何申请者的申请。[172]笔者本人在索姆特县的工作，也到此结束。

一旦黑人，甚至选民登记委员，可以在选举过程当中享有真正的自由，全部由白人组成的索姆特县府会做何感想呢？1982年司法部联邦政府律师亨特在一份选前报告当中提出，“索姆特县的白人特权阶层，不想放弃对于该县的政治掌控。”[173]当时，司法部已经针对索姆特县当局提起了诉讼，要求由联邦监督员全程监督该县的选举过程[174]，并要求一部有关选举前变更居住地的法律，在去除种族歧视要素之前不得实施。[175]亨特指出，有证据显示，索姆特县近些年的选举呈现出较为明显的极端政治化倾向，因此，应当废止联邦选举仲裁人制度。[176] 1974 年，该县的民主党执行委员会中，黑人开始占据多数，德里曼法官也因试图阻挠黑人主导的民主党执行委员会议事而遭到起诉。1976 年，当地白人向 554 位虽然在索姆特县登记，但并未居住在该县的白人选民发出呼吁，要求他们参与投票，因为"鉴于目前索姆特县的具体情况，有某些特定的个人或者组织，正在竭尽全力试图掌握控制选举。"[177]

渐渐地，黑人开始担任索姆特县的各项公职，1986 年，阿拉巴马州议会代表该县的议员也是黑人，同样，该县的税务评估员、税务征收员、教育委员会以及县委会的全部成员也都是黑人。目前，黑人人口占索姆特县全部人口 72%，而其在议会中所占比例也大体与此相当。除了担任很多重要公职之外，黑人还在索姆特县周边的邻近地区占据主导地位。[178]同时，黑人也不再是地方司法事务的看客。的确在某种程度上，种族因素影响着索姆特县的选举进程，但该地区的政治生活是开放的。黑人能够影响政治，是否就意味着可以获得更好的生活呢？虽然确保普选，是维护宪法第 14 修正案所倡导的公民权利的重要步骤，但索姆特县的黑人如果想要获得经济上的平等，无疑仍需时日。[179]

应该说这个与种族歧视相关的故事，具有某种摄人心魄的吸引力，故事情节的发展也可谓一波三折。很少有人会在开始的时候预见到，故事的结局居然是通过了像《1965 年选举权法》这样具有全局意义的法律。

第四章　埃尔默县:引路的法官

“我有充分的理由相信,你将这些调查问卷玩弄于股掌之中,这些问卷根本没用来收集信息,而是被用来作为剥夺他人选举权的借口。”

——弗兰克·约翰逊法官致选民登记委员

“我绝对,绝对,绝对,绝对不会考虑这部分证据,绝对不会。”

——在埃尔默县选举权案审理过程中,弗兰克·约翰逊法官驳回政府方面提供的种族隔离相关证据时所言

当时,笔者缺乏足够的想象力,无法预见司法部针对阿拉巴马州埃尔默县的诉讼活动,会在多大程度上影响美国的选举权平等运动,更无法预见这次诉讼会在多大程度上,成为一年之后颁布的《1965年选举权法》的立法基础。笔者当时缺乏经验,想不到自己面对的,是这个国家最伟大的联邦法官之一。当时笔者刚刚进入司法部,开始自己的第一份工作不足2个月,但也就是在这个时候,作为联邦律师,笔者亲历了美国联邦政府诉卡特维特(*United States v. Cartwright*)一案[1]的庭审。

本案中,联邦政府方面将埃尔默县选民登记委员会列为被告,要求法院提供救济措施。根据调查,该委员会在1959年至1964年期间,共为2277名白人进行了选民登记,同时期该县只有6名黑人获得选民资格。也即是说,在这一时期,该委

〔1〕*United States v. Cartwright*, 230 F. Supp. 873(1964). 案件事实及判决结果见前章。

员会对于白人的申请拒绝比约为5%，而对于黑人申请者的拒绝比例高达93%。这意味着埃尔默县所有适龄人口中，有百分之93%的白人获得了选民资格，而只有7.3%的黑人获得了投票权。[1]联邦律师希望能够通过这些统计数据证明，该县的选举活动存在"种族歧视的现象或者惯式"，并且通过赢得本案获得法官的支持，迫使被告停止种族歧视行为，同时设定明确、可接受的选民登记标准，让这些种族歧视受害者无需重新申请，即可直接获得选民资格。除此之外，如果法官能够认定存在"种族歧视的现象或者惯式"，那么就可以启动《1960年民权法》所规定的"仲裁人"制度，即法院可以指派联邦官员审查选民登记申请，从而在很大程度上规避选民登记委员会的干涉。

当时笔者刚刚正式开始工作不足六周，但已经需要身兼数职，同时应付几个案件。1964年2月末，笔者前往伯明翰，帮助自己的上级大卫·诺曼，准备在阿拉巴马州杰弗逊县提起选民登记种族歧视诉讼。然后马不停蹄地赶往蒙哥马利，就近入住与审理埃尔默县案的联邦法院仅一街之隔的"阿尔伯特·派克旅店"（Albert Pick Motel）。是夜，笔者挑灯夜战，准备塞尔玛、达拉斯县案件的法律文件。第二天清晨，参加埃尔默县案件的案件听证。随后的几天，笔者还要跟随弗兰克·库科斯等联邦律师，翻山越岭前往埃尔默县，走访可能对于政府方面有利的证人。久而久之，包括笔者在内的很多联邦律师，都已经慢慢开始习惯以家制的炸鸡、饺子等粗食果腹，偶尔会光顾始创于1909年的"小山姆"咖啡。咖啡馆就坐落在埃尔默县雄伟的、由大理石砌筑的法院附近，无独有偶，该县选民登记委员会也在这栋建筑当中办公。笔者还需要负责大量繁杂的审前准备工作，诸如监督秘书们的办公进度、准备庭审时需要出示的证据等，更为重要的是，确定被拒绝选民登记者的种族身份。当然，庭审过后，联邦律师们也会结伴，在阿拉巴马州政客、法官与律师常常光顾的"艾利特餐馆"（Elite Restaurant）享用大餐来犒赏自己。

埃尔默县

18世纪70年代，纽约的一份报纸曾将埃尔默县县府维图帕卡（Wetumpka）描绘为美国西部两个最为欣欣向荣的城镇之一。在19世纪40年代之前，埃尔默县发展势头良好，维图帕卡甚至一度被确定为阿拉巴马州首府所在地。[2]但好景不长，随着邻近的蒙哥马利被定为州府，维图帕卡的人口数量从大约五千人骤降至不足五百人，埃尔默县也沦为纯粹的农业县。从地理上来讲，维图帕卡坐落在埃尔默县西部，库萨(Coosa)河与塔拉普萨(Tallapoosa)河的交汇之地。截至1834年，该城人口仍不足六千，而一水之隔的塔拉萨城(Tallassee)作为埃尔默县第二大城镇，人口不足五千。该县的突出标志就是水系充沛，除了上面提到的两河，还有乔丹湖(Jordan Lake)与马丁湖(Martin Lake)。法国人于1717年建立的透鲁斯堡(Fort Toulouse)就坐落在库萨河畔。埃尔默县的居民务农，从事轻工业，或者在临近的蒙哥马利市打工。

和阿拉巴马州其他地方类似，埃尔默县并不自始即排斥黑人参与选举活动。在美国南北战争之后的重建时期，该县的一位黑人教师曾当选阿拉巴马州州议员[3]，另外一位黑人，维利斯·布鲁克曾出任过该州选务工作负责人。1894年，共有1782名黑人、2650名白人获得选民登记。然而，自从1901年旨在剥夺黑人选举权的阿拉巴马州新宪法通过之后，黑人选民的数量一路降至区区49人，而白人选民的数量却增至3069人。[4]在这一新体制下，选民登记委员完全掌控了黑人选民登记申请的最终命运。

和索姆特县类似，在累进制人头税废止前夕[5]，埃尔默县的黑人选民数量从1952年的50人上升到1954年的200人。[6]然而，在1954年联邦最高法院裁定布朗案后不久，黑人选民的登记闸门已实际关闭。1957年，埃尔默县的黑人曾在选民登记委员会办公地点前示威，要求选举权，未果。[7]

尽管埃尔默县并未像索姆特县，或者派利县那样贫困异常，但其人均收入仍然低于阿拉巴马州三分之二以上市县。1959年，该县普通家庭的平均收入为3273美金，考虑到通胀的因素，约相当于2003年的20697美金，而黑人家庭的平均收入只有白人普通家庭的一半，约为1554美金，约合2003年的9827美金。只有约15%的黑人家庭年收入超过3000美金，与此形成鲜明对比的是，只有不到7%的白人家庭中生活在贫困线以下。当时，埃尔默县年收入超过10000美金的家庭约有323户，其中只有4户为黑人家庭。[8]该县80%以上人口生活在农村，黑人84%左右从事农业。该县约30%房屋没有自来水，约40%房屋没有冲厕，4约5%房屋没有淋浴设施。[9]

更为严重的是，埃尔默县黑人无法享受充分、平等的教育机会。据统计，25 岁以上黑人平均受教育程度仅为 5.6 年级，而该县 25 岁以上居民的平均受教育程度约为 8 年级，也就是说很大一部分埃尔默县居民从未上过高中。1960 年，埃尔默县居民中，34 岁以下获得本科以上学历的人数为 87 人，其中约有 10 位黑人。[10]

大部分埃尔默县白人虽然已获得选民资格，却十分抗拒种族平等。例如，1960 年“全美州权党”(National States' Right Party)〔2〕副主席候选人约翰·G. 格罗梅林(John G. Grommelin)就是埃尔默县的一位农场主，更是一位白人至上主义的鼓吹者。[11]很多时候，对于种族平等的抵制最终演化为暴力事件。1912 年，一个黑人家庭不得不在白人声称私刑报复的威胁下，被迫搬离维图帕卡。[12]根据报道，20 世纪 50 年代，大量市民议会成员曾聚集滋事，阻挠白人女演员约翰·方檀(Joan Fontaine)与黑人男演员亨利·拜拉方特(Henry Belafonte)合演的电影上映。〔3〕一位白人示威者叫嚣，“黑鬼们或许可以在蒙哥马利为所欲为，但在埃尔默县，一定要按白人的规矩办事。”[13]

诉讼缘由

1961 年 6 月，对埃尔默县选举中可能存在的种族歧视问题，司法部民权事务部开始正式调查。[14]之前，民权事务部曾在该县进行过走访。尽管没有文件记录说明司法部为什么要采取这一调查活动，但一般认为，蒙哥马利县黑人运动领袖约翰·路易斯(Rufus Lewis)的游说起了关键作用。[15]20 世纪 50、60 年代，“南部地区议会”针对阿拉巴马州选举活动的调查结论中，就包括埃尔默县情况的相关报告。这些报告认为，埃尔默县选民登记委员会对黑人持有敌意，甚至选择在黑人前来申请登记时，将办公室大门一锁了之。选民登记委员拒绝帮助黑人，却对于白人申请者大开方便之门。选民登记委员会还要求每位申请者都必须提供一位白人保证人。根据报道，一位黑人民权运动领导人曾收到电话威胁，紧接着，50 多位黑人

---

〔2〕全美州权党：简称 NSRP，1958 年于田纳西州建党，1987 年终止活动。该党因为鼓吹州权，蔑视民权，特别是鼓吹白人至上理念，被其反对者称为“纳粹党”。全美州权党在美国政治生活中并未发挥过太多实质作用。

〔3〕这部电影名为《孤岛骄阳》(Island in the Sun)，摄于 1957 年，虽然故事情节纯属虚构，但因为涉及到敏感的种族关系，特别是跨种族恋情，在上映时引发极大争议。

申请遭拒。很多黑人都因为怕惹麻烦，被迫放弃选民登记申请。虽然埃尔默县有少数白人支持种族平等，但慑于白人市民大会的淫威，只能选择作壁上观。[16] 1958 年一篇博士毕业论文的结论与此类似，在这份研究阿拉巴马州黑人选举问题的论文当中，埃尔默县被视为黑人最难获得选民登记的地区之一。[17]

即便如此，很多地方的黑人民权组织仍然坚持领导黑人争取选举权，1957 年在埃尔默法院附近，就曾爆发过黑人的游行示威，以期争取选举权。[18] 另外，在某种程度上，约翰・多尔提交的一份报告也促使司法部展开调查，"如果能够找到两个诉讼条件成熟的县的话，这两个县应该一定位于阿拉巴马州中部。"[19] 很明显，多尔希望约翰逊法官尽可能地多审理一些案件，藉此减少其他南方联邦法官审理的案件数量。尽管大多数南方联邦法官拒绝为涉及种族问题的选举权诉讼提供合理救济，并将皮球踢给联邦第五巡回上诉法院，但约翰逊法官却特立独行，在打击种族歧视、帮助种族歧视受害者方面卓有建树。约翰逊法官作出的判决也为第五巡回上诉法院，及后来的《1965 年选举权法》提供了非常重要的示范依据。

约翰逊法官是阿拉巴马州中区联邦地区法院的唯一法官，该司法区管辖 22 个农业县，以及一个市，即阿拉巴马州首府蒙哥马利。截至 1961 年 6 月，针对黑人聚居县选举中存在的种族歧视问题，司法部在阿拉巴马中区提起两起诉讼。第一起诉讼针对梅根县(Macon County)的种族歧视问题。值得一提的是，梅根县也是历史悠久的黑人大学"塔斯克基学院"所在地。[4] 虽然梅根县紧邻埃尔默县，但和埃尔默县不同，梅根县的居民以黑人为主。因此，当地的白人很担心一旦黑人获得选举权，将掌握该县的主导权。1960 年，一位商人曾被问及，"请如实回答，一旦黑人掌握了权力，是否会对于白人进行司法报复?"他回答道："如果有什么是'仇恨'的话，那么仇恨一定就是南方黑人对于白人的那种感觉。"[20] 从选举角度而言，埃尔默县与梅根县之间也存在直接联系。立法机构将埃尔默县、梅根县与塔拉普斯县(Tallapoosa County)合并起来作为选区，目的即在于防止黑人进入地方议会。[21]

---

[4] 塔斯克基学院(Tuskegee Institute)始建于 1888 年，位于阿拉巴马州梅根县塔斯克基市，是美国南方历史悠久的黑人高等教育机构之一。非常值得一提的是这所大学的创建过程。1880 年，梅根县黑人领袖路易斯・亚当斯(Lewis Adams)以支持两位当地白人民主党人赢得地方选举为条件，换取建立这一高等学府的承诺与支持，最终，塔斯克基学院得以诞生。

塔拉普斯县居民中白人占75%,黑人居民大多没有选举权。[22]在司法部针对梅根县提起的选举种族歧视诉讼中,约翰逊法官曾做出过有利于联邦政府的判决。因此他也很有可能在针对邻近县,如巴洛克县(Ballock County)进行的诉讼中倾向政府方面。司法部还审查了这一司法区其他3个县的选民登记记录。例如罗恩德县(Lowndes County)居民中,黑人超过80%,但却没有黑人选民,记录显示,在过去的几年当中没有任何黑人申请过选民登记。与此不同,在蒙哥马利市,很多黑人曾尝试申请选民登记,有证据证明,蒙哥马利市的确存在针对黑人的种族歧视。随即,司法部对其提起诉讼,并且获得了约翰逊法官的支持。[23]第三,埃尔默县,作为白人聚居县,和梅根县和巴洛克县的情况不同,即使赋予黑人选举权,白人也依然能够掌握主导权。即便如此,司法部仍然找到了足够的统计数据,从而说服约翰逊法官支持改善该县的选民登记程序。

1960年6月,助理检察长马歇尔要求联邦调查局针对埃尔默县的9位黑人申请者展开调查,并且要求联邦调查局,调查中所有问题必须设计严密。两周之后,联邦调查局就这次调查提交了一份78页的报告。然而,检查发现,联邦调查局探员没有严格地按照预先设计的问题进行询问,也根本没有获得被调查者的信任。例如,报告中涉及卢拉·贝勒·唐森德(Lulla Belle Townsend)的部分,仅仅简单记录了她申请选民登记的努力,结论是:"唐森德女士告知我们,由于不知道申请结果,因此没有感觉到过任何歧视。同时,她也不愿意就未来是否有意再次申请发表任何意见。"[24]18个月之后,司法部律师萨德再次造访了唐森德女士,获得了更为丰富的调查结果。尽管联邦调查局的调查也证明她曾经申请过选民登记,但萨德的调查内容还包括:她曾经和谁一起申请,谁当时负责选举,白人申请者在哪提交申请,自己被告知了什么,保证人的具体要求,是否获得任何过帮助,以及是否被通知选举结果,等。[25]

联邦调查局与萨德针对同一对象所做调查的结果迥异,恰恰表明种族歧视的调查困难重重。联邦调查局与地方执法机构联系密切,因此黑人一般对其缺乏信任,联邦调查局探员往往只擅于调查有组织犯罪以及抢劫等严重犯罪,对于种族歧视问题缺乏经验。同时,唐森德女士并不知道选民登记委员如何对待其他申请者,从而无法判断自己是否受到种族歧视。因此,不难理解虽然身为联邦律师,但大部分时间笔者却在扮演调查员的角色。时光流转，黑人社群开始逐渐接受走进他们生活的联邦律师。

收到联邦调查局以及联邦律师提交的调查报告后，根据《1960 年民权法》，司法部开始以正式或者非正式的方式，要求阿拉巴马州某些县市提供选民登记记录，并指派沃伦·来得尔（Warren Radler）监督联邦调查局对选举记录的微缩影印工作，来得尔发现，这些记录大多支离破碎，杂乱无章。资料显示，在过去的几年当中，某些县曾有数百人申请过选民登记，[26]但在过去的一年中，埃尔默县却只有 60 人获得选民资格，43 人申请遭拒，包括 7 位被指控在填写申请表格时，因为弄虚作假而被提交给大陪审团处理的申请者。除此之外，政府方面还掌握了 1954 年至 1960 年的选民登记手册。即便如此，令人吃惊的是，这些选民登记材料内容粗略，且记录混乱。[27]雪上加霜的是，因为之前联邦调查局的工作十分散漫，导致他们翻拍的微缩胶片根本无法解读。一年之后，萨德又一次前往埃尔默县，重新收集、缩印相关证据，但时过境迁，某些证人与证据已经消逝不见。[28]但萨德还是想办法在埃尔默县走访到了 46 位申请遭到拒绝的黑人，通过分析包括唐森德女士走访记录在内的相关证据，联邦律师确信，唐森德女士等黑人申请者遭受到了种族歧视。

协商

2 个月之后，萨德与多尔律师建议，政府应当适时提起诉讼。当时，阿拉巴马州州长与总检察长都已换人。约翰逊法官在法学院的同窗，死硬派种族隔离主义分子乔治·C. 华莱士（George C. Wallace）当选阿拉巴马州新任州长。相对较为温和的理查德·弗拉沃斯（Richard Flowers）成为阿拉巴马州新任总检察长。美国司法部助理总检察长马歇尔致信弗拉沃斯，历数该州选举活动中所存在的种族歧视问题。司法部一直秉承的政策是，在处理选举权案件时，需要事先将联邦政府的关切告知被告，从而给对方采取适当措施，避免诉讼的机会。因此，对于阿拉巴马州选民登记委员会应当采取何种合法救济措施，马歇尔在信中也给出了明确的建议。

在这封信中，马歇尔告知弗拉沃斯，自从 1960 年 1 月起，该州有超过 100 位黑人曾申请选民登记，但其中 95％以上未能获得选民登记。与此同时，选民登记委员会对于白人申请的批准率高达95%。记录显示,大部分申请遭拒的黑人具有合格选民的资质。其中,至少有21人受过大学教育,还有20多人具有高中学历。被拒绝的黑人中,20人为退伍老兵,8人为教师。虽然马歇尔在信中并未一一列举选民登记委员无理拒绝黑人申请的具体做法,但也简要概括了一些主要的歧视性手段。"选民登记委员拒绝帮助黑人申请者,却对于白人申请者施以援手。因此,即使文化水平很低的白人申请者都可以提交出几乎完美的选民登记申请表。与此同时,因为黑人申请与白人申请分开进行,因此黑人申请者无法得知白人申请者可以得到选民登记委员帮助这一事实。"选民登记委员会经常因为黑人申请者所犯的技术性错误,或者和选民资质无关的某些疏漏驳回其申请。更有甚者,选民登记委员会并不会告知黑人申请者申请遭拒的结果及理由。[29]某些选民登记委员在收到司法部的劝诫信之后,承诺改变自己的行为方式。例如阿拉巴马州马兰果县(Marengo County)选民登记委员会同意停止种族歧视行为,遵守约翰逊法官在巴洛克县案判决中所列明的相关程序要求。佐治亚州巴克县(Baker County)的选民登记委员会也表达了类似的态度。然而,此类主动服从却属于例外,绝非常态,即使主动服从,结果往往不尽如人意。[30]很大程度上,司法部在面对类似于埃尔默县案的情况时,需要解决两大难题:首先,阿拉巴马州总检察长虽然承诺,计划与该州选举登记委员及律师等讨论这一问题,但却迟迟未付诸行动,在司法部一再催促之下,才正式向相关人员通报了司法部的来函。问题的症结显然还在选民登记委员会,连弗拉沃斯也怀疑,选民登记委员是否会以令人满意地态度,关注并解决自身存在的问题。[31]

弗兰克·斯特朗

弗兰克·斯特朗(Frank Strong),尽管并不是选民登记委员会主任,但却在1959年担任选民登记委员后,实际左右着其他选民登记委员的行为。埃尔默县的黑人将其称之为"来自密西西比的人"。这些黑人似乎感觉到,和密西西比州白人相比,本地白人更加温和、理性,斯壮显然与本地白人不同。在写于1964年的一份手札中,笔者将此人的特点概括为"魁梧、黑红脸膛、精明"。萨德将其视为"埃尔默县白人掌权派的代表人物"。很多黑人都认为,斯壮是选务工作中的一个相当棘手的对手。在联邦律师沃伦·来得尔眼中,斯壮是一个身材魁梧,嗓门洪亮的大家伙,从不配合联邦政府的调查工作,另外,他和三K党一定沆瀣一气。来得尔认为,斯壮具有控制欲,将选民登记委员会牢牢掌握在自己的手中。正因如此,州长先后替换了该委员会另外两名稍显理性的成员,并指派了态度强硬的继任者。在与这些选民登记委员及其代理律师格兰·库瑞利(Glen Curlee)进行两次工作会议之后,萨德认为,在价值哲学方面,这些人与美国司法部完全不同,矛盾根本无法化解。[32]

诉讼开始

1963年6月19日,司法部向位于蒙哥马利的美国联邦地区法院工作人员正式提交了诉状。此案的正式名称为"美利坚合众国诉罗伯特·M.埃尔顿等"(*United States of America v. Robert M. Alton, Sr., et al.*)。因为选民登记委员更迭频繁,导致后来案件名称有所调整。在诉状上签名的有时任美国总检察长肯尼迪,助理总检察长马歇尔,联邦律师多尔以及本·赫德曼(Ben Herdeman)。根据法律,诉状必须明确诉讼行为的实质内容,但无需在细节方面巨细靡遗。在诉状中,联邦政府将3位埃尔默县选民登记委员及阿拉巴马州列为被告。诉状指出,埃尔默县共有4408名黑人以及12510名白人达到法定年龄,有278名黑人及9942名白人获得选民资格。诉状的核心在于,这些统计数字证明,埃尔默县选举过程中的确存在种族歧视。首先,被告对于白人和黑人适用不同的登记标准、要求及程序。联邦政府认为,借由选民登记申请表这一武器,埃尔默县选民登记委员会对黑人选民资质的审查过于苛刻,但却对白人申请者网开一面。诉状还宣称,对于符合资质黑人的申请,被告或拖、或拒,从不告知黑人申请遭拒的理由。最后,诉状指控被告对不同种族的申请者区别对待。与此相关,诉状强调,仅仅因为在申请过程中所犯的技术性错误就拒绝黑人的申请,侵犯了申请人的适当程序权利,同时,鉴于埃尔默县公立教育中长期存在的种族歧视,将选民登记申请表填写情况作为文化测试的标准,具有种族歧视特征。[33]

诉状的后半部分主要列明了原告的救济诉求,概括提出了法院应采取的具体法律救济措施。司法部要求法院认定,被告在选举中采取的行为,构成了"种族歧视的实践或范式",从而可以适用《1960年民权法》中联邦仲裁人条款。同时联邦政府方面还试图禁止选举中的种族歧视行为，要求法院明令禁止对于黑人采取比白人还严格的登记标准。这一部分的诉讼请求建立在“冻结原则”（Freezing Doctrine）基础上，该原则禁止选民登记委员突然增加新的、更加严格的登记要求。原告要求法院，禁止被告将选民登记申请表的填写情况作为测试依据。最后，诉状明确写明，对之前被错误剥夺选民资格的黑人申请者，法院应直接判令其具有合法选民身份。

弗兰克·约翰逊法官

相关于弗兰克·约翰逊（Frank M. Johnson）职业生涯的介绍，散见于报刊、杂志及学术研究当中。位于蒙哥马利市的联邦地区法院大楼也以他的名字命名。和很多法官早期经历不甚明晰不同，约翰逊法官的家世出身也广为人知。其自传执笔者杰克·贝斯（Jack Bass）考证，约翰逊祖上曾参加美国南北战争中的北部联军。他的曾祖父因为抗争三 K 党声名远播。约翰逊出生于韦斯顿县（Winston County），该县一直以民风自由著称，是南方少数几个共和党主导的县，值得一提的是，美国内战期间，该县曾拒绝退出美联邦。约翰逊的父亲是该县的一位政治人物。大萧条时期，因为家道中落，约翰逊一度休学，并开始打工，自食其力，一度担任过黑人的监工。最后，约翰逊以第一名的身份从阿拉巴马州立大学毕业，获得法学学位。根据约翰逊本人后来回忆，求学时，很多老师虽然坚持以传统的方式教授法律，但却从未限制他寻求真理、正义与平等的努力。[34]约翰逊告诉贝斯，他对于种族歧视问题的法律见解，受到了“斯科特诉桑得福德案”[5]与约翰·马歇尔·哈兰大法官（John Marshall Harlan）在“普莱西诉弗格森案”[6]中提出的反对意见。在他看来，斯科特诉桑得福德案认为黑人不是美国公民的看法令人感到羞耻，而哈兰大法官在“普莱西诉弗格森案”中反对种族隔离的看法则是伟大的开篇。[35]

---

〔5〕斯科特诉桑得福德案（*Dred Scott v. Sandford*，60 U.S. 393（1857）），在本案中，美国联邦最高法院宣称在美国各州，黑人，无论是不是奴隶，都无法获得美国公民身份。黑人斯科特之前生活在废奴的伊利诺斯州以及威斯康星州，后来搬回保持奴隶制的密苏里州，他希望通过本案重新摆脱奴隶身份的诉求最终未能如愿。

〔6〕普莱西诉弗格森案（*Plessy v. Ferguson*，163 U.S. 537（1896）），在本案中，美国联邦最高法院认定路易斯安那州“种族隔离但待遇平等”条款并不违反美国宪法第十四修正案“平等保护”条款，这一条款只涉及政治议题，而与社会议题无关。本案标志着美国种族问题发展进入了新阶段。

在退伍之后，约翰逊开始了自己的私人法律执业。作为一位积极的共和党人，约翰逊担任阿拉巴马州老兵协会委员，并因为业绩突出、信仰坚定，而被提名担任美国联邦检察官。后来位于蒙哥马利的联邦地区法院法官病逝，总检察长布朗奈尔(Brownell)以担任联邦检察官表现突出为由，提名约翰逊接任。曾对于阿拉巴马州与联邦司法体系有过深入研究的托尼·福莱尔(Tony Freyer)认为，在很大程度上布朗奈尔选择约翰逊，是因为后者有能力将种族问题纳入到更为宏大的人性及公平语境下加以思考。[36]尽管对约翰逊的提名多有争议，但艾森豪威尔总统还是于1955年11月确认由约翰逊担任美国联邦地区法院法官一职。

1964年前后，约翰逊法官作为民权卫道士的形象已经深入人心。虽然当时还没有做出后来让自己名垂青史的判决，但在担任阿拉巴马北部联邦地区检察官期间，约翰逊就通过起诉一位虐待黑人奴隶致死的白人种植园主，表明了自己的政治倾向。担任联邦地区法官仅仅数月，约翰逊法官就开始关注阿拉巴马州上诉法院法官理查德·瑞伍(Richard Raves)作出的，认定在市属巴士中实施种族隔离违反宪法的判决。[37]然而，在受理第一起选举权案件时，因为缺乏明确的法律指引与授权，约翰逊法官变得有些瞻前顾后。在担任联邦法官两年后，有部分黑人开始向他的法院提起诉讼，指控阿拉巴马州相关立法具有种族歧视性，导致大量黑人无法参与阿拉巴马州塔斯克基市的选举。但是约翰逊法官驳回了这些黑人的诉讼请求，认为"无论立法机构的立法目的为何，无论这些立法会产生何种效果，就原告所关注的选举问题，根据宪法，本法院无权，无标准，对其加以判断。"[38]原告提供的主要证据中有一份地图，其中对于选区的划定，充分说明了选举组织者的种族歧视倾向。然而，约翰逊法官认为，即使可以认定阿拉巴马州立法机构划分选区的目的是为了排除黑人参与选举，他也没有权力采取任何救济措施。就此，《伯明翰新闻》(the Birmingham News)发表了一篇热情洋溢的评论，认为约翰逊法官的判决体现出美国南方司法人的担当，并为这一判决大肆欢呼。[39]然而，福莱尔认为，约翰逊所作判决遵循先例，但他谴责种族歧视的态度，为其日后厘定相关补救规则埋下伏笔。[40]

塔斯克基学院与一间退伍军人医院都坐落在塔斯克基市，这两间机构雇佣了大量高素质的黑人员工。因为梅根县选民登记委员会拒绝了很多文化水平较高黑人的申请，因此该县也成为艾森豪威尔总统执政期间，司法部在阿拉巴马州所选择的第一个诉讼对象。然而，约翰逊法官驳回了联邦政府的诉讼请求，理由是之前的选民登记委员已经辞职，而根据《1957 年民权法》，阿拉巴马州不能被列为此类案件的被告。[41]

上述判例中包含着大量未确定的法律问题。约翰逊法官在“塔斯克基案”中所作判决，得到了联邦上诉法官维持原判的支持，但最终为联邦最高法院推翻。而他在“梅根县案”中所作判决同样得到了联邦上诉法院的支持，但因为在缠讼期间，国会修改了民权法，允许将州作为选举歧视案件的被告，故上诉法院裁定本案原审无效，发回重审。[42]

但约翰逊法官在自己早期司法生涯中审结的另外一个判例，却明确无误地表明，如果法律十分明确，没有什么能够阻挡他公正司法的决心。1959 年 1 月，约翰逊法官批准了司法部民权事务部要求调阅阿拉巴马州某些县选民登记记录的请求。而约翰逊法官的同班同学，时任阿拉巴马州地区法院法官的乔治・华莱士手中，就掌握着部分此类资料。虽然华莱士的律师同意提供相关文件的复印件，但刚刚在州长角逐中落败的华莱士，却将这一事件视为自己在政坛重获生机的绝佳机会。因此断然拒绝了相关要求。有鉴于此，约翰逊法官又直接针对华莱士作出了新的判决，对此，华莱士公然宣称：“现在是时候站出来捍卫阿拉巴马人民的权利了，为了这个伟大的目标，我们在所不惜。”[43]这个时候，约翰逊法官的另外一位同学，盖兰・库里(Glen Curlee)也卷了进来。根据约翰逊法官的传记笔者贝斯回忆，库里曾说，“我看得出来，弗兰克可能会以乔治藐视法庭为由把他送去拘留，于是我去找了乔治。”当天晚上 11 点半，库里与华莱士一起造访了约翰逊法官的宅邸，华莱士诉苦道：“法官，我现在屁股着火，你得帮我。”而约翰逊法官则回应：“乔治，如果你不按照法院的要求提供选民登记记录，我肯定会把你关起来。”和后来的行径如出一辙，华莱士寻找到了变通办法，既提交了相关记录，又让自己看起来不屈不挠。约翰逊法官对此作出判决，认定华莱士没有构成藐视法庭之罪，同时补充，美国联邦法院绝对不会屈从于任何政治影响与压迫。

因此，在联邦政府针对阿拉巴马州选举中出现的种族歧视提起诉讼之前，约翰逊法官就已经开始关注这一问题。当时，约翰逊法官因之前的判决态度，已经在蒙哥马利成为人人喊打的对象。但他从联邦最高法院在“塔斯克基案”的终审判决中，已经认识到相关统计数字的证据效力，以及联邦最高法院反对选举中种族歧视的态度。“梅根县案”进一步加深了约翰逊法官的此种认识。这一案件让约翰逊法官认识到，阿拉巴马州政客采取的周旋战术，如让选民登记委员总辞等，核心目的仍然在于维护该州选举过程中的种族歧视。加上之前与华莱士打交道的经验，使得约翰逊认识到，不能再相信政客的所谓人格，却可以倚重于联邦律师的专业素养与职业精神。在华莱士案听证结束之后，约翰逊法官曾致信总检察长威廉 P. 罗杰斯（William P. Rogers），赞扬负责此案的联邦律师小约瑟夫 M. F. 雷恩（Joseph M. F. Ryan Jr.）、罗伯特·欧文（Robert Owen），不仅在冗长的诉讼过程中展现出对于法律与事实的深入理解，而且也展示出对于案件本身高昂的专业热情。两位律师在面对不断出现的问题时，都能从常理出发，对于法官审理案件也提供了宝贵的支持。[44]

或许因为早年曾担任过联邦律师，或许因为上述两位年轻人留下的深刻印象，约翰逊法官渐渐与司法部建立起良好的工作关系，甚至后来还将司法部列入到“法律之友”(Amicus curiae)〔7〕名单。例如，约翰逊法官曾要求司法参与由年轻黑人律师弗莱德·格雷(Fred Grey)提起的梅根县学校种族隔离案中。约翰逊法官对此的解释是，“我希望确保本案调查充分、审理公正，从而确保法院作出公正合理的判决，邀请司法部参与本案的审理，就是因为司法部本身所具有丰富的司法资源。”[45]

在“梅根案”中，联邦政府方面提交的证据无疑是充分的。而约翰逊法官也将《1957 年民权法》与《1960 年民权法》应用于此。约翰逊认定，梅根县选民登记委员长久以来，一直让白人先于黑人进行选民登记，根本不考虑选民登记申请程序极度拖冗，以及是否黑人先于白人到达选民登记地点排队这些事实。更有甚者，大量受过良好教育的黑人提交的申请被无理驳回，而很多小学都没念完的白人申请者却获得了选民资格。在申请过程中，黑人往往需要抄写大段的宪法条文，而白人则根本无需进行任何文化水平测试。黑人申请者往往因为一些无关痛痒的小失误横遭

〔7〕“法律之友”(Amicus curiae)，又译为“法庭之友”，是指在案件审理过程中，非当事人的个人或者团体，基于利害关系或者其他理由，就案件当事双方争议的法律问题，基于特定立场，提交意见书。这一情况往往出现在案件审理结果涉及重大公共利益或者重要法律问题的时候。

拒绝，但犯有同样错误的白人却可以一路绿灯。约翰逊法官还认定，该县选民登记委员会未能告知黑人最后的申请结果，并故意拖延申请程序，从而干扰黑人的申请。因此，约翰逊认定被告的种族歧视行为具有一定惯式。

在缺乏上级法院判例明确导引的情况下，约翰逊法官的判决具有很大的开创性，即不仅禁止选民登记委员会未来继续实施种族歧视行为，同时要求被告应该采取措施，纠正既往种族歧视导致的不良后果。因此，约翰逊法官要求梅根县选民登记委员会承认，原告列明的64位黑人受害者具有合法选民资格。尽管《1960年民权法》已经授权联邦地区法官指定仲裁人，为因种族歧视而申请拒绝的受害人提供选民登记，但约翰逊法官认为，从当时的情况来看，他还无法批准政府方面要求指派仲裁人的诉求。同时，他也允许选民登记委员会以非种族歧视的方式，使用不超过五十个字的宪法条文测试申请者文化水平。约翰逊法官在判决中希望，被告能够忠实地履行判决，恢复美国民众因为种族歧视而流失殆尽的尊严与信心。[46]联邦上诉法院以2:1的表决结果，维持了这一判决。阿拉巴马州在上诉过程中，根据"吉尔斯诉哈里斯案"(*Giles v. Harris*)[47]，要求驳回原判中为黑人申请者提供选民登记的部分，但上诉法院并没有支持这一主张。上诉法院判定，原告要求的强制措施，是真正、持续确保非种族歧视的必要做法。[48]

强森法官在梅根县案中批准的司法救济措施，在其后来主审的其他案件中得以贯彻。虽然在本案中，对于选民登记申请者的文化水平测试，约翰逊法官并未彻底排除，只是加以限制，同时要求选民登记委员会赋予原告列明的黑人以选民资格。因为相信没人会违背自己的判决，约翰逊法官并未指派仲裁人，只要求选民登记委员及时报告，以此评估判决执行情况。总之，尽管约翰逊法官意识到，应采取措施，弥补种族歧视产生的不良影响，但并未明确提出具体解决方案，如废止文化水平测试，如选民登记委员基于种族歧视、拒绝为合格黑人提供选民登记时由联邦选举仲裁人介入等。

1962年，乔治·C.华莱士在阿拉巴马州州长竞选活动中，发表演讲，将约翰逊法官描述为一位妄图打破种族界限，终日呼吁种族融合，摇尾乞怜的无耻骗子。[49]

审判之梯

递交诉状并不意味着正式庭审的开始。相反，被告可以利用这段时间，说服法官裁定原告的诉讼请求缺乏法律或者事实根据,应予驳回。在“埃尔默县案”审理过程中,阿拉巴马州与埃尔默县的选民登记委员会并没有要求全案驳回,而是要求法院驳回原告指控被告侵犯黑人申请者适当程序权利、种族隔离与教育不平等三项诉讼主张。和在之前案件中得到约翰逊法官支持的被告诉讼主张不同,本案被告的这三项诉讼主张,从根本上缺乏法律或者判例法根据。约翰逊法官驳回了上述动议,认为这三项诉讼请求缺乏正当性。就在第二天,阿拉巴马北区法院法官西伯恩·林(Seybourn Lynne)在一起选举权诉讼中,驳回了原告选举不平等的主张,但约翰逊法官并未为之所动,从而改变自己的意见。[50]

当笔者于1964年2月末参与本案时,大部分的前期准备工作业已完成。1963年12月,司法部又一次检查了相关的选民登记文档。然而,正如约翰逊法官后来尖锐指出的那样:“大量的选民登记材料消失得无影无踪,1961年6月之前的资料被埃尔默县选民登记委员违法焚毁,只有1960年5月的资料偶然得以保留。1959年11月前申请遭拒的选民登记资料也难逃厄运。”在没有登记申请资料的情况下,很难证明1961年6月前,选民登记委员会对于黑人与白人适用了不同的厘定标准。另一方面,原告的确掌握了幸存下来的部分记录,而被告焚毁相关登记文档的行为,也彻底使得自身的可信度,特别是选民登记委员斯壮的可信度丧失殆尽。约翰逊法官注意到,1961年6月27日,联邦调查局曾告知斯壮将要采取的调查活动,因此推断,1961年6月14日至7月6日,选民登记委员会焚毁了相关记录。《1960年民权法》明确规定,选民登记委员会应保存选民登记记录。[51]

如果这些记录未被焚毁,本来可以证明白人受到了选民登记委员的不当优待。例如,仅受两三年教育的白人申请者,根本无法独立填写申请表格。即使小学毕业的申请者,也会在填写申请表格时遇到一定困难。有时,同一份申请表格上同一申请人签名前后不一致。更多的情况是,同一笔迹的不同签名出现在众多白人的申请表格之中。司法部联邦律师们不畏劳苦,一一检视了申请表格的微缩胶片,并将其中可疑的部分交由联邦调查局展开调查。尽管联邦调查局一般负责调查刑事犯罪,但事实上也负责、调查、收集可能危及美国利益的其他违法行为的证据。[52]因此,虽然往往事与愿违,但民权事务部仍不遗余力地要求联邦调查局协助调查,特别是调查那些只能在开庭时才能谋面的白人申请者。然而,经验证明,并不是所有的联邦调查员都会尽力调查。因此为其准备的调查问卷内容绝对不能空泛，必须根据被调查者的个人经验，设定特定的调查问题。例如，给联邦调查局探员的备忘录中，会包括某几位白人申请者的申请表，并在附录中标明这几个人的相似点，特别强调这几个人都文化水平很低等等。备忘录会要求联邦调查局探员，监督受调查的白人申请者亲笔写下自己的名字，并书面回答公民义务等在申请选民资格的问题。联邦律师还会在备忘录中指出，被调查者提交的申请表上相关问题答案的改动，并要求探员判断，导致出现申请表内容变动的原因。例如，联邦律师提交给联邦调查局的一份协查请求书中指出，两位在同一单位工作的白人，在同一天提交的选民登记申请表内容雷同，并顺藤摸瓜，用三页半的篇幅追问这一问题。在联邦律师的详尽指引下，联邦调查局探员发现，这些白人在申请选民资格过程中得到了外界的大量帮助，而这些都在庭审过程中，成为十分具有说服力的证据。联邦调查局探员康纳斯(Connors)总结道："1963 年提出选民申请的绝大多数白人，都从亲朋好友，甚至选民登记委员那里获得了帮助，这其中甚至包括一位在该县拘留所中提出申请的白人。"[53]相关的协查请求还要求联邦调查局，对于那些仅凭申请表无法判断的申请者种族加以认定。因为只有在准确认定种族的前提下，才有可能对比不同种族间所受待遇是否存在明显差异。

联邦调查局完成上述调查之后，司法部联邦律师乔纳森·苏定、弗兰克·库科斯以及笔者本人，开始对于调查结果进行甄别、挑选，并再次走访敢于出庭作证的黑人证人，从而验证、巩固之前的调查结果。例如苏定曾如此评价一位黑人："史密斯先生说的很好，因为他从军的背景，所接受的教育，以及填写申请表所耗费的时间都将说明，他的证言将十分具有说服力。"谈到一位申请遭拒的黑人教师，苏定认为："这位受访者能言善辩、穿着得体、语速适当，看起来也十分体面。作为证人，她非常合适。"[54]

联邦政府方面在确定己方证人名单之后，随即为那些不愿意主动出庭的白人证人准备传票。当然，对于黑人证人，不论是否愿意主动出庭，也必须使用传票，因为这样做，可以让黑人有理有据地向老板请假。当然，某些黑人担心，因为作证而丢掉自己的工作，毕竟没有人会预见贸然出庭作证可能导致的后果，有些黑人的确因为担任联邦政府的证人出庭作证，丢掉了已经获得的选民资格。对此，司法部曾几度提起诉讼试图加以补救。

笔者现在还记得，一位密西西比州黑人教师曾明确表示自己无法出庭作证，如果这样的话，她所供职的学校校委会将不得不将其开除。毫无疑问，更常见的是经济报复。司法部就曾提出诉讼，指控田纳西州强制驱逐参与选民登记的黑人租户，拒绝收购在此类案件中为政府作证的黑人农民的棉花，以及开除一位赴密西西比州、针对选举中种族歧视问题出庭作证的黑人教师等。[55]联邦政府也清楚，因为很难证明上述制裁基于报复目的，因此几乎无法采取任何抗制或者救济措施。

教师工作，是一个黑人在1964年能够获得的最好工作。如果她被解雇，只能赋闲在家，或者做些女仆的工作。当时，笔者涉世未深，只在乎如何能够让自己的案子胜诉。于是，笔者告诉她，如果她不出庭，警方将采取强制措施。万幸的是，她并没有为之所动。

同时，笔者还需要确保司法部对所有申请者的种族认定正确无误。为此，联邦政府方面采取了若干具体措施。地方假释官保存的选民名单中，有选民登记者的种族记载。但对于那些遭拒的申请者，如何认定种族就变得非常棘手。但在本案中，联邦政府发现，只有两份申请表格中有种族记载。对此，联邦政府一般需要走访申请者曾就读的学校，从而确定其种族。当时，虽然距联邦最高法院认定种族隔离制度违宪已经过去了10年，但这一地区学校中，种族隔离制度仍大行其道。在埃尔默县，黑人就读的高中被称之为"训练学校"，而白人的高中则名为"魏特普卡高中"(Wetumpka High School)。另外，为了避免直接问及申请者的种族，负责本案的的首任律师萨德将自己的问题稍加变通："您是埃尔默县的黑人居民?"对于剩下的大部分申请者的种族身份，由笔者负责，监督联邦调查局探员尽可能加以确定。甚至在庭审期间，这一工作仍在继续。最后一天开庭前，笔者兴冲冲地将自己的辛劳成果提交给萨德，宣称已搞清了所有拒绝遭拒者所属种族身份。因为没有传邮差出庭，而联邦调查局提供的证人证言依法不得提交给法庭，所以萨德问笔者，如何在庭审质证过程中证明这一点。笔者顿时哑口无言。在那天的日记中，笔者写道："我把事情搞糟了。"幸好，萨德律师急中生智。在质证过程中，他要求证人当庭确定申请遭拒者的种族。当时，辩方律师戈兰·库里正在角逐阿拉巴马州地区法院法官，对于萨德的做法，库里当即表示反对："我们已经浪费了太多的时间，如果他们想要一一弄清楚申请者的种族，法庭根本没有足够的时间这样做。”于是萨德建议，控辩双方基于诚信原则，确定申请者的种族，库里表示同意：“如果我们都不认识这个申请者的话，可以派人去弄清楚。”[56]在庭审结束后的总结会上，萨德表示，下次开庭前，一定要事先弄清楚需要做什么，以及如何去做。[57]笔者当天晚上，难过得滴水未进。

庭审

庭审在位于蒙哥马利市中心的联邦法院进行。隔不了几个街区，就是阿拉巴马州州长办公室。现在，这幢建筑已经被命名为“小弗兰克·M. 约翰逊法庭”，但在1964年，这一切都还似乎遥不可及。当时，约翰逊法官在白人社会已被视为异类。

约翰逊的传记作者贝斯这样描述：“打开点缀着金星的蓝墙上的那扇门，法官步入法庭。墙壁的蓝，显然用来搭配地毯的颜色。法官面前的硕大红木办公桌上，镶嵌着古老样式的白铜饰件。整间法庭令人印象深刻的，恰是那高高的、被精心设计装饰的穹顶，细致入微的刻画，投射出空间感，神圣庄严。”[58]

庭审期间，笔者大部分呆在法庭外面，负责准备证人，开示证据。当然，笔者也有机会进入法庭听审。在笔者看来，约翰逊法官对于双方律师抱有很高的期待，无法容忍律师空谈，浪费时间，他气质高贵，善于把握庭审节奏。黑色法袍下瘦长身材的仪威，高度的关注力，对于争议问题的熟悉程度，都使得约翰逊法官看起来无比可敬。正如博克·马歇尔(Burke Marshall)所描述的那样：“当法官冰蓝色的怒视透过眼镜投射在我身上时，我几近崩溃。曾有传闻，一位初出茅庐的联邦律师出庭，在约翰逊法官怒视之下，当场昏倒。”[59]

司法部为每一位准备出庭的证人，建立了专门的文件夹，其中包括之前收集走访记录、选民登记申请表影印件，以及司法部对于申请表的分析结论。证人出庭作证前，依法不得进入法庭旁听，因此联邦律师正好利用这段时间对其逐一准备。借此机会，联邦律师得以与大多数白人证人首次谋面。

约翰逊法官在审理案件时，针对双方律师，展现其高超的庭审驾驭技巧，对于法律的深入理解，以及对于适当性与公正性的敏锐把握。诉讼中控辩双方经常采取的措施，往往并不围绕案件争议问题展开，而是揭露对方律师所犯错误。司法部大量启用的是缺乏实战经验的年轻律师，因此也增加了出现失误的几率。庭审刚刚开始，联邦政府方面就违反规定，在未经法庭传召的情况下，让己方证人进入法庭。对此，阿拉巴马州助理检察长莱斯利·赫尔（Leslie Hall）指责道："我注意到，联邦律师曾进入证人等候室，叫出某些证人并与之交谈。我认为，在目前的情况下这样做不合适。"对此指控，约翰逊法官指出，律师有权与证人对话，司法部负责本案的律师萨德趁此机会告知法庭，原告方有两位律师负责与证人沟通。赫尔紧接着发难："这些证人一直否认今天和任何人谈及过本案，但是很明显，联邦律师与证人有过沟通，因此一定有人说谎，我也不知道谁在说谎。"[60] 约翰逊法官强调，任何指控都必须有充分的根据。当赫尔要求传在外面与证人交谈的年轻律师进来对质时，约翰逊法官怒斥道："你去，把他请进来。我希望你在指责对方律师时有的放矢。"

赫尔于是要求法庭传当时刚进入司法部的联邦律师弗兰克·克洛德·库克西（Frank Cloud Cooksey）出庭。库克西曾担任德克萨斯州立大学学生会主席，离开司法部后，他回到得克萨斯，并曾出任奥斯汀市市长。[61] 赫尔显然要给司法部一个下马威。在质证过程中，赫尔举起司法部证人名单中的黑人名册，厉声质问库克西，是否今天开庭前与这些证人面谈过。库克西否认这一指控。赫尔随即又追问库克西，今天曾经和哪些证人进行过接触，库克西回答："我今天所接触的都是白人，包括已经出庭作证的那位证人在内。"赫尔并没有就此罢手，他紧接着质问："是否曾用威逼利诱的方式，引诱证人作具有某种倾向性的证词？"库克西回答："没有。"赫尔显然对自己抹黑对手的效果颇为满意，见好就收，不再追问。但约翰逊法官却未对此无动于衷，而是表情严肃地看着赫尔，道："你必须为自己刚才的表演向你的对手致歉，现在就要。"在赫尔口头致歉后，约翰逊法官告诉书记官，将此记录在案。[62]

可以从聆讯笔记中探寻约翰逊法官对赫尔玩弄转移视线把戏的评价。事实上在庭审过程中，随时用笔记录有关事实，是约翰逊法官的一大特点。这种记录巨细靡遗。例如，赫尔与库克西斗智过程中，黑人克利夫兰·杰克逊（Cleveland Jackson）与白人比尔·乔·哈里斯（Bill Joe Harris）分别作为证人出庭。对此，约翰逊法官的记录是，杰克逊73岁，受过11年教育，并曾在俄亥俄州参与过30年的选举活动。杰克逊作证说，自己曾要求在选民证上签名，但斯壮对于这一要求虚与委蛇。至于哈里斯，约翰逊法官记录的内容包括，受过7年教育，平时以帮工为生，选民登记委员从未要求其在相关证明文件上签字。值得一提的是，约翰逊并未就库克西的辩词有任何记载，大概是因为在他看来，这些辩词无关痛痒的缘故吧。

赫尔试图抹黑司法部及联邦律师的做法，多少有些弄巧成拙。但，凭心而论，赫尔的诉讼策略并非一无是处。事实上就在库克西走访白人证人的同时，另外一位司法部的律师正在问询一位黑人证人。毕竟，这种做法相当常见。在司法实践中，律师往往质问对方证人，是否在准备证言时与己方律师进行过沟通，大多数证人在面对这种质问时，往往误认为此举不当，因此本能否认。但就本案的具体情况来看，选择否定未必就一定没有问题。例如，当辩方律师格兰·库里诘问联邦政府方面的证人卢拉·百利·唐森德(Lula Belle Townsend)时，曾明确问其是否与联邦律师艾维德·萨德有任何形式的沟通，对此，如果和卢拉沟通的是其他联邦律师，应该告诉她可以否认上述指控。[63]这给司法部的庭审准备工作敲响了警钟。一直以来，联邦律师坚持要求己方证人，必须如实回答对方律师的提问。但是大卫·诺曼在其主持的案情分析会上，就提醒联邦律师们，要让自己的证人准备好回答对方律师“是否与任何联邦律师就证言部分进行过交流”这一棘手问题。由此，联邦律师一般要求己方证人承认，自己曾就选民登记问题与联邦律师有过沟通，但如果某位证人的确就自己的证言与联邦律师有过商讨，那么也应予以承认。[64]

到埃尔默案庭审正式开始时，联邦律师们已在证据收集、整理方面占得先机，诉讼技巧也日益纯熟。对于这些年青律师而言，每次选择一对证人进行聆讯是较为聪明的做法。首先，联邦律师会传某位成功获得选民登记的白人出庭。接下来，联邦律师再传一位受过更好教育，但却没有获得选民登记的黑人出庭。显然，这种差异对比效果十分强烈。最后，联邦律师会传负责登记工作的政府官员到庭，由其说明登记标准与程序，特别是对待具体申请者的做法。埃尔默县庭审过程中，联邦律师采取的就是此类技巧。除此之外，联邦律师还会提供相关统计数据，用数据证明，黑人与白人选民登记比例之间，以及黑人申请者与白人申请者获得批准比例之间，存在巨大差距。值得一提的是，联邦律师曾试图在埃尔默县庭审过程中，尝试新的诉讼技巧，即证明埃尔默县不同种族之间教育机会不平等，对于选民登记不平等的直接影响。虽然约翰逊法官允许原告方面将这一观点纳入到书面诉状，但却在庭审时禁止原告就该县教育机构种族隔离提出任何证据。当萨德律师试图传阿拉巴马州教育总监奥斯丁·米多思（Austin Meadows）出庭作证时，约翰逊法官明确表达了自己的反对态度："某些时候，本庭会审理涉及教育问题的案件，但只有在涉及到教育问题时，我们才会审理此类案件。当案件涉及选举的时，就应专注于这一问题。现在本庭审理的案件不涉及任何教育问题。"不仅对于试图挑联邦律师毛病的赫尔律师几近苛刻，约翰逊法官对于联邦律师，如萨德等，也没有手下留情。庭审记录显示，约翰逊法官的诘问让萨德感觉如坐针毡。例如，萨德在庭审过程中提出，由于阿拉巴马州并未对黑人提供平等的教育机会，因此，应当降低黑人的选民登记标准。对此要求，约翰逊法官断然拒绝，"我绝对，绝对，绝对，绝对不会考虑这部分证据，绝对不会。"虽然约翰逊告诉萨德，与教育平等问题相关的证据，可以在与案件诉讼请求相关的情况下提起[65]，但其言下之意显然是要冻结这一诉讼请求。约翰逊法官的这种态度，导致联邦律师在埃尔默县案中不得不重拾既往的诉讼策略。

对于这种屡试不爽的诉讼策略，可以通过下面这对经典证人搭配加以例证：白人妇女维利·路易斯·威尔登（Willie Lois Weldon）受过 7 年教育，而黑人妇女卢拉·百利·唐森德则在一所只有一间教室的学校中受过 10 年教育。卢拉 1899 年出生在埃尔默，从 1955 年开始申请选民登记，连续 12 次被拒绝。当卢拉第一次提出申请时，选民登记委员告诉她，必须找一位白人在其申请书上签名附署。虽然费尽周折，最终找到了肯签名的白人，但却没有从选民登记委员会得到任何回复。事实上，这么多年，她从未获得任何书面回馈，更未获得来自选民登记委员的任何帮助。约翰逊法官曾用红色铅笔在自己的笔记首页写道，"选民登记委员对卢拉说，无可奉告。"卢拉在申请登记时，曾不停向选举官员询问自己申请的进展，一般都被告之，申请已被驳回。1963 年 10 月，卢拉曾两度申请选民登记，一次是在韦敦布卡（Wetumpka），一次是在依莱提克（Eclectic）。10 月 12 日，登记委员弗莱德·弗姆比（Fred Fomby）通知卢拉，这次的申请表似乎没什么问题。凭心而论，卢拉历次填写的申请表格基本上都符合阿拉巴马州的选民登记标准，当然，也会出现某些小的错误，如在回答申请者之前在哪里获得过选民登记的问题时，卢拉填写了埃尔默。显然，卢拉虽然数次在埃尔默县申请过选民登记，但都未获通过。在萨德完成直接诘问后，辩护律师格兰·库里紧接着开始了对于卢拉的交叉诘问。作为白人至上组织的主要领导人，库里对于卢拉的称谓是“卢拉·百利”，而不是敬称“唐森德女士”。相反，在接下来诘问白人证人瑞贝卡·洛特(Rebecca Lott)时，库里的做法和之前大相径庭，他事先一再询问，这位白人证人是先生还是女士。[66]另外，在质询卢拉的时候，库里并没有质疑卢拉的证言本身，而是试图证明卢拉参与选举的动机不纯，如受人收买(不是事实)，受到唆使(黑人民权运动领袖汉普顿的确鼓励包括卢拉在内的黑人积极参与选举)，以及受到政府的鼓励参选(萨德的确讥讽过，只要不懈尝试，说不定那天就会奇迹发生)。[67]和卢拉屡遭挫败的遭遇相比，22岁的维利·路易斯·威尔登和她丈夫显然没有在选民登记过程中遇到任何麻烦。卢拉在依莱提克申请选民登记受挫第二天，在同一地点，维利夫妇第一次申请选民登记即获得批准。虽然在填写选民登记表的时候遇到了一些困难，但如约翰逊法官笔记所记载的那样：“她向选民登记委员求助，并得到了帮助。”维利无法正确拼写“宪法”(Constitution)一词，选举登记委员就为其进行示范。特别值得一提的是，选民登记委员还明确告之维利，可由其代替自己的丈夫填写申请表，维利也的确这么做了。虽然维利辩称，自己只是按照丈夫的指示代为填写表格，但两份表格针对“公民权利义务”等问题的回答存在大量雷同之处。针对这一部分，约翰逊法官的笔记上用加重的笔迹记载着：“她替丈夫填写了选民登记申请表，对此，选民登记委员居然说没问题！”萨德完成了对维利的诘问后，库里仅仅象征性地诘问了几个无关痛痒的问题，草草了事。虽然维利夫妇的申请表也存在一些小错误，但二人的申请都顺利通过。[68]在后来的审判中，另外一位白人托马斯·道格拉斯·维金斯(Thomas Douglas Wilkins)，只受过4年教育，不会读写，由妹妹代为填写申请表格，却一次获得通过。[69]维金斯的申请发生在卢拉两次不成功的申请之间。

二人作完证之后，约翰逊法官并未就此作罢，而是在登记委员弗兰克·斯壮出庭作证时，一度直接参与质询。可参见下列庭审记录：

法官：卢拉女士与萨德律师之前都曾屡次提到你。针对卢拉女士选民登记申请表的第五项，你提出，驳回卢拉女士申请的理由是，她并未回答获得阿拉巴马州诚信、守法公民身份的时间，是否正确？

证人：不正确。法官大人。

法官：在申请表的第五项，卢拉女士的回答是……

证人：不对，法官大人。我想你会发现，我对于这个问题的准确表述是，卢拉女士并未明确回答获得阿拉巴马州公民身份的时间。根据我所保存的登记表，她只填写了 10 月 29 日，而这，是不完整的回答。

法官：请注意紧接着的下一段，卢拉女士的完整表述难道不是 1899 年 10 月 29 日么？

证人：这个，我想是吧。可以这样理解。

法官：难道还存在其他解读么？

证人：没有，法官大人。

法官：我可以推定你用这样一种投机取巧的方式，选择性地剥夺某些人的选民资格，而不是想通过这些问卷获得可供客观评价的相关信息。[70]

……

对此，约翰逊法官在笔记写道：“选民登记委员会显然没有将申请者对于问题的回答，作为获得判断其是否符合合格选民资质的信息来源。（“我有充分的理由相信，你将这些调查问卷玩弄于股掌之中，这些问卷根本没用来收集信息，而是被用来作为剥夺他人选举权的借口。”）[71]

在本案当中，司法部找到了很多非常有力的黑人证人。例如，政府方面传召的第一位黑人证人小查理·福斯特（Charlie Foster，Jr.），是一位获得高中毕业文凭的海军老兵。接下来的 2 位黑人证人都是获得理学学士的教师。这 3 位证人的申请都由弗兰克·斯壮负责处理。其中，福斯特在本案开庭 4 天前才提出自己的申请，在他申请的时候，埃尔默县选民登记办法发生了改变，其中，选民登记申请表的第一部分改由选举登记委员负责填写，申请者只需要负责自行填写选民登记申请表的第二部分。应该说，福斯特填写的表格几近完美，只是在表格第一部分，将住址填写在了选举地点一栏。这个小错误是斯壮误导所致，虽然他让福斯特填完表格，但还是以这个错误为由，驳回了福斯特的选民登记申请。斯壮本人在作证时曾指出，“我当时问福斯特，‘现在填写的是投票地点。’他回答道：‘第八区。’我继续问道：‘哪个票箱？’他说：‘一样’。我问：‘你的意思是第八投票箱？’他说：‘不，第四道，第八邮箱。’而我只是按照他所说的填写的那部分表格。”[72]约翰逊法官在自己的庭审笔记中以此为例，认定斯壮人品较差。联邦政府传唤出庭的第17位证人名叫爱德华·史密斯(Ed. W. Smith)，一位在朝鲜战场上获得一枚紫心勋章、一枚铜星勋章的老兵。约翰逊法官本人在军队服役期间，也曾因为作战勇敢获得过两枚紫心勋章，一枚铜星勋章。因此，约翰逊法官的笔记中出现了下列记载：“高中毕业，因战致残，获得勋章的老兵选民登记申请遭拒。”约翰逊还一一列明了史密斯五次申请遭拒的过程。在这些笔记的左侧，约翰逊用红笔作了批注：“某些申请表上写道，黑人，拒绝。”在右边，约翰逊的批注是：“借口说可以参考填写指南，拒绝回答所有黑人申请者的询问。”对于任何符合资质的选民申请者，这种野蛮对待与粗暴驳回，都无法令人接受。否决受过良好高等教育，或者为这个国家舍生忘死的人获得选举权，这些选举官员的行径显然悖离了美国的核心价值。

在本案中，共有13位白人证人，17位黑人证人，3位选民登记委员以及两任假释官出庭作证。从约翰逊法官的笔记来看，他用红笔对于斯壮与桑福德焚毁1961年6月前选举登记档案的行径作了强调。其中甚至还有三处用☆作了特别强调，分别是“他们在联邦调查局介入的当月开始焚毁档案”，“他们自己也承认，所有的选民登记申请表必须交由假释官进行保存”以及“销毁档案，从而使白人申请者的获批标准无从比对。国会立法要求所有选民登记材料必须保留。”约翰逊法官的笔记中还特别强调了选民登记委员会没有向黑人申请者提供信息反馈的问题。“斯壮对此的解释是，没有时间口头或者书面告知黑人申请者申请结果。”约翰逊补充道，“超过90%的白人适格选民的申请获得批准，只有5.1%的黑人申请获得通过。”从这个意义上，约翰逊法官的笔记似乎可以用来作为本案判决的蓝本。例如，约翰逊认定，埃尔默县选民登记委员会将选民登记申请表作为种族歧视的工具，而非获得真实信息的媒介。他还认定，斯壮对待黑人申请者的态度有问题。约翰逊法官注意到，斯壮领导下的选民登记委员会采用了一种新的选民登记表，但从未明确这份表格的评价标准。参照适格黑人与白人申请通过比例的悬殊差异，约翰逊认定，或许不应采用这种新式选民登记申请表，因为这样做对于黑人申请者将更为不利。

但约翰逊法官的笔记和庭审记录相比，也存在些许差异。例如，庭审记录显示，埃尔默县前假释官霍华德(Howard)作证说，自己曾在 20 世纪 30 年代，为一位年逾七旬、品行良好的黑人牧师做过选民登记保证人。但对此约翰逊法官的笔记显示，霍华德所说的不是所谓的黑人牧师，而是“黑鬼牧师”。与此类似，约翰逊法官还在另外一位选民登记委员，弗朗西斯·卡特维特(Frances Cartwright)作证时所说的同一个词“黑鬼”，周围用红笔画了一个重重的框。并用红线，将其与无法理解法庭上的相关提问连接起来。最后，约翰逊在笔记上写道：“似乎选民登记委员十分看重黑人申请者态度是否谦卑恭顺。”这一判断似乎来自于弗朗西斯对一位有些情绪化的黑人选民的态度，“我让他走了，因为我不想让他在继续要下去。”

她的证词还包括：“也在这天，我们在还接待了另外一位申请者，一位黑人老者。这位黑人申请者回答问题十分准确，颇有见地。能看出，他非常关注选民登记，也非常有热情参与。但是他把这个问题的答案填成了 18 年，我和弗姆比先生商量之后，把他填好的表格又还给了他，告诉他再好好检查一次，这次他发现了问题，并且说我不知道怎么回事，但这里应该填 21 岁。我们虽然没有给这位黑人提供任何帮助，但他其他问题的答案都是正确的。[73]

这就是说，卡特维特曾经帮助过一位让其印象良好，但在填写表格的过程中出了一些问题的黑人，却又因为态度不佳，拒绝了另外一位黑人的申请。她的证言，一方面说明了缺乏同一标准所可能导致的恣意裁量，也可以解释为什么有些黑人可以成功地获得选民登记。尽管白人一般认为，黑人不具有参与选举的能力，但阿拉巴马州绝大多数县市，批准过少数黑人的选民登记申请。这意味着选民登记委员们可以嗅着政治风向的摇摆，通过无序的标准，任意批准或者驳回黑人选民的登记申请。20 世纪 30 年代，只有 4 名黑人获准参与选举活动，二战之后，情况稍有改观，在 1945 年和 1946 年，共有 38 位黑人获得选民资格。1954 年，更有 154 位黑人的申请获得批准。在詹姆斯·佛而思姆(James E. Folsom)担任阿拉巴马州州长期间，黑人选民申请者的境遇有所改善，1955 年至 1959 年共有 150 位黑人获得选民登记。但随着约翰·派特森(John Patterson)在1959年当选州长,并委任斯壮担任选民登记委员会主任,黑人的选民申请情况发生了急剧恶化(1960年2名黑人获得选民资格,1961年3名黑人获得选民资格,1962年没有黑人获得选民资格,1963年4名黑人获得选民资格)。[74]

审后案情说明

3月7日,庭审结束。3天后,约翰逊法官要求原告于3月30日之前,辩方在4月15日前提交各自的案情说明。因为对于双方争议焦点早已明镜在心,约翰逊法官特别要求,原告在诉状中明确主张法院判令赋予选民资格的黑人名单,同时,辩方也可以提出这些人目前选民资格状态的说明。

和笔者在法学院所受训练完全不同,联邦政府方面提供的案情说明共48页,其中42页为相关事实的陈述部分。法律推理与诉讼请求简明扼要。其中一部分通过大量的统计数据说明,"埃尔默县的黑人被系统性地剥夺了参与选举的权利"。诉讼请求的标题即是"被告歧视黑人,剥夺其选举权"。其中,司法部着重强调,被告将选民登记表作为工具,歧视黑人,与此类似的措施还包括白人保证人制度等等,从而阻挠黑人获得选举权,为白人当选提供便利。联邦律师特别指出,被告销毁选民登记表,就是为了隐藏真相,并设计了大量表格,用来说明上述事实。反观原告方的诉讼请求,却显得较为简约。政府方面所提出的两个诉讼请求分别是,黑人选民申请者受到了系统性的歧视,以及相关的救济措施。原告案情说明中还为法院的事实、法律认定,提出了自己的建议。所有的这些内容中都没有涉及任何判例法。原告建议所依据的仅仅是宪法第14、15修正案,《1957年民权法》以及《1960年民权法》。导致这种局面出现的原因或许在于约翰逊法官对于事实与法律的精准拿捏,但更为关键的原因在于,本案开庭时,并不存在任何与此相关的已决判例,因此,只能完全依赖于约翰逊法官的心证。

原告主张的救济措施建构在两个看似无懈可击的原则基础上。首先,联邦法院有义务赋予胜诉方充分的救济措施,使种族歧视受害人获得法律赋予的相关权利。其次,《1957年民权法》的立法目的十分明确,即保证所有适格选民,都能在不受歧视的情况下公平地参加选民登记,并获得选民资格。第一个原则与1803年,联邦最高法院大法官马歇尔在“马布里诉麦迪逊案”[8]中曾经发表的观点一致，“法律存在的地方，就存在相应的救济措施。”虽然这句话转引自英国法学家布莱克斯通的著述，但美国法院一般都将其适用于衡平案件的处理。第二个原则属于宪法第15修正案的重述。真正的问题在于，这些原则是否可以直接作为特定救济措施的基础。如果不要求可操作的救济措施，即使通过司法审查，证明黑人受到了所谓体系性歧视，也没有任何的实际意义。但截至1964年，法院唯一可行的救济措施就是限制选民登记委员的自主权。可以想象，如果通过判决，只能限制选民登记委员在未来的工作出现种族歧视，那么这些人的行径将不会有任何收敛。他们可以辩称，自己的行为并非故意藐视联邦法院的判令，而仅仅是中立地执行州法。

联邦政府认为，有充分的事实支持上述救济申请，并且事实表明，如果联邦法院判决不明确，日后，选民登记委员仍将继续恣意侵犯适格黑人的平等选举权。因此，司法部要求法院做出所谓“冻结救济”，即要求选民登记委员会今后不得依据不同标准，差别对待申请选民资格的白人与黑人。对于这一要求，联邦律师未能，也无法提供任何判例基础，对约翰逊法官有约束力的联邦第五巡回上诉法院，也未明确能否在违反州法的情况下，适用所谓的冻结条款。但另一方面，在之前的很多案件中，联邦律师的确成功地说服约翰逊法官开创性地适用冻结救济措施。同时，联邦律师还明确要求法院，在本案开庭前一个月，阿拉巴马州适用的新选民资格厘定标准难度太高，甚至远远超过了使大量白人不平等地获得选民资格的原有测试，因此应裁定禁止适用。司法部恳请联邦法院认定，阿拉巴马州系统性歧视了黑人申请者，从而可以援引《1960年民权法》的相关条款进行救济。基于这一理由，原告希望法院判令起诉状中所列明的109名黑人具有选民资格，其中就包括卢拉·百利·唐森德。

原告寻求的救济措施显然忽视了一个重要方面，即根据《1960年民权法》，在法院认定存在系统性种族歧视的情况下，由其指派一名联邦仲裁人，负责处理相关的选民登记。但这种疏漏显然并非无心导致，约翰逊法官在之前的判例中一直拒

---

[8] 马布里诉麦迪逊案(5 U.S. 137[1803])中，美国联邦最高法院确立了“司法审查”制度，联邦法院有权通过司法审查，认定与宪法抵触的法律、法规违宪。理由是，美国宪法作为基本法，具有至上性。

绝讨论，认为“目前还不适合考虑这一问题”[75]。正如约翰逊法官后来对自己的传记作家所说的那样：“在我的辖区内，从未指定过什么联邦仲裁人，不过有几次我是这么威胁来着，我告诉那些选民登记委员，如果不能像联邦仲裁人那样工作，我就干脆指派一个。好在大多数选民登记委员都会因此依法办事。”[76]

虽然原告提供的案件说明已经非常另类，但和辩方相比，实属小巫见大巫。辩方的说明只有四页，由四名律师联署。其中，阿拉巴马州总检察长理查蒙德·弗拉沃斯与他的助手莱斯利·赫尔似乎本来就对地方选民登记案件不感兴趣，另外两位律师库里和梅根代理此案的原因也较为复杂，例如，库里是奉行种族歧视政策的州长华莱士的密友，当时正在四处游说，以争取阿拉巴马州巡回法官的职位。无论如何，约翰逊法官庭上对辩方律师的态度，原告提交证据的说服力等等，都已经让这些辩方律师放弃了最后一搏的希望。从哪个角度来说，辩方的案件说明中并没有提出什么有力的观点。例如，辩方在己方说明中提出，原告要求法院判令，之前申请遭拒的一百多位黑人申请者立即获得选民资格，但却没有提及遭到拒绝的白人选民，因此，“原告寻求的并不是什么公平，而就是想让黑人获得选举权。”另外，辩方在没有具体指明某个证人的情况下，笼统地宣称：“政府方面试图证明选民登记委员会偏向白人申请者，但这种证明是无力的。”辩方指控司法部三年间动用了大量的人力物力，试图证明埃尔默县选民登记委员会的种族歧视问题，但最后，却只能笼统地勉强提出，在所有 10200 名选民申请者当中，只有 16 名黑人在没有合法根据的情况下申请无端被拒，有 13 名白人在违反规定的情况下申请违规获得批准。根据判例，如果辩方律师能够论证衡平救济措施不明确、不急迫、不现实，法院就不应介入这类问题。最后，辩方提出 1963 年 10 月，埃尔默县改组了选民登记委员会，因为运行时间尚短，因此即使原告能够证明之前存在所谓种族歧视问题，也无法证明现任选民登记委员会同样存在问题。自始至终，辩方都未对于原告提出的 100 多位黑人申请者提出过只言片语。

法院裁定

2 个月后，约翰逊法官作出判决。[77]联邦法院的议事规则要求，判决必须透明，即需要书面说明判决的法律根据与事实根据。在 5 页的判决书当中，约翰逊法官也的确为相关裁定进行了说明。他认为，从埃尔默县历年选举实践来看，特别是自1959年斯壮担任选民登记委员会主任以来，该县超过95%的白人选民申请获批，而超过93%的黑人选民登记申请遭拒。尽管理论上，约翰逊可以根据辩方焚毁选民登记记录这一事实，做出有利于原告的判决，但他没有这样做，而是认定该县选民登记委员会的做法存在种族歧视，并提出了六项根据：

1. 对于白人与黑人申请者提交的选民登记申请表，在审查严格程度方面存在明显差异；

2. 驳回整体符合选民登记申请表填写要求，仅仅存在些微错误的黑人的申请；

3. 并未对于黑人提供类似于向白人申请者所提供的帮助；

4. 因为选民登记委员未尽职责，导致黑人漏签保证书，并因此驳回其申请；

5. 未能告之黑人申请者申请结果以及申请遭拒的原因；

6. 自1964年2月采用新的选民登记资格测试标准，但不要求之前已经获得选民资格的白人重新申请。

对于所有上述观点，法官都提出了相关的事实佐证。例如，约翰逊提出，从1963年10月开始，被告共批准了772名白人的选民登记申请，尽管同时期提出申请的黑人中，有超过40人符合选民登记资质标准，但只批准了7位黑人的申请。他还特别指出，在这些适格但遭拒的黑人申请者当中，有一位教师。剥夺教师选民资格意味着两种可能：或者这名教师应该符合选民资质，或者这名教师根本就没有教书的资质。

值得一提的是，约翰逊法官的判决并未一味停留在统计数字，以及概括性的结论上。在一个颇为冗长的脚注当中，他详细地对比了4位遭拒的黑人，与5位申请成功的白人的不同际遇。这种对于个体的关注，赋予法律推理一种人情的面纱。例如，约翰逊在这个注解当中，谈及了两名大学毕业的退伍黑人老兵，其中的一位还是教师。小萨谬尔·卡尔(Samuel Car, Jr.)，33岁，理学士学位，教师，一直居住在阿拉巴马州埃尔默市，曾在美国陆军服役两年。从1961年开始，卡尔连续5次申请选民登记，均遭到拒绝。记录显示，卡尔的每次申请都符合相关要求。

另外还有一位黑人，因为没有填写在该选区居住的起始时间而申请遭拒。这种信息对于选民登记委员会来说只是举手之劳。更多的黑人申请遭拒完全是因为选民登记委员会吹毛求疵。约翰逊法官对比了黑人与白人的不同际遇。选民登记委员甚至允许白人申请者的亲属代为填写申请表格。例如就有妻子、儿子等代替自己文盲或者半文盲的丈夫或者父亲填写申请表。另外,法官还发现,对于有点文化,但在填写申请表时遇到困难的白人,选民登记委员也会关照,允许这些白人修改已经填写完毕的表格,并最终批准。对此,约翰逊法官特别加注,这些仅仅为大量事例中极少数的例证而已。

法官最终认定,政府诉状中所列明的 102 名黑人申请者,虽然根据法律、实践、习惯,符合法定条件,却因为种族身份被非法剥夺了选民资格。其实,原告诉状中列明的黑人申请人数为 109,约翰逊法官并未解释两个数据之间的差距。但如果仔细研究约翰逊法官在原告案情说明上的批准,或许可以对此有所帮助。他用红笔在文件上画了两个栏,一个栏目的标题是"是/否",另一个栏目的标题是"教育程度"。例如,在赛维斯·安德森(Savaris Anderson)的旁边标注了"是"、"理学士"等字样,而在艾拉·布雷克(Eula Blake)旁边批注"否"、"文盲"。显然,约翰逊法官十分关注受教育程度。当然,他也将位若干文化水平不高的黑人,归入标题为"是"的名单。毫无疑问,约翰逊法官仔细地审查了每一原告列明的黑人申请者,并且根据自身判断,将其中的几位剔除出去。从公平角度出发,似乎应该给这 7 位黑人某种解释,但约翰逊法官显然并没有选择这样做。这种疏漏与其一贯细致的行事作风不符。综上,最有可能的解释只能是这 7 个人的文化水平不符合要求。

在此基础上,约翰逊法官作出了最后判决。对其十分有利的是,美国联邦第五巡回上诉法院在 3 个星期之前,刚刚澄清了自己的暧昧态度,明确地支持"冻结性救济条款"。第五巡回上诉法院在审理与密西西比州怕诺拉县相关案件时做出了上述判决。这个案件涉及的事实十分骇人听闻,因为该县 7250 名适龄黑人选民当中只有 1 位获得了选民登记。在 20 世纪 50 年代,曾有民权组织号召黑人申请选民登记,但这种做法受到了选民登记委员会的强烈抵制,对于那些执意申请选民登记的黑人,选民登记委员会极尽刁难之能事,例如,让黑人申请者回答白人不用回答的复杂州宪法问题。因为一审拒绝了原告主张的禁令请求,司法部提起上诉。联邦第五巡回上诉法院经过审理,推翻了原判,认定存在针对黑人的系统性歧视措施。一般而言，上诉审应就此打住，将本案发回重审，但针对本案，第五巡回上诉法院显然并未止步于此，而是直接做出了明确的救济措施。

第五巡回上诉法院对于密西西比州“帕诺拉县案”的判决，与约翰逊法官审理的“埃尔默县案”颇为类似，都涉及所谓“冻结性救济措施”问题。“社会中的某类特殊族群长期遭受非法歧视性待遇，法院介入，终止种族歧视。但在这些遭受不公平对待的族群享受被剥夺权利之前，立法机构出台了新的、更为错误的标准，以阻止这些人享有平等权利。这就相当于将通过歧视手段获得的不当特权冻结起来，从而将被歧视的族群从权利享有者中永远排除出去。”[78]例如，如果选民登记委员仅仅因为黑人填写申请表时犯了无关痛痒的错误，驳回这些人的申请，理想的救济措施不应换汤不换药，用要求申请者解读宪法条文等变通形式加以替代，而是彻底终止专门针对黑人的歧视性措施。

这种冻结性救济措施形式，也是约翰逊法官认定埃尔默县选民登记委员会在1964年2月采用新的选民资格测试标准违法的原因所在。以第五巡回上诉法院在帕诺拉县案中的判决为依据，约翰逊法官判决，“阿拉巴马州及本案的被告在之前存在的种族歧视效果消除之前，不得采用新的选民测试标准。”[79]

其次，联邦第五巡回上诉法院还提出，“冻结性”一词还可以理解为，起码在某一特时间段保持原状，例如保留目前对于白人有利，而对于黑人具有歧视性的选民遴选资格。[80]在某种程度上，这种观点可以归因于约翰逊法官在“蒙哥马利县案”判决中的部分观点。同时，还可以将其根据追溯至《1960年民权法》。该法规定，在认定存在系统性种族歧视的情况下，法官得指派联邦仲裁人参与选举。联邦仲裁人对于黑人申请者所适用的标准，必须与适用于白人的标准保持一致。在埃尔默县，这意味着，因为之前申请表的填写情况并未被用来作为检验白人申请者的测试标准，那么今后也不应将其用于黑人。换句话说，在填写申请表时没有问题的白人获得了选民资格，那么在填表过程中没犯错误的黑人也不应遭拒。同样，因为选民登记委员帮助白人填写申请表，那么，也应帮助黑人填写。

约翰逊法官根据上述事实，以及联邦第五巡回法庭在“帕诺拉案”中的相关判决精神作出判决。首先，禁止阿拉巴马州在选民登记过程中实施任何形式的种族歧视行为。这属于典型的传统禁令：当证据表明被告从事了非法行为时，就应对其加以禁止。然而，如果仔细研读这一判决，就会发现某种独特之处。在选举活动中，被告不得在其管辖范围内，从事任何基于种族划分，或者可能导致种族划分的行为。[81]需要注意，尽管宪法第 15 修正案，《1957 年民权法》《1960 年民权法》与《1964 年民权法》都禁止种族歧视，但并未界定这一概念。在本案中，约翰逊认定，所谓“种族歧视”，是指“基于种族差异，涉及或者导致差别待遇”。这种界定特别强调了“导致”一词，这意味着无论基于何种目的，只要地方政权的行为导致了不同种族间的差别待遇，即构成“种族歧视”。或许可以认为，这一界定为日后选举权法相关章节奠定了基础。因为借鉴了 1961 年约翰逊法官在“梅根县”案判决中的相关表述，原告案情说明中对于种族歧视的定义与此类似。虽然 16 年之后，联邦最高法院认定，单纯导致种族歧视结果的行为不违反宪法第 15 修正案，但在 1964 年，根据本案的证据，约翰逊法官有充分的理由认定，如果选民登记委员的行为产生了种族歧视的效果，就可以认定其具有种族歧视的意图。

不同形式的“冻结性救济措施”，可以从约翰逊法官在“索姆特县案”以及“派利县案”中的判决窥以一斑，但在本案中，他适用的禁止性救济措施，与之前有一处显著不同。本案中，约翰逊禁止被告对黑人适用比 1959 年 10 月之前更为严格的标准。同时，他还禁止被告对黑人适用比白人更严的审查标准，禁止被告因申请者无法填写新申请表格的第三部分，驳回其申请。当然，这一救济措施不应孤立存在，而应该与要求被告必须批准符合资格要求的申请的法律合并理解。根据阿拉巴马州州法，申请者应证明自己具有读写等能力。因此，一方面，约翰逊要求对黑人适用对于白人适用的最低资质审查要求，另一方面，又要求即使某些没有文化的白人得到登记，也仍然需要坚持文化水平测试。这种不一致性，显然参照了司法部的相关诉讼请求。这就是说，联邦政府与联邦法官都不希望适用百分之百的冻结性救济措施，因为这样，很多没有文化的黑人将会获得选民资格。从字面解读来看，读写能力应作最为宽泛的理解。约翰逊法官在后来的判决中明确：“如果申请者回答准确适当，总体上符合选民资格，就不得以申请者书写方面的问题，或者在填写申请表第二部分时出现疏漏，驳回其选民登记申请。”[82]

在判决书中，约翰逊法官进一步强调，禁止选民登记委员滥用权力，禁止恶意挑毛病。例如，如果被告没有履行告知义务，即使申请者没有在保证书上签名，也不得驳回其申请。换句话说，不得因为填表过程中出现的无足轻重错误，拒绝申请。细心的法官还在判决书中列举了若干典型的"无足轻重的错误"。之所以如此细致，是因为经验告诉法官，判决不具体，容易被别有用心的选民登记委员恶意规避。相反，判决越具体，才越不会被架空，或者流于形式。这种顾虑与担心，也为某些章节规定相对原则的《1965年选举权法》蒙上了阴影。

法院认定，共有102名遭拒的黑人申请者符合选民资质要求。对于原告请求法院认定这些黑人具有合法选民资格的要求，约翰逊法官认为，根据《1957年民权法》，联邦最高法院支持将被歧视黑人重新列入选民名单的意见，联邦巡回第五上诉法院审结的"帕诺拉案"，以及自己之前在"梅根县案"以及在"蒙哥马利县案"之一贯理念，自己有权对此作出裁定。根据成文法，联邦总检察长可以在选举权案件中，寻求适当的救济措施。虽然联邦法院是否可以直接赋予特定申请者以选民资格，仍存在争议，但《1960年民权法》已经大体上解决了这一争议。该法授权联邦法院，在认定存在"系统性种族歧视"的前提下，得赋予任何地方县市选举活动中，被不当剥夺选民资格的申请者以选民身份。然而，很多联邦法官却不太愿意趟此浑水。约翰逊法官并未受到这一潜规则的掣肘，明确判令，除非被告能够证明存在相关申请者死亡、无法履行选民职责等特殊情况，判决生效15日之内，判决书中列明的102位黑人应获得选民身份。

约翰逊法官并未指派联邦仲裁人具体负责这102人的选民资格问题。考虑到约翰逊法官在之前判例中的一贯做法，以及本案审理过程中他的明确立场，根本不需要什么联邦仲裁人的介入。地方官员可以明确地感知约翰逊法官的态度，也知道，如果不履行判决，将会被科以涉嫌藐视法庭的罪名。

最后，约翰逊法官明确了选民登记的应然程序，要求选民登记委员在受理选民登记申请15日内，告之申请者申请结果，列明拒绝申请的原因，并留存相关记录文件。并且，约翰逊法官一反常态，要求司法部应当确保本判决的执行，并在认定被告是否遵守了相关要求方面为法院提供帮助。

约翰逊法官在四起涉及选举权的案件——"梅根县案"、"巴洛克县案"、"蒙哥马利县案"以及"埃尔默县案"中所作判决，事实上为《1965年选举权法》出台奠定了基础。他在判决中，无可辩驳地证明，阿拉巴马州长期以来基于种族歧视，将黑人排反出选民队伍的事实成立。而其在判决当中提出法律方面的真知灼见，也成为《1965 年选举权法》的基本框架。例如本案确立的救济措施就出现在《1965 年选举权法》第七章当中。但看似矛盾的是，约翰逊法官的判决又为美国南方各州指明了规避看似严苛的《1965 年选举权法》的方法。如果严格执行约翰逊法官作出的相关判例，显然根本无法废止选民登记申请过程中的文化水平测试，指派联邦仲裁人等救济措施也会名存实亡。换句话说，约翰逊法官的判决为地方选举官员继续种族歧视提供了机会，并使白人继续主导地方选举。不幸的是，美国南方大多数联邦法官缺乏像约翰逊法官一样的视野或勇气。某些法官甚至这两点皆不具备。

第五章　派利县:联邦仲裁员梦碎之地

我仰慕
那些俯首负重,一路前行的人,
他们坚韧,默默跋涉,
他们执着,百折不回,
他们忠诚,至死不渝。

——玛格·皮尔茜:《涟漪》[1]

对《1965 年选举权法》的最终出台,阿拉巴马州派利县扮演的作用至关重要,却又少为人知。该县一个本土黑人社团,曾成功调动起大量黑人的热情,报名申请选民登记。在争取平等选举权的斗争中,选民登记委员、联邦法官及联邦仲裁员形成的三元主体格局,使得特定情况下,必须重视联邦仲裁员的作用。

笔者进入司法部民权事务部,独立接手的第一个案子就发生在派利县。在本案中,笔者与这部民权大戏的真正主角,如黑人、选民登记委员及法官等一道,为《1965 年选举权法》的最终出台发挥了自己的作用。[1]笔者负责的案件意义在于,检验《1960 年民权法》与《1964 年民权法》是否已经解决了《1957 年民权法》中存在的问题。尽管《1957 年民权法》授权联邦总检察长,有权对选举中歧视黑人的州提

〔1〕Marge Piercy, *Circles on the Water*, Knopf (1982). 玛格·皮尔茜生于 1936 年,美国著名诗人、作家,民权活动人士。

起诉讼,并寻求法律救济,但一直收效甚微。[2]客观来讲,《1960 年民权法》与《1964 年民权法》的确在某种程度上修正了前法存在的缺陷。例如,增加了联邦律师查阅地方选民登记文档的权利。并且,如果联邦法官认定,地方选民登记委员会对于黑人实施"系统性的种族歧视",就可以直接裁定,赋予这些黑人申请者以合法选民身份。从司法便宜性出发,法官还可以指派联邦仲裁员,审查相关的选民登记申请记录。如果黑人申请者的资质与获得选民登记的白人一致,就应当认定黑人具有选民身份。在派利县,很多黑人参与了一项本土社团推动的参与选举运动。但该县的选民登记委员会却相当顽固,甚至在联邦法官判令其不得继续实施种族歧视的情况下,仍然无理拒绝黑人提出的选民登记申请。但由于托马斯法官不愿认真执行宪法第五修正案,导致《1960 年民权法》中规定的联邦仲裁员制度名存实亡。这一时期,反种族歧视的游行示威此起彼伏,甚至有黑人示威者被阿拉巴马州巡警射杀的惨剧发生。其中,较为知名的案例还包括发生在塞尔玛县,最终流产的"埃德蒙·派特斯桥示威活动",以及从塞尔玛到蒙哥马利的游行等等。这些事件宛如戏剧的前奏,预示着《1965 年选举权法》的出台大幕,正在徐徐拉开。

阿拉巴马州,派利县

派利县地处偏僻,经济以农业和畜牧业为主导。但却是美国南方黑人带状聚居区的重要一环。该县只有两个人口超过千人的市镇,其中该县县府所在地"马里恩镇"(Marion)有居民 3807 人,"联盟镇"(UnionTown)的人口为 1993 人。[3]1952 年暂别新奥尔良,在派利县度暑假的年青牧师安德鲁·杨(Andrew Young)回忆,派利县"让人感觉十分闭塞,与时代脱节"[4]。与之相比,邻近的塞尔玛简直算是大城市,作为达拉斯县的首府,塞尔玛位于马里恩镇与联盟镇之间,居民超过 3 万人。虽然美国 80 号州际公路连通塞尔玛与联盟镇,且相距不远,但到达马里恩镇的唯一道路却是一条乡间土路。截至 1960 年,派利县共有达到投票年龄的白人 3441 人,黑人 5200 人。其中,截至 1962 年 8 月,3000 名白人、257 名黑人获得选民资格。[5]到《1965 年选举权法》颁布时,该县白人选民的数量超过 3400 人,黑人选民的数量才增至 918 人。[6]

19 世纪早期,白人最先在派利县安家落户,随后,不少黑人也纷至沓来。和很多乡村地区一样，长期以来，派利县的农业经济，使得该县居民间或多或少地存在某种联系。例如，布莱克伯恩斯（Blackburns）与斯卡伯龙斯（Scaroroughs）两位选民登记委员的家族之间，就存在着亲属关系。甚至，还存在着具有血缘关系的白人与黑人家族，如该县就有同姓胡戈斯（Hogues）的黑人与白人。像阿拉巴马州大多数地区一样，除了重建时期的短暂蜜月关系之外，绝大多数情况下，白人掌控地方权力。因此，在20世纪60、70年代，曾有几位黑人代表派利县当选阿拉巴马州议员。[7]但随着南北战后重建的结束，民主党毫无悬念地赢得该县大选。当时阿拉巴马州的白人共和党员屈指可数，而民主党纲公然宣称，只有白人才可以参选或者担任该州的各级公职。[8]生活在派利县的白人，大多由衷支持民主党所秉承的白人至上主义。1944年，联邦最高法院认定白人至上主义违宪[9]，这意味着至少在理论上，黑人参与政治活动变得可能。但执掌派利县大权的白人，一直野蛮地反对黑人参与该县的选举活动。例如，1946年，派利县民主党执行委员会曾在马里恩《标准新闻》头版发布整版广告，题目就是《让选票捍卫白人在阿拉巴马州的至上地位》。“民主党的党徽是一只引颈高鸣的雄鸡，上面围悬一枚写有‘白人至上’的标语。为了捍卫这一理念，我们过去一直，未来也将会在法律允许的范围内，竭尽所能维护这一理念。这样做并不是简单地将白人视为好人，将黑人视为恶人，而是因为目前大多数黑人还没有能力、缺乏理性参与选举，选举和本州政治生活中几乎所有重要方面密切相关。近些年来，在这一方面，黑人取得了很大的进步，假以时日，必将可以承担重任。现在有判例反对白人至上理念，也使得大量黑人报名参与选举活动。阿拉巴马州，特别是在这一地区，黑人居民中占据绝大多数。对此，阿拉巴马州尚无专门立法规制。根据联邦最高法院的判例，在黑人占人口多数的县，不是不可能，相反，相当有可能会出现黑人法官、黑人市（县）政务官、黑人议员以及黑人执法者，如果州法不对此严加防范，势必会重蹈南北战后重建时期种族关系灾难的覆辙。在某些黑人力量已经达到足以制衡白人势力的县，负责交通、贸易等部门的白人官员，往往会为了寻求黑人的支持做出很多不理智的决策。即使在那些黑人力量尚未成气候的县，这一威胁也越来越具体。正如内战后，我们的父辈纠正种族关系的错位，重新赢回白人的至上地位那样，在阿拉巴马这片土地，绝对不能允许这种事件发生。”[10]

十多年过去了，但派利县选民登记委员似乎仍对这则广告所鼓吹的理念坚信不疑。例如自 1954 年开始担任选民登记委员，并在华莱士当选州长后连任的布莱克伯恩斯，在 1964 年出庭作证时曾说："之前的那些黑鬼都在胡说八道，说什么我们每次只登记一名黑人。和你说实话，有时我们批准选民登记申请的黑人多达 15 人，我们还觉得每次批准的太多了呢。"对"为什么要求申请者提交保证人"这一问题，他的回答是，"很多黑人会在各县游走迁徙，寻机申请选民登记，我们派利县就曾经撞见过这种情况。我们要求保证人的目的，就是要确保申请者是本县的诚实、合法居民，况且，保证人制度最近才开始适用。"接下来，在解释该县最近采取的要求申请人宣誓的制度时，布莱克伯恩斯辩称，"最近来本县的共党分子越来越多"。[11]他的同事，弗洛伊德·本伯格(Floyd Bamberg)还是白人市民协会成员[12]，该协会在"布朗案"判决前成立，旨在通过一切可能的法律手段，捍卫种族隔离制度。1956 年，报道称有派利县选民登记委员说："如果一年前白人市民协会就已经成立，并能支持我们的话，那么就不会有黑人在我们这里获得选民登记。"[13]罗伯特·杰克逊(Robert Jackson)法官曾注意到，地方的小官僚眼里根本没有宪法，公务机关更很少从所谓宪法角度考虑问题。[14]在很大程度上，时任阿拉巴马州州长的乔治·华莱士，无疑也在为这些种族歧视行径撑腰打气。

由于种族间选举权的不当配置，和其他带状黑人聚居区一样，派利县白人在州立法机构中获得了显失比例的代表权。1960 年之前，州众议院中派利县选区的选民与当选者人数之比为 8679∶1。而"摩贝尔县"(Mobile County)的比例为 104767∶1。但这一数字容易受到种族因素的干扰，因为派利县选区共有约 3100 名白人，257 名黑人。该州参议院的相关数字更加让人触目惊心。例如，在参议员选举过程中，派利县与碧波县(Bibb)合并总人口数为 31715 人，从而满足法定居民最低要求，而杰弗逊一个县的人口总数就达到 634864 人，每个选区只可选出一名参议员。[15]截至 1962 年，派利县白人享有的选举特权主要面临两方面挑战：选民资格重新厘定诉讼，以及挑战登记委员实施种族歧视行为的诉讼。可以确信一点，派利县的当权者对于这一诉讼请求横加阻拦。在一次讨论应对相关诉讼的白人策略会议上，两位主张与黑人沟通协商的白人遭到人身攻击。[16]实际上，美国南方各地白人都在面临类似的挑战。甚至在美国联邦参议院，虽然南方参议员往往会用拖延议事的方式，阻挠民权法的立法进程，但这些人在 1964 年 3 月 9 日开始的一项拖延议事计划，却早早在 1964 年被提前终结。[17]

在派利县相邻的达拉斯县，吉姆·克拉克警长指挥了那场针对示威黑人的血腥镇压。事实上在 1965 年之前，这两个邻近县市的白人当权派，已经就如何强力压制黑人抗争互相通气。对此，黑人律师小柴斯特纳特（J. L. Chestnut Jr.）曾不无感慨地评价："派利县县府所在地马里恩，是阿拉巴马州白人至上理念的圣殿。"[18] 当地民权运动人士小斯宾塞·胡戈（Spencer Hogue, Jr.）印象中，祖辈当年为奴时毫无社会地位，甚至被当成牲畜。[19] 和这种回忆形成奇怪应和的是 1965 年 2 月，几百名黑人儿童因为在县法院门前示威而遭拘捕，官方用 3 号水管为这些孩子提供饮水，而这些孩子不得不像牛一样，用手作容器来接水饮用。[20] 尽管联邦最高法院已经在 10 年之前判令种族隔离非法，但派利县的教育系统仍然严格执行种族隔离制度，白人组成的校董会根本不愿主动服从宪法废除种族隔离制度的规定。

克罗塔·斯科特·金（Coretta Scott King）自小生活在派利县，对于 20 世纪 30、40 年代，该县黑人社群生活实态的描述自然十分鲜活。这种生活往往围绕教堂展开。这一时期，黑人教会的传教者在布道时，很少会直接触及黑人生活的悲惨境遇。"他们从不在神坛前谈及民权或者种族隔离制度。这个话题太过敏感，太过危险。"即使当黑人在乡村商店门口遇到，谈及自身遭遇到的不公待遇时，也往往仅仅发发牢骚，认为情况不会改善而已。当时，金每天需要步行前往一间木质、未进行任何装修的学校上学，这个只有一间教室的学校共有 6 个年级，100 多位学生。同时期，白人孩子可以乘坐校车，去单独的砖砌学校上学。[21] 后来金考入了当地的林肯模范学校，这个半私立的高中始创于 1867 年。对于美国南方的学校而言，林肯并不是一个常见的名字。这所学校被冠以林肯的名讳，主要是因为其创办者是一位南北战争期间被解放，并参加联军的农奴。直到 20 世纪 40 年代，这所高中并入派利县立教育系统后，才开始逐渐出现白人教师。[22] 在内战后重建时期，这所学校毕业的很多黑人都曾担任公职。后来，这所高中因为升学率奇高而出名，事实上这所学校毕业生中有相当比例最终获得博士学位。[23] 当安德鲁·杨初到此地时，曾由衷感佩，这片荒凉土地上居然蕴藏着如此丰厚的文化底蕴。[24] 为了能够在林肯高中上学，金需要支付学费，并且因为路途遥远，不得不寄宿在马里恩镇。

在镇上，金和另外几位同学被白人孩子称为“黑鬼”，而金她们反讥这些白人孩子是“白色垃圾”。

就读林肯高中需要支付不菲的学费，这使得大多数黑人孩子望洋兴叹。派利县是阿拉巴马州最贫困的地区之一。1959 年该县人均年收入为 1675 美金，黑人人均年收入只有 980 美金。派利县年收入超过 1 万美金的家庭，占该县总户数的 2.2%。黑人家庭只占这 2.2%家庭的 5%。超过 9.1%的黑人家庭年总收入不超过 3000 美金。而该县家庭年收入不足 1000 美金的贫困人口中超过 8.8%是黑人。尽管该县失业率不足 7%，但在每天无所事事的人当中百分之 86%仍然是黑人。就业不振导致黑人的生活极端不堪。[25] 1960 年，派利县 78%的人口仍然生活在农村地区，农村超过 71%的居民为黑人。该县超过半数的住宅没有自来水，只有三分之一的家庭拥有抽水马桶。剩下的三分之二家庭或者有旱厕，或者连厕所都没有。更难想象的是，该县超过三分之二的家庭没有淋浴设备。[26]

在派利县，黑人儿童无法享受和与白人孩子相同质量的教育服务。该县 25 岁以下黑人，平均受教育水平为 5.6 年，也就是说小学没有毕业。该县获得学士以上学位的黑人，占全体黑人总数不足 2%。1960 年，该县被大学录取的 34 岁以下的 439 名考生中，黑人不足 8%。[27]

尽管派利县的黑人生活贫困，与白人生活隔离，备受侮辱与不公对待，但还是有很多黑人勇敢坚持理想，努力寻求独立与人生尊严。实际上，派利县走出过很多位受过良好教育，在社会上享有崇高地位的杰出黑人。例如，拉尔夫·爱伯纳斯(Ralph Abernathy)〔2〕的岳父家就位于联盟镇郊，房舍宽大宏伟，绿树成荫，门前的篱笆也好像总是刚刚粉刷过一样。[28] 而在安德鲁·杨看来，派利县的黑人农民，在他所接触过的南方黑人中，最勤劳肯干，最淳朴率性。[29] 从这个意义上来看，1962 年“派利县民权联盟”(Perry County Civic League)的成立，无疑是黑人不满情绪累积后的爆发。联盟发起者承认，在数次试图参与选民登记受挫之后，他们开始意识到，有必要成立组织，进行抗争。[30] 在班克斯牧师的倡导下，十二三位黑人聚

〔2〕拉尔夫·爱伯纳斯，生于 1926 年 3 月 11 日，卒于 1990 年 4 月 17 日。美国民权运动著名领导人，曾领导全美各地黑人向华盛顿的大游行运动等。

集在一起，商讨了选举问题的重要性，并最终组成了这一联盟。这一社团并未受到外来的任何影响，纯属本土性质。[31]班克斯在给一位司法部律师的信中，不无兴奋地写道："我们已经集结完毕，只等你的信号一起，就能形成燎原之势。""只要司法部提起针对派利县选民登记委员会的诉讼，我们就能准备好针对这些家伙的确凿证据。"[32]

派利县民权联盟的首任主席是阿尔伯特·特纳，作为以捡拾棉花为生的农奴后代，特纳在这片土地出生，在这片土地长大。在林肯高中毕业后，特纳后就读于阿拉巴马州A&M大学，他精力充沛、意志坚定、勇气超群。[33]一位律师曾回忆，特纳虽然是大学毕业，但他的行事风格却和人们印象中的高校毕业生格格不入，他体格健壮、皮肤黝黑、说话语调缓慢且有乡村口音。[34]特纳曾在1962年说过："作为一个初出茅庐的大学毕业生，我认为自己通过选民资格测试肯定没什么问题，但没想到那些人给我们各种绕来绕去的测试，没完没了。"[35]当特纳于2000年过世时，有人曾这样评价："很少有人会和特纳一样，在像派利县这种地方组织民众，并且甘冒风险、直言不讳地谈及这些问题。"[36]《纽约时报》则专门撰文写道"农民之子：特纳先生生于1936年2月29日，出身贫寒，兄弟姐妹众多，从一度辍学打工，后毕业于阿拉巴马州A&M大学。1963年，凭借联邦法院做出的禁令，特纳先生和其他40多位黑人在派利县法院宣誓获得选民资格。特纳等人为争取选举权进行的诉讼，也为日后约翰逊总统签署生效的《1965年选举权法》建构了雏形。"[37]

特纳，他的妻子艾维琳(Evelyn)，与其他两位派利县民权联盟创始人斯潘塞(Spencer)、珍妮·胡戈(Janie Hogue)，奔波于各黑人聚居区，开始游说，他们还前往黑人教堂与俱乐部进行演说，甚至在某些时候干脆逐门逐户拜访黑人家庭。[38]他们鼓励黑人参与选民登记，指导黑人如何参与选举。对于尝试申请选民登记的黑人，他们也一一回访，鼓励其再接再厉。尽管一再受挫，并且面临包括地方官僚等方面的压力，但特纳等人选择了坚持，"我们坚信，总有一天我们可以获得选民登记。"[39]这几位民权联盟的活跃人士组织黑人，向联邦法院寻求帮助。甚至特纳还曾前往达拉斯，为申请选民登记进行造势，这似乎也印证了他在派利县所做工作的良好效果。他当时希望传递的信息就是作为纳税人，"黑人必须参与选举，黑人应该接受教育"。[40]外地的类似民权组织，如南方基督教领袖大会由衷感叹，"因为特纳的杰出贡献，派利县的黑人民权运动即将开花结果。”[41]在该民权联盟组织的活动中，黑人杰克逊死于镇压黑人示威的州巡警之手，并随即引发了从塞尔玛到蒙哥马利的大规模抗议示威运动。

如果像《1960年民权法》所规定的那样，指派联邦仲裁员，无疑，民权联盟的活动将会获得很大进展。民权联盟事实上也组织了规模浩大的书信请愿活动，要求指派联邦仲裁员。而这一运动也成为针对派利县选民登记委员会提起种族歧视诉讼的一个组成部分。此类诉讼主要由受到民权联盟激励申请选民登记，符合资格，但被选民登记委员基于种族因素横加拒绝的黑人提起。所有的这些行动都秉持着同一理念，即与选举相关的政府实践都应坚持种族中立政策。这一理念也体现在宪法第15修正案，及《1957年民权法》以及《1960年民权法》当中。很明显，各州负责选举的官员，不得基于种族身份剥夺他人的选举权。而且，如果真的发生此类事件，联邦法院得采取行之有效的救济措施。然而，派利县的黑人却需要面对两大障碍：选民登记委员，以及联邦法官。

丹尼尔·托马斯法官

司法部代表美国联邦政府，向阿拉巴马州南区联邦地区法院提起诉讼，该院当时只有一名法官，即丹尼尔·H. 托马斯（Daniel H. Thomas）。托马斯法官的出生地是东部紧邻派利县的奥他加县（Autauga County）。托马斯的父亲是一位成功的商人，并曾担任布克·T. 华盛顿（Booker T. Washington）创建的塔斯克基学院财务负责人。托马斯法官1929年毕业于阿拉巴马州立大学，获法学学位。他态度和善、平易近人，十分热衷于童子军等社会活动，也是乡村俱乐部的积极参与者。2000年，93高龄的托马斯法官逝世。他的墓志铭上刻着：“这里埋葬这一位热爱司法事业，热爱同人共事的正人君子。对此，有目共睹。”[42]在告别会上，阿拉巴马州选出的联邦参议员杰夫·塞申（Jeff Sessions）致辞：“托马斯法官供职司法界多年，并曾亲历那段非常艰困的民权运动历史时期。他毕生致力于践行法律面前人人平等这一理念。”[43]但对于这一褒奖，很多经历过那个时代的人似乎并不会认同。

和当时很多法律人一样，托马斯法官在法学院所学宪法在后来，特别是他披上法袍的时候，开始面临越来越多的挑战。1927年，在托马斯法学院二年级的时候，法瑞阿(Farrah)教授开始为其讲授宪法,其所适用的教材是豪(Hall)所著《案例宪法学》(Cases on Constitutional Law)。[44]包括1926年补充的附录,该书共1867页。在这本教材当中,密西西比州宪法虽然限制黑人选举权的意图明显,但字面表述上,并未存在明显的种族色彩,因为符合所谓"种族隔离但平等"理念,因此可被视为合宪。[45]或许托马斯法官当时应该学到,国会有权禁止威胁黑人不得参与国会议员选举活动的行为[46],但该法已被废止。[47]也会学习到奥克拉荷马州的"祖父条款"(Grandfather Clause)〔3〕违反了宪法第15修正案。[48]托马斯所学宪法教材中,"通商条款"(Commerce Clause)长达数百页,而涉及选举权的只有9页,虽然篇幅很短,但却涉及到几乎所有选举中的种族歧视问题。或许托马斯还学到了其他和种族歧视问题有关的判例,但他显然并不熟知联邦最高法院哈兰大法官(Justice Harlan)在"普莱西诉弗格森案"中所发表的不同意见。更或许,托马斯在书本上学到的种族歧视问题的宪法理解是不全面的。例如,当时,田纳西州法规定,只有在兄弟姐妹出生的时候就是自由人,并且只有在其没有留有遗嘱的情况下,其他兄弟姐妹才可以继承死者遗产。因为继承属于州法规制的范围,因此这一规定被认定合宪,也就是说,这种规定在法院看来并不存在种族歧视问题。[49]托马斯或许也学会了使用美国西部公司开发的关键字检索系统,这一系统于19世纪开始推广,整合了当时各种理念、思潮及观点,也在方兴未艾的民权运动活动中,留下了深深的烙印。[50]

毕业之后,托马斯曾长期从事私人法律执业,二战其间曾参加美国海军。后于1951年被杜鲁门总统任命为该地区联邦法院法官。显然,这是用来回报托马斯在大选期间,对于其所在党派的支持。当然,对于托马斯法官在种族歧视问题上的真实态度评价不一,甚至有很多批评声音。一位知名历史学家宣称,尽管很多民权运动领袖认为托马斯是一个种族分子,但事实上并非如此,他只是白人现代化进程中的一个悲剧的缩影。托马斯没有任何理由去质疑地方白人领袖的游说,一旦这些

〔3〕"祖父条款"是指美国内战后,违反宪法第15修正案,在美国南方十余个州禁止黑人获得选举权的法律。该法规定,在1867年之前享有选举权的选民,如果无法满足受教育程度、财产状况以及纳税情况等条件,将被剥夺选民资格。这实际上就剥夺了黑人等有色人种的选举权,从而为美国种族隔离等不平等奠定了基础。

人对于自己的行径进行了辩解，哪怕只是看起来具有一点合理，托马斯法官就立刻相信了这些说辞。[51]如果要真正理解托马斯，就应该用心倾听伟大的美国作家、来自美国南方的爱多垃·威氏（Eudora Welty）对于民权运动蓬勃发展期，如何区分“作家”与“圣人”的看法：“在小说中，我们无法让故事中的人物显得机械，或者脸谱化，从而明白无误地表征他所具有的情感特质。人不能非对即错，非黑即白，非好即坏，更不是被敷上血肉、供人娱乐的对象。”[52]少数美国南方法官，如威廉·哈罗德·考克斯（William Harold Cox）毫不掩饰自己所持的极端种族主义观点，甚至在法庭上也对此大言不惭。和他们相比，托马斯显得较为不同。事实上，托马斯一直珍藏着一封知名非洲裔美国科学家乔治·华盛顿·卡沃（George Washington Carver）写给自己父亲的信，信中，卡沃对年青的托马斯律师大加褒奖，认为其聪慧过人，能言善辩，假以时日，必成大器。[53]有人认为，和考克斯法官不同，托马斯虽然大体上归属于坚持种族隔离制度一类，但有时也不免对于这一制度有所质疑。[54]托马斯法官的亲朋挚友都是白人，因此，同样身为白人的笔者不免担心，他在审理民权案件时会兴趣缺缺。

作为民权斗争风口浪尖地区的唯一联邦法官，在20世纪60年代早期，托马斯法官曾主持审理过一系列影响深远的标志性民权案件，在这个过程中，托马斯法官因能拖延审理而“著称”。[55]事实上，在托马斯法官看来，拖延是一种合法的审判技巧。他指出，自己拖了14个月才审结“摩贝尔县高尔夫球场种族隔离案”的理由是：事实证明，法院选择的判决时机恰到好处。因为自此之后，在这块高尔夫球场上，再没有因为种族隔离产生任何争端。[56]一旦托马斯法官真得开始审理案件，如果事实确凿无疑，有时也会做出有利于司法部的判决。但从历史上来看，他坚持不在判决中做出具有可操作性的救济措施，对此，也可以通过他之前的判例窥以一斑。据说就是因为这种情况，才催生了《1964年民权法》中规定，美国联邦总检察长有权要求，由三名联邦法官组成合议庭审理选举权争端，即著名的“托马斯修正案”。[57]这一时期，托马斯法官所审结的案件，在上诉过程中被推翻或发回的比例也相当高。[58]例如，在“摩贝尔县学校隔离案”中，他的判决被推翻了9次，第10次虽然上诉法院维持了原判，但最终仍被联邦最高法院所推翻。然而，即使在20世纪70年代，他仍然坚持自己拖延审理的策略是正确的，这种拖延可以避免发生流血冲突。[59]

托马斯的态度反映的其实是白人社会一种普世价值判断，根据研究：联邦地区法院法官通常都是本地人。他们往往和面临起诉的州府官员们隶属相同的政治派别，是同一条战壕的战友。法官本人的法律观点与法律态度，往往反映出该地区白人民众对于联邦法律的态度，因此容易受到地方民意的绑架。对于上级法院的判例，这些联邦地区法院法官以拖待变，并美其名曰"静待时机"——如托马斯法官所言，避免惨剧的发生——或许在他看来，公众对于法治的信心，会因为简单粗暴地推行联邦最高法院的判决土崩瓦解。而这，将直接威胁到他今后做出判决的公信力。况且，有谁想成为被自己生活的群体所排斥的人呢？[60]

亚历山大·比科尔(Alexander Bickel)认为，托马斯法官"很容易自欺欺人"[61]，尽管他的很多决定或许并非出自恶意，但绝对可能和其人性的弱点相关。[62]美国总检察长尼古拉斯·卡赞巴赫认为，托马斯法官"在处理民权案件时显得相当畏手畏脚"[63]。安德鲁·杨更加直言不讳，认为托马斯法官属于极端保守的种族隔离分子，十分不乐意用法院的权力抗制侵犯塞尔玛黑人民权的行径。[64]

阿拉巴马州联邦法官问题的研究者之一托尼·福瑞尔[65]，曾亲自访问过托马斯法官。他回忆说，托马斯法官亲口承认，自己在审理种族歧视案件的时总是小心翼翼，谨守法律的底线。显然，他并不想为自己判决所导致的结果负责，同时又想澄清自己是在依法行事。[66]鉴于某些美国南方法官不愿意执行联邦最高法院在"布朗案"中所作判决，有学者指出，"这里需要的是不同级别的替罪羊。就好像和校董会成员相比，联邦地区法院法官在坚持种族隔离制度方面存在优势地位一样，以此类推，联邦上诉法院法官所处地位要优于联邦地区法院法官，而联邦最高法院法官的地位要优于联邦上诉法院法官。"[67]托马斯法官持有的就是此类想法。

尽管在参与派利县案审理的联邦律师看来，托马斯首先是一个白人，其次才是一名法官。[68]但托马斯法官对此显然无法认同，他似乎非常满足于自己对于法律条文的遵守。司法部甚至一度试图获得针对托马斯法官的强制令。尽管针对法官要求此类令状并不罕见，而且在上诉法院批准了此类令状的情况下，被强制一方有权提出反对意见，但往往法官会选择沉默。[69]托马斯法官并未按照常理出牌，并且成功地以管辖权异议为由推翻了这一令状。[70]他坚持认为，包括这次在内，自己在十二年的司法生涯中仅仅收到过两次强制执行令，自己从未故意蔑视宪法、法律，或者上级法院对于上述规定的合法解读，并且自己也无意这样做。他抱怨说，司法部指控自己公然违背法律的说法纯属无中生有。[71]但实际上，司法部的说明中并未涉及任何与托马斯法官好与不好，或者相关动机的问题。除极端案件外，避免猛烈抨击法官，是一项基本原则。[72]联邦政府方面关注的唯一问题与法官本人的内心状态无关，而仅仅考察其是否犯过法律错误。

在接手司法部起诉的第一个案件时，托马斯法官的观点就十分明确：在履行法律神圣的职责时，我注意到，本案涉及十分典型的社会问题。阿拉巴马州达拉斯县具有其他地方没有的特殊性。更有很多在其他地区因为政治因素被掩盖起来的问题。因此，这些问题应该由人民，而非法院来加以解决。[73]根据阿拉巴马州南区检察官的描述，托马斯法官认为自己需要捍卫"人民"的利益，即生活在黑人聚居区当中白人的利益。[74]与此类似，还有人也注意到，"托马斯对于白人的所有呼声都不加选择地予以支持。"[75]在庆祝西伯恩·H. 雷恩(Seybourn H. Lynne)〔4〕担任联邦法官二十周年致贺文章中，托马斯法官盛赞雷恩法官"在维持美国司法体系稳定性方面所作出的贡献"[76]。当然，达拉斯县的问题与种族隔离制度有关，而维持该县稳定性的唯一办法，就是继续保留白人的主导权。这种态度也反映在托马斯法官对于"派利县案"的处理结果当中。虽然托马斯自认为上述言行并不违法，但事实无可辩驳地证明，时间揭示真相！[77]

托马斯缺乏哲人荷尼·福恩·哈伯尔(Honi Fern Haber)笔下的深邃的思想："任何人都无法逃脱固有的偏见，从完全中立的角度、价值无涉地审视问题。但值得一提的是，偏见只有在达到偏执的程度、讳莫如深时，才真正危险。"[78]因此，托马斯本人无法真正做到公正中立。鉴于此类法官数量众多，因此民权法中规定了很多条款，意在保证负责选举的官员在相关实践过程中，严格遵守程序法与实体法，以期避免最终将问题付诸法律。

〔4〕西伯恩·H. 雷恩，1907年出生，2000年去世。美国任职时间最长的联邦法官，1963年，曾作出判决，禁止当时阿拉巴马州州长华莱士从学校中驱逐两名黑人学生。

诉讼过程

1964年，派利县选民登记委员接到了联邦法院的禁令，要求其不得再有任何种族歧视行为。1962年8月，美国联邦政府对其提起诉讼，并为了尽早进入到听证程序，采用了一个惯常的诉讼技巧，即请求法院做出先期禁令。因为之前在上诉审判过程中，托马斯法官拒绝为当事人提供救济措施的判决多次被推翻[79]，因此这次托马斯并未久拖未决。1962年11月15日，听证开始后不到一个月，他就对于原告先期禁令的请求做出了裁定。而这，都发生在笔者进入司法部之前。可以想见，在短短的八九周内，完成从提交申请到最终应诉等大量工作，司法部联邦律师们付出了何等努力。

原告得到的结果可以说喜忧参半。在诉状中，联邦律师十分详尽地描述了选民登记委员的种族歧视手段，并基于这些事实，提出了若干法律意见与诉求，托马斯法官做出了大体有利于原告的判决。根据司法部提供的事实及法律依据，他略去了所有具体结论，仅简要概括了判决的事实根据，"1959年起，被告基于种族因素，从事了旨在剥夺黑人登记权的活动。"[80]显然，托马斯法官将原告方通过事实证明了的，被告从事系统性种族歧视行为的部分进行了省略。这使得其他人通过法院判决，只能推定被告从事了某些错误行为。该判决总体上禁止被告在阿拉巴马州派利县境内，从事任何基于申请者的种族或者肤色，导致或者剥夺其选民资格的行为。具体而言，被告不得违反阿拉巴马州的相关法律搁置黑人提出的申请；必须告知申请者其申请进程及结果，并解释拒绝理由；更为重要的是，如果黑人申请者满足年龄、公民资格、居住地等客观条件，具有读写能力，可以回答申请表格中相关问题，被告不得因为申请者犯下的非实质错误，拒绝其选民登记申请。[81]

尽管如果选民登记委员严格遵守上述禁令，或者联邦法院认真执行自己作出的判决，会有更多的黑人获得选民资格，但现实中，实际效果却不容乐观。政府方面在诉状的附录中，列出符合选民申请条件，但因为受到种族歧视而遭拒的黑人名单，并要求法院通过判决，认定这些黑人具有选民资格的判决。[82]但被告认为，这一要求无异于赋予法院选民资格认定者的角色。虽然之前联邦最高法院肯定了约翰逊法官做出的此类决定，被告仍然坚持认为，法律并没有强制法官一定要这样做。被告应当被赋予改正自己所犯错误的机会。托马斯法官听从了被告的建议，并未支持原告诉求,直接赋予原告诉状中所列黑人身份。被告似乎从这一判决中意会到,即使对判决阳奉阴违,也不用担心任何法律后果。更有甚者,因为判决书大部分语焉不详,因此选民登记委员可以钻其漏洞,例如,将“某些错误”解释为“申请人缺乏读写能力”等。总之,如果说一个对白人至上理念不太感冒的选民登记委员会,尚可遵守托马斯法官的这一判决,那么派利县选民登记委员会的种族态度绝非如此温和。

除了判决本身的疏漏之外,托马斯法官也未能在判决中对于涉案事实加以明确。例如,判决书对于原告提交的,针对黑人在申请选民登记过程中遭遇种族歧视的证据只字不提。除此之外,判决书更没有涉及 1962 年 11 月 26 日听证过程中某些白人证人的证言。托马斯·杰斐逊·瑞恩哈特(Thomas Jefferson Rheinhart)作证说,自己不会读写,选民登记委员本伯格(Bamburg)代其填写了申请表,自己则仅仅签字了事。山姆·史蒂文斯(Sam Stevens)作证说,虽然自己曾经接受过 15 年教育,但读写能力都十分欠佳,而是由自己的妻子代填申请表格。他甚至在庭审过程中无法准确读出申请表中第 20 项——“列举几项公民应尽义务”这一问题。还有两名白人证人承认,自己是把申请表拿回家填写的。例如,小查尔斯·吉尔(Charles Gills Jr.)说,选民登记委员梅敦(Mayton)将表格带至他上班的商店,他当晚在家将表填好后,第二天送到了梅敦家。[83]获得选民资格的白人当中,至少有 15 人的申请表是打印的,其中 1 份对于公民义务问题的回答居然直接引用自《韦伯斯特法律词典》。[84]大多数白人填写的申请表中,错误随处可见。正如原告律师总结所说,“白人,不需要接受文化水平测验、不需要按要求填写申请表、唯一要作的,就是为选民登记委员提供成为选民所必需的现成信息。”[85]

托马斯法官所作禁令极其概括,因此所能发挥的实际作用相当有限。可以想见,派利县选民登记委员会仍然会在歧视黑人时,无所不用其极,同时还会大肆标榜自己的中立地位。在法院判决后的三天当中,共有 324 位黑人提出申请,最后只有 17 人获得选民资格。[86]在等待两个月后,美国联邦政府又向托马斯法官所在联邦法院提起诉讼,指控选民登记委员会蔑视法庭禁令。1963 年 5 月,也就是政府起诉 5 个月之后,托马斯法官才最终做出裁定。这一次,他依旧没有认定任何具体事实,依旧没有认定任何争议问题,依旧没有给出新的法律意见。仅仅对于

1962 年 11 月所做判决进行了细化，要求委员每个月至少碰面两次，每次会面的时间从早上 9 点到下午 4 点。会面的内容主要包括，审查向联邦法院致信陈情的黑人申请者是否可以获得选民资格，每月就这项工作的完成情况，向联邦法院提交报告。有些不同寻常之处在于，法院要求原告将这一判决书面告之上述黑人，并宣称会在 60 日内，考虑被告的行为是否构成了藐视法庭。[87]

致法院的信

是哪些黑人向联邦法院致信？为什么这些黑人选择向法院陈情，而不是在法院已经作出禁令的情况下，向选民登记委员会提交申请？虽然派利县选民登记委员会对于黑人的申请大体持抵制态度，但在司法部律师萨德来看，派利县的黑人参与选民登记的热情高涨。显然，选民登记委员会的一味打压并未取得预期的成效。很多黑人甚至参加了专门的训练班，练习如何填写申请表。担任教师的黑人通常争取选举权非常积极，并且有成功经验。[88]在萨德来看，“司法部在派利县的斗争，给这里生活的黑人带来了新的希望，也成为推动黑人争取权利的最大动因。”作为这种努力的一部分，1962 年 12 月，派利县民权协会在托马斯法官做出判决之后不久，开始组织当地黑人写信陈情。民权协会的 4 位创建人，如特纳等人也在其中。但是在其他黑人社区当中，驳回黑人申请的做法，会有效地打击黑人的参选热情。如博克·马歇尔在 1964 年所指出的那样，“以不符合资质为由，驳回地方黑人领袖的选民登记申请，对于普通黑人的打击可想而知。”[89]但是，派利县的黑人却愈挫愈勇。

有人或许会问，为什么这些写信的黑人知道根据《1960 年民权法》，自己享有请求联邦法院认定选民身份的权利？[90]特纳等人不会自己研究相关法律。或许，他们得到了司法部新开设的选民教育项目的帮助。[91]或许司法部的联邦律师曾经告诉这些黑人，根据《1960 年民权法》，如果法院认定存在系统性的种族歧视，受害者有权直接向法院要求认定其具有合法选民身份。[92]用民权联盟创建人之一胡戈的话来说，事情的发生有时似乎顺理成章。“当黑人们无论如何都无法通过选民资格测试的时候，他们想到了司法部。可能是由汉普顿·李（Hampton Lee）负责居间联系。有两位联邦律师前往与其会面，并详细告诉汉普顿向联邦法院书面求助的具体程序。胡戈等人特地驱车将这些陈情信从另外一个县寄出，从而确保其信件会如期寄送给法庭。”[93]

司法部的一贯政策是，尽量保持民权事务部与民权活动团体之间的距离，各自独立行动。[94]但是这一点对于很多地方黑人领袖，如特纳等人而言，似乎并不构成任何障碍。例如，在他看来，自己和司法部的联邦律师约翰·多尔等人私交甚笃，20 世纪 60 年代，双方曾经有过十分紧密的合作关系。于是，一位联邦律师带领两位黑人，求见托马斯法庭负责行政工作的助理，宣称这 2 个人有希望交给法庭的文件。随后，派利县 173 位黑人所书写的陈情信件被转交上去，要求法庭赋予其选民资格。[95]民权联盟的参与，可以通过后来法庭的一份文件得以证明，“1963 年 8 月 6 日，3 名自称为阿尔伯特·特纳、艾维琳·特纳以及詹姆斯·卡特的人，以派利县公民及常住居民的名义，向法庭提交了 142 份书面文件，随后，法庭对于这些文件逐一进行了甄别。”[96]9 月，法庭又收到了 33 份陈情信。因此，在一个只有 5000 余人达到法定年龄，200 余人获得选民资格的县，民权协会在短短数月内就找到了 170 多名适格黑人申请选民登记，无疑是很令人感到吃惊的成就。[97]

第一组陈情信的书写格式相当规整，反映出这是团队作业的结果。信件的格式由特纳设计，同时也得到了吉米·李·杰克逊(Jimmie Lee Jackson)的帮助。[98]后来，正是示威过程中，杰克逊死于州巡警之手这一惨剧，在很大程度上催生了《1965 年选举权法》。

这就是 1963 年 12 月 28 日，艾维琳·特纳写给法庭的陈情信：“尊敬的先生：我的名字叫艾维琳·路易斯·特纳，是一名家庭主妇，高中毕业。我是一名黑人，现年 26 岁，从出生到现在，都生活在这片土地。1962 年 12 月 17 日上午 10 点，我前往县法院申请选民资格登记，一直等到中午 12 点 10 分，才被告之，选民登记委员会不再接受新的申请。这意味着我都没有获得接受测试的机会。我要求联邦法院判令，我可以获得选民资格。艾维琳·特纳。”[99]

地处路易斯安娜州[100]的一间联邦法院[101]也曾经收到过类似的陈情信[102]，该法院邀请陈情人专门召开了一次听证会。[103]听证之后，法庭做出裁定，向其中一些陈情者颁发选民资格证，同时，驳回了其他人的申请[104]，但允许这些人提出抗辩。[105]托马斯法官显然并没有参考这一做法，而是简单地将这些信件作为原告起诉选民登记委员会蔑视法庭的辅助证据。政府方面曾专门就此致信法庭，陈情的黑人，所根据的是 42 U. S. C. 1971(e)。[106]然而，托马斯法官告诉司法部律师，自己无能为力，唯一能做的仅仅是要求选民登记委员会，核查这 173 名写信黑人的资质情况。选民登记委员会告知这些黑人重新申请，153 名黑人又一次提起申请。最终，有 39 名黑人获得了选民资格，剩下的黑人再一次被拒。

1963 年 8 月，民权联盟又向托马斯法官提交了另外 142 份申请。这一次，艾维琳·特纳详尽地描述了选民登记委员的歧视行径，例如，一方面告诉白人申请者不需要提供保证人，另一方面又因为黑人没有保证人驳回其申请。[107]尽管陈情信一般都会明确要求法官认定陈情者的选民资格。但托马斯法官明确表示，这些信件不属于《1960 年民权法》所规定的选民资格确定范畴，理由是这些信件当中，没有为法官提供任何信息，供其认定申请人是否符合选民资格。[108]2 个星期后，华盛顿大游行爆发，马丁·路德·金博士发表了著名的演说《我有一个梦想》，将美国黑人与美国梦联系起来。对于托马斯法官拒绝将黑人陈情信视为申请的裁定，美国联邦政府提出了上诉，一年之后，也就是 3 位民权活动分子在密西西比州费城神秘失踪一个月之后，联邦上诉法院推翻了托马斯法官的裁定，认为根据《1960 年民权法》，应将这些信件认定为申请书。上诉法院认为，根据立法目的，美国南方的联邦地区法院法官，聪明睿智，掌握大量司法资源，因此一定可以找到办法遵从立法原意，铲除选举中任何形式的种族歧视。[109]这一判决，强烈暗示联邦地区法院法官指派联邦仲裁员。

艾拉·斯图尔特

如果要充分理解联邦仲裁员制度在派利县的适用情况，就不得不说到一位志向远大，百折不挠的黑人的故事。这个故事或许非常普通，但却有助于我们理解为什么美国国会最终决定，通过立法建构联邦仲裁员制度，确保黑人享有平等选举权。

1913 年，艾拉·D. 斯图尔特(Ella D. Stewart)出生在派利县，并在林肯高中获得高中文凭。在迁居伯明翰之后，艾拉最终完成了 11 年级的学业。除 1943 年至 1957 年在伯明翰生活之外，艾拉一直在派利县生活。在派利县，她拥有 51 公顷土地，在伯明翰拥有一处住房。在司法部律师詹姆斯·凯利(James Kelley)眼中，艾拉相貌出众、能言善辩、举止优雅、聪颖过人。[110]尽管伯明翰也存在种族歧视，但艾拉曾在那里获得过选民资格[111]，1962 年 12 月，托马斯法官做出上述裁定之后，她开始在派利县申请选民登记。她曾经先后两次和其他黑人一道，前往县法院申请选民登记，但连续两次都未申领到选民登记申请表，更别提填写申请表了。1963 年 3 月，她第 3 次尝试，这次虽然填写了申请表，但因为遗漏了一两个非常重要的问题，申请遭拒。1963 年 5 月 17 日，托马斯法官第二次做出判决之后，艾拉再一次尝试。尽管她在 6 月 13 日提交的申请表完全符合要求，但仍未成功。对此，登记委员会的解释是，她答错了一两道非常重要的问题，却没有告诉她究竟是哪道题错了。联邦政府经调查发现，艾拉仅仅在一道非常容易出现混淆的问题上犯了错误。这道问题询问申请者，当宪法义务与世俗义务发生冲突时，宪法义务是否具有优先性。艾拉的回答是"否"。尽管在这份申请表中，艾拉宣称忠于美国，但选民登记委员会还是以这个答案错误为由，拒绝了艾拉的选民登记申请。[112]

连续的挫折并未使得艾拉灰心，随后，她又分别于 1963 年 12 月、1964 年 3 月进提出申请，但这两次，她还是没有答对这一问题。艾拉承认，自己收到了来自于选民登记委员会的信，告之自己有道重要问题回答错误，但没有具体指明，她自己也想不清楚是哪道问题。值得一提的是，同一时期，3 位答错了这一问题的白人，却成功地获得了选民资格。更有一位白人申请者，本来答错了这一道问题，却在自己都不知情的情况下，由选民登记委员会主任改正了答案。艾拉在填写表格时得到的唯一帮助，就是被告知要仔细填写。除了遭遇种种刁难，艾拉还要经常在屡屡碰壁的情况下，凭一己之力，在偌大的法院办公楼中寻找经常变换办公地点的选民登记办公室，最终，被告知还需要提供一位白人保证人。[113]然而，她在 1964 年 1 月申请时，只提供了一位保证人，即阿尔伯特·特纳的兄弟，黑人爱德华。艾拉上述遭遇，亦可参见她作为原告证人，出庭为联邦政府指控派利县选民登记委员会蔑视法庭作证时所作证言。也是在这次作证过程中，在交叉质证环节，她才从辩方律师口中第一次知道了自己到底错在哪里。辩方律师布兰查德·麦克里德(Blanchard McLeod)质问艾拉："你对于这个问题的回答是，你所承担的世俗义务，优先于你需要承担的宪法义务？你需要首先服从这个组织的规定，而非美国法律及阿拉伯州的法律？"艾拉回答："我的确不是这样想的。"[114]

艾拉也是派利县少数求助于托马斯法官，要求获得选民资格认定的黑人之一。

1962 年 12 月 31 日，她第一次写信给托马斯法官。在信中，她告诉托马斯法官，自己已经在本县生活 5 年，现年 49 岁，黑人，高中文化，拥有 51 公顷土地。艾拉在信中详细地描述了自己屡次申请选民登记、屡次受挫的经历，并明确地要求法官认定其具有选民资格。[115] 1963 年 6 月 27 日，她第二次向法官托马斯写信，告知法庭她又一次因为答错了一个问题而被驳回选民登记申请。在这封信中，艾拉宣称自己向派利县与杰斐逊县支付税金，并认为自己应该享有选举权。[116] 这封信也最终成为联邦法院为其指派联邦仲裁员的根据。

从托马斯法官的笔记来看，他知道艾拉进行过 4 次选民登记申请，并且因为错误回答了选民登记申请表中问题 9(a)，申请未果，他也知道，很多犯有类似错误的白人直接申请成功，或者得到了帮助，得以改正错误答案。实际上，托马斯的笔记都可以被用来作为联邦政府方面的论证基础，例如，其中列明了白人，甚至人品极坏、根本找不到保证人的白人，都无需提供保证人，黑人却必须提供白人保证人。[117] 然而，托马斯法官却一如往常，采取拖延战术，直到联邦政府提出诉讼请求一年之后，亦即 1965 年 3 月，才最终做出裁定。但在此期间，艾拉寻求选民登记的努力却一直没有停歇。

联邦仲裁员

《1957 年民权法》是美国历史上第一部现代意义的联邦民权法。由于国会多数派领袖林顿 · B. 约翰逊(Lyndon B. Johnson)长袖善舞，本法得以顺利过关。在授权司法部针对地方县市提起种族歧视诉讼，以及寻求救济措施方面，《1957 年民权法》的态度非常暧昧，因此其象征性意义远大于实际意义。在约翰逊看来，这部绝非完美的终局性立法，而仅仅是开始："我们都知道这是起点，我们也知道应该从现在做起。"[118] 不到两年，立法的修改就变得迫在眉睫。1959 年，"美国民权委员会"(the United States Commission on Civil Rights)〔5〕认定，《1957 年民权法》在防

〔5〕根据《1957 年民权法》，"美国民权委员会"得以创建。之后，美国国会曾多次立法，重新界定该委员会的组织与权限。民权委员会秉持中立、超党派等理念，在全美范围内调查民权政策，督促民权立法。特别关注基于种族、肤色、宗教、性别、年龄、出生地等因素出现的歧视行为，对于美国民权保障发挥了重大作用。

止选举过程中的种族歧视方面作用甚微。该委员会发现,“如果要确保公民享有平等选举权,并保证其在即将到来的选举中投票,就需要为选民登记设定合理程序”,并因此建议国会,授权总统在各地任命临时联邦选民登记仲裁员,如果民权委员会发现,某地在选举过程中种族歧视受害人超过 9 人,就可以证明上述指控初步成立。在这种情况下,联邦仲裁员应为符合资质的申请者进行选民登记。对此,民权委员会成员、弗吉尼亚州前州长坚决反对,他认为将选举等重要职责赋予联邦政府,明显违背了美国建国先贤的初衷。[119] 但美国民权委员会则希望通过联邦选举选民登记仲裁员制度,规避联邦法院的掣肘,由行政力量来保证选举平等。

联邦总检察长威廉·罗杰斯盛赞民权委员会这一提议。然而,在他看来,这种提议没有现实意义。[120] 相反,他建议国会授权,由联邦法院指定联邦仲裁员,并将其正式纳入到司法体系当中。两种建议都提交给国会,除此之外,提交给国会的建议还包括,授权总统在适当的情况下指定联邦仲裁员等。至于国会如何遴选上述几种提案的秘闻,可参见丹尼尔·M. 伯曼(Daniel M. Berman)所著《一部法律的诞生:1960 年民权法出台前后》(A Bill becomes a Law: The Civil Rights Act of 1960)。[121] 来自南方的国会议员,对于任何介入这一地区选举活动的提议,都持坚决抵制态度。用一位代表密西西比州的美国众议院议员的话来说,“即使在南北战后重建那段‘黑暗’时期,美国国会也从未公开支持过类似于《1960 年民权法》这样,悍然干涉各州选举事务的立法。”[122] 对于上述四种不同意见,各自存在支持的声音。例如,究竟该由行政机关,还是由司法机关负责,指定联邦仲裁员?对于指派联邦仲裁员,是否应设立具体的标准?在联邦仲裁员介入之前,是否需要由地方选民登记委员先行审查申请者的资质?联邦仲裁员介入的范围专指联邦职位的选举,还是包括所有类型的公职选举?联邦仲裁员的工作方式是三方听证,还是单纯的一方面谈?

20 世纪 30 年代大萧条期间,美国通过立法设立了诸如“证券交易委员会”(the Securities Exchange Commission)、“全国劳动关系委员会”(the National Labor Relations)等免受司法制约,具有争端解决机能的联邦行政机构。因此,有很多人主张,应将联邦仲裁员的属性设定为行政性质,而非司法性质。甚至有很多杰出民权学者也倾向于这一观点。[123] 另外,也可以将联邦仲裁员纳入联邦司法系统。

司法，是美国传统维权部门，并且 1955 年，联邦最高法院[124]授权下级法院，在学校拒绝执行“布朗案”判决，终止种族隔离的情况下，有权介入并强制执行。”[125]在这个意义，主张由司法机关任命联邦仲裁员存在正当性。从长远看，联邦司法体系将不可避免地直接触及黑人选举权问题，因此，如果从开始就直接将其交由司法机构负责，显然会少走弯路，事半功倍。[126]

长期以来，美国各级法院的运作，都十分倚重于价值中立的“专业人士”，并将其作为自身司法资源的一部分。孑然一身的法官根本不堪大用。对此，有一位联邦法官甚至将这一做法追溯至 1345 年，当时“英国各地法院从伦敦聘请医生，检验受害人的受伤情况，诸如创口是否最近形成等”。[127]《联邦民事证据规则》也明确授权法院可以延聘专家证人。[128]也就是说，法官在审理选举权案件时，可以寻求外界的帮助。《1960 年民权法》为此专门设置了“仲裁员”这一职位，这正是法官可以倚重的力量。

这些民权法的立法目的，旨在将问题留在基层，即通过联邦地区法院法官与联邦仲裁员来处理黑人选举权问题，避免华盛顿直接插手。[129]例如，《1957 年民权法》授权美国联邦总检察长，有权通过诉讼，寻找涉及宪法第 15 修正案的案件的救济措施。如果经过审理，法院发现针对黑人存在体系性种族歧视，就可以适用《1960 年民权法》中规定的相关救济措施。选民登记申请人如果发现存在此类系统性歧视措施，有权向法院提出申请，要求法院认定自身的选民资格。如果负责选举的官员不允许此类选民参与选举活动，即构成蔑视法庭的行为。但只有曾提出申请，并遭到无理拒绝的，以及根本没有给机会提出申请的符合资质黑人，才有权享受这一救济措施。法院必须在接到申请 10 日内作出处理。《1960 年民权法》还授权法院有权在其管辖范围内，指定一位合格的选民担任联邦仲裁员。联邦仲裁员可以代表联邦法院受理申请、接受相关证据与报告。申请人宣誓后单独听证，申请人年龄、居住地，以及之前申请选民登记的经历，都将作为证据加以采信。最终，联邦仲裁员将报告抄送州总检察长与各方当事人，各方可提出不同意见，联邦法官最终将根据报告以及各方意见做出裁定。该法还明确了法院在认定选民资格时所应依据的标准：“申请人必须满足联邦法律、习惯以及州法中各项资质要求，这意味着，和一般选民资格争议案件相比，涉及种族歧视的案件中，对于申请人的资格标准要求更为严格。”[130]

很多批评人士预估，联邦仲裁员制度根本无法推行。美国参议员卡斯曼(Kasem)认为，“这意味着，一位南方的联邦法官，在南方白人至上主义的强大压力面前，指定一位同样来自南方的仲裁员，解决在南方地区极度敏感的种族问题。这无疑将使得美国南方的联邦司法体系，陷入万劫不复的深渊。”[131]参议院司法委员会也对于相关权力配属表示了不满，认为“选民登记与选举事务本来不应属于联邦司法的管辖范围，更为重要的是，长时间以来，美国司法体制效率的低下有目共睹”[132]。在法案表决前的最终辩论中，来自宾夕法尼亚的美国参议员约瑟夫·克拉克(Joseph Clark)提出：“联邦仲裁员制度很可能因为司法效率低下，案件积压等原因，使其无法成为有效保证公民选举权的救济方式。”参议员林顿·约翰逊坚持实用主义观点，说服司法委员会相信，这一措施目前看是合理的，也是现有条件下能达成的最佳解决方案。[133]该法通过之后，联邦最高法院大法官马歇尔曾评论道，《1960年民权法》的价值甚至赶不上印发该法的白纸。[134]实如法学家伊拉·迈克尔·黑曼(Ira Macheal Heyman)所总结的那样，《1960年民权法》缺陷明显：首先，很多南方黑人担心受到政治或者经济报复，根本不敢援引这一法条捍卫自己的选举权；其次，诉讼进程的拖冗，使得很大一批黑人无法在短期内享有选举权；第三，雷曼耐人寻味地提出，要求联邦司法保障黑人选举权的做法十分不明智。南方各联邦法院的法官，早因为废除学校种族隔离制度而备受压力，焦头烂额。同时再要求这些法官冒天下之大不韪，在存在替代措施的情况下，强行执法，无疑让其承担生命不能之重。黑曼认为，黑人即使得不到联邦司法救济，也不会为了投票权居家迁徙。[135]民权委员会执行主任也认为，《1960年民权法》与民权委员会的建议版本相去甚远，联邦法官根本不可能去指定什么联邦仲裁员。因为联邦法院早已拥有类似的权力，因此对其再次授权无异于画蛇添足。另外，《1960年民权法》并未修正《1957年民权法》中存在的根本性问题，司法部仍有必要逐县地进行诉讼斗争。[136]

另一方面，很多批判意见认为，《1960年民权法》粗暴干涉州权。例如，来自路易斯安娜州的联邦参议员欧沃顿·布鲁克斯(Overton Brooks)就曾抱怨：“根据联邦仲裁员制度，美国在完全废除民主选举方面更近了一步，也向完全控制选举更近了一步，各州所享有的自治权已被逐渐架空。”他还指控这项立法是一项处心积虑的阴谋，专门针对的就是美国南方各州。来自阿肯色州的联邦参议员富布赖特(Fulbright)则将联邦仲裁员制度，与美国南北战后联邦介入各州重建所导致的“阉割”效果相提并论。“国会绝对不能再像内战后那样，往南方各州的伤口上撒盐。”来自佐治亚州的联邦参议员赫尔曼·塔马基(Herman Talmadge)则担心，联邦法院将州及地方选举事务交由联邦仲裁员独裁，并未对其设置任何现实的制约。[137]尽管针对将仲裁员制度纳入司法体系的看法多有指摘，但美国国会中来自南方各州的联邦议员们，更乐见其他备选方案的落败。[138]最后，还有一些人主打现在看起来十分粗鄙，但在当时却十分流行的种族牌：“我本人对于这些命运坎坷的兄弟们并无半分恶意，他们可能几年前还在非洲的丛林沼泽中，过着茹毛饮血的野蛮生活，直到最近，他们才被南方的白人兄弟解放出来。美国黑人在白人的指引下，取得了历史上从未有过的巨大进步。”[139]

对于支持联邦仲裁员制度的人来说，最大的问题莫过于这一制度高度依赖于于司法体系，后者也成为联邦仲裁员制度所倚重的基石。在时任美国总检察长的罗杰斯看来，借助联邦法院在衡平法方面的作用，将有助于相关法律的执行。同时，他还认为让总统指派所谓“联邦选举登记人”，并由其签发选民资格证书的做法，并不会真正产生积极效果，“这仅仅相当于一张观看丹普西对战佛普拳击大战(Dempsey-Firpo Fight)〔6〕的门票而已。[140]参议院少数派领袖，来自伊利诺斯州的参议员爱维瑞特·德克森(Everett Dirksen)，将这一法案看作是一种渐进性实现美国梦的适当举措。[141]博克·马歇尔后来评价说：“唯一可以作为联邦仲裁员制度替代方案的联邦选举登记人制度，和很多内战后美国重建时期立法一样，需要政府武力的强力支撑，一旦这种保障消失，相关制度也随即土崩瓦解。”[142]

联邦仲裁员制度可以有效规避冥顽不灵的地方选民登记委员，同时又不需要耗费大量司法资源。将这一职责交给司法部分承担，还可以减少联邦行政执法的

〔6〕1923 年 9 月 14 日，纽约，丹普西对阵佛普，争夺世界重量级拳王桂冠。其中，丹普西自 1919 年一直保持拳王称号，而佛普则是历史上首位有机会挑战世界拳王的拉美拳手。共有超过八万名观众到场，欣赏这场具有历史意义的比赛。丹普西成功卫冕。但比赛中两人的精彩发挥，使得其都成为万众瞩目的偶像。

冒进势头，从而维护联邦主义的保守特质。那么，这样一种权力分配和设置，是否如反对者所预言的那样必将失败呢？在很大程度上，这将取决于司法部与联邦法院的配合。能否达成预期的效果，需要取决于如下几个条件：首先，司法部必须在发现某地选举过程中存在系统性的种族歧视行为；其次，大量黑人申请选民登记；最后，如果符合选民资格的申请被驳回，这些黑人应向法院提出申请，法院应该根据适当的标准对其资格加以认定。

司法部所采取的策略十分明显，在《1960 年民权法》生效后，在所有选举权案件的诉讼过程中，司法部都会试图证明存在体系性的种族歧视，并以此希望启动联邦仲裁员这一救济措施。截至 1965 年 4 月，各地联邦法院已经在 18 起案件中，认定系统性种族歧视问题存在。[143]在其中几起案件中，代表美国联邦政府的司法部曾要求法院指派联邦仲裁员[144]，而托马斯法官也曾威胁，如果达拉斯的选民登记委员不在 1965 年 6 月之前，将所有黑人的选民登记申请处理完毕的话，将指派联邦仲裁员处理达拉斯县的选民登记申请，但只很少的黑人，会选择直接向法院提出此类申请。其中，有一个法院并未选择指派仲裁员，而是自行审查了申请者的选民资质。[145]在派利县案中，托马斯法官的确指派了一名联邦仲裁员，后来，还将指定其负责达拉斯县案中的黑人登记申请。[146]因此，一切都要看托马斯法官，和他选派的仲裁员奥兹马斯·兴格勒·博克（Ozmus Sigler Burke），如何根据《1960 年民权法》设定具体的规则和标准了。很大程度上，这两个人的工作成效，将成为检验该法利弊得失的试金石。很显然，如果在派利县，仲裁员制度运转良好，那么就有理由在其他地方推而广之。如果效果差强人意，那么其他替代方案将再一次被摆上台面。

正如在国会辩论过程当中，反对本法通过的联邦议员所言，尽管联邦仲裁员制度仅占《1960 年民权法》很小篇幅，但却问题多多。[147]例如，仲裁员通过何种渠道或者方式，才能获知厘定选民资质所必需的标准？尽管《1960 年民权法》对此有所涉及，但《1964 年民权法》才对其最终明确。进一步追问，谁可以担任联邦仲裁员？联邦仲裁员是否应该对于黑人，或者其他选民登记申请者，抱有某种同情心态？还是说要绝对中立？联邦仲裁员是否应当通过遴选产生？抑或将其完全纳入到联邦法院法官的自由裁量权当中？与选民登记委员的工作类似，这也是一份兼职工作[148]，不同的是，选民登记委员的日薪为 10 美金(约合今天的58.14美金)[149]，而联邦仲裁员的年薪为 1 万美金。因此，对于相关人选的选择，很有可能是一种结党行为，或者知恩图报，或者干脆自肥(笔者刚刚进入司法部担任全职联邦律师时，起薪才 7030 美金，后加至 8650 美金)。

联邦仲裁员应依据何种程序履行职责？联邦仲裁员是否应鼓励黑人参选？仲裁员应当依据何种标准认定申请者的资质？仲裁员是否需要考察申请表之外的信息？需要依据何种程序？谁应该回答这些问题？为派利县指派联邦仲裁员的联邦法官不愿积极插手选举事务，因此他所指派的联邦仲裁员所起作用也会显得十分有限。恰恰是这种实效不佳的现实，才最终导致了《1965 年选举权法》中，相对更为激进的"联邦选举检查员制度"。

截至 1963 年，还没有任何一位联邦法官指派过所谓"联邦仲裁员"。然而，后来肯尼迪总统向国会递交了一份民权法议案，其中就包括一项新的仲裁员条款。如时任联邦总检察长的罗伯特·E. 肯尼迪所言，"这项议案将授权法院，在适格黑人获得选举权比例低于 50%的地区，对于申请一再遭拒，并由联邦仲裁员进行过资格审查的黑人，采取暂时性救济措施。"根据其所掌握的数字，全美有超过 190 个县，适格黑人获得选举权的比例低于 50%。[150]这一点表明，肯尼迪政府开始尝试，将指定联邦仲裁员的职责从法院转移到司法部，虽然形式上，这一决策过程仍然归属于司法权限范围。也就是说，将由司法部负责调查，全美哪些县市适格黑人获得选举权的比例低于 50%，对于司法部的这一调查结果，法院必须接受，同时必须接受这些地区黑人的相关申请。[151]而且，联邦法院的自由裁量权也被进一步限制。例如，联邦法官所指定的联邦仲裁员，只能从之前由该地区司法委员会确定的名单中产生。对于联邦政府提起的平等选举权诉讼，联邦法院必须受理。在认定申请者是否有资格参与联邦选举活动时，法院必须依照"冻结条款"。并且，如果申请者受过六年以上教育，就应推定其符合选民的文化素质要求。但后来，这一条款被废止，取而代之的是要求由 3 名联邦法官组成合议庭，审理涉及选举权案件的条款。[152]《1964 年民权法》也采取了此项措施，同时，禁止选民登记委员因申请者所犯无足轻重的错误拒绝其申请。《1964 年民权法》正式出台后不久，针对派利县所指派的联邦仲裁员也开始了工作。

在联邦政府提出请求3年后，托马斯法官终于指定了一位联邦仲裁员，奥兹马斯·兴格勒·博克，一位来自邻近黑尔县（Hale County）的白人律师。需要指出，黑尔县适格选民的登记比例甚至还不如派利县。[153]众所周知，博克是联邦第五巡回上诉法院法官沃尔特·盖温（Walter Gewin）的学生。从执业经历来看，博克之前没有任何从事民权事务的经验。事实上，指望托马斯法官能够指派一位真正中立的联邦仲裁员，就好像希望他在审理种族案件时保持中立一样不切实际。他之所以作出这一选择，似乎是在嘲弄联邦第五巡回上诉法院，“你不是要仲裁员么，我就给你找了一位仲裁员”。确定人选时，托马斯并未履行任何程序，也未向包括司法部在内的各方说明任何理由。博克与托马斯法官二人看似颇为投契，托马斯法官退休当晚，博克曾向其发过慰问电，电报只有只有一句话：“短暂的工作关系，一生的真挚情谊。”[154]

司法部之前毫不知情，直到有联邦律师从报纸看到了相关报道，才得知托马斯法官指派联邦仲裁员的动作。[155]因为约翰·多尔当时正忙于应付更为重要的“塞尔玛案”，因此，他决定让手下的年轻人负责与联邦仲裁员相关的工作。[156]作为欠缺实践经验的菜鸟律师，笔者被分配从事这一工作。10月18日，也就是在博克提交第一份报告两天之后，笔者前往托斯卡洛萨，与多尔以及另外一位联邦律师爱德华·奥康纳会合，与博克面谈。和托马斯法官一样，博克看起来咄咄逼人，他身材魁梧，说起话来带有浓重的地方口音。显然，黑人对于他是否客观公正的担心，绝非空穴来风，而他，又是根据《1960年民权法》，出任联邦仲裁员的第一人。[157]在会见的时候，博克告诉联邦律师，托马斯法官并未告知其任何评判选民资格的标准或者程序，只是说，“应该承认选民身份的，就应批准选民登记申请，不应该承认的，就不批准。”[158]联邦律师后来私下将博克称之为“恶人”。[159]然而，黑人申请者们却似乎可以从《1960年选举权法》中获得些许慰藉，理由是，该法规定，联邦仲裁员所适用的标准，不应比选民登记委员会所采用的标准更加严苛。另外，《1960年选举权法》中还有一些规定对黑人也看似颇为有利。例如，该法规定，申请者受6年以上教育的，就应推定满足文化程度要求。同时，不得因为申请表填写时出现的微不足道错误，驳回申请者的选民申请。多尔律师曾经向博克直言：“我不相信你能遵守法律当中对于登记申请与文化测试的规定。”[160]

黑人申请者的一丁点信心很快就灰飞烟灭了。正如联邦上诉法院法官阿尔伯特·塔托后来评价的那样："对于那些在派利县坚持申请选民登记的黑人来说，指望联邦仲裁员终结自身厄运的幻想，显然太过乐观了。"[161]事先，博克并未和任何方面讨论过他所适用的评价程序与评价标准，联邦律师也是在事后才对此有所了解。[162]事实上，博克可以通过阅读申请书中所包括的相关信息，审查申请者的资质。也可以参照路易斯安娜州的做法，举行针对申请者的听证会，但对二百多位黑人申请者，博克并未进行资料审查，而是向每位申请者发出了一份问卷。这种问卷并不等同于选民登记申请表，而是为黑人申请者设下的一个陷阱。艾拉等人收到的调查表内容包括：申请者的姓名、住址、种族、之前的登记记录及申请结果等——这些信息也大多可见于选民登记申请表。最终，申请者需要签字确认，"填表人保证，在自己认识能力范围内，填写的所有内容完整、真实、准确，否则将承担伪证罪的刑事责任。"[163]

博克似乎将自己的全部精力都放到了如何将自己经手的文件安排得井井有条这一问题上，对此甚至连最挑剔的人也发现不出什么问题。每个申请者都有专属的档案号，所有与其相关的文件都被合并到一起，统一放置。这使得即使在今天，也可以对其当年如何处理黑人的申请有所认识。

派利县的黑人们似乎并未因博克要求填写调查问卷而感到灰心，共有 209 人提交了填写完毕的问卷。事后不久，其中 60 人获得了派利县选民登记委员会批准的选民登记，还有 2 个人搬离了派利县。博克向剩下的人发出了听证通知。通知的抬头也反映出南方黑人与白人之间的不同社会地位，对于黑人的称呼一般是叫其名，如尊敬的艾拉，而对于白人的称呼，一般是叫其姓，如尊敬的斯图尔特女士。[164]对此，美国第五巡回上诉法院法官塔托评价说："到此为止，程序变得越来越复杂，这些程序对于黑人申请者读写能力的要求，甚至超过了之前白人选民登记委员所要求的程度。"[165]

派利县的黑人展现出持之以恒参与选举的决心。97 位黑人（只有 13 位接到听证通知的黑人没有出席）前往派利县法院大楼参加了听证活动，并被要求现场填写选民登记申请表。这些申请表中包括的信息大部分与正式申请表格类似，当然也包括了一些额外的信息，并要求申请者宣誓："填表人保证，在自己认识能力范围内，填写的所有内容完整、真实、准确，否则将承担伪证罪的刑事责任。”似乎嫌不够，博克还专门向选民登记委员会主任查证了20份选民登记申请的真伪。[166]除此之外，他还要求申请者根据其口述，听写宪法第五修正案[167]，并且回答他自己设计的，关于宪法第五修正案的4道问题，[168]以及阿拉巴马州和美国的《公民》测试题。博克宣称，自己5年级的女儿都可以答对90%以上的问题，因此，将过关正确率定在65%。[169]显然，博克要求的文化测试及公民测试水平，超过了选民登记委员会应要求的难易程度。联邦法院要求，如果申请者符合法定年龄、居住地、公民资格等要求，通过填写选民登记申请表与调查问卷能够证明应有读写能力的申请者，应为其提供选民登记。并且，不得因为填写表格时犯下的无足轻重错误拒绝其申请。[170]尽管多尔律师曾告诫博克，“对于黑人，文化水平测试的难易程度，不得超过获得登记的普通白人的文化水平”，博克对此的回答是：“尽管多尔先生和我对于适格选民的文化标准看法不一，但我坚信，我所否定的所有申请者，都不具备应被允许投票的文化程度。”[171]

在所有努力试图获得选民登记的申请者当中，也包括艾拉。她的申请表书写工整，回答准确，准确地听写下了宪法第五修正案的全部内容（这一点白人申请者无需完成）。这不仅反映出艾拉具有法定选民资质要求，她还告知博克，自己受过11年教育。根据《1964年民权法》，博克应该推定艾拉符合选民文化资质，并应赋予其选民资格。[172]艾拉的确在回答与宪法第五修正案有关的问题时遇到了问题，当然，这种问题是否属于错误可以探讨。语焉不详的问题是，“全国性的宪法文本如何称谓？”在阿拉巴马话语体系当中，“如何称谓”的意思就是询问具体名称。艾拉对其的回答是“宪章”。艾拉还认为美国有48个州（在她上学的时候的确如此），并将参众两院当成了两大政党。但是她正确地回答了阿拉巴马州的5个县，美国的5个州，美国首都及州府所在地，以及总统任期内死亡的话由谁继任等问题。另一位申请者吉米·李·杰克逊，从1938年出生，一直生活在派利县。杰克逊的申请表格填写工整，问题回答具有针对性。1964年10月，博克驳回了艾拉、杰克逊等109人申请选民登记的请求，认为根据州法，这些人不能参加选举活动。[173]他并未对自己的决定提供任说明，这一点甚至还不如被托马斯法官要求提供解释的选民登记委员。博克认定，只有24人，包括埃维林·特纳，符合选民资质。

至此,联邦政府提出进行事前禁令听证的请求已经过去了两年。博克10月23日提交报告,两周后就将举行总统大选。笔者负责审查博克提出的报告,并且提出相关对策。整体上,这属于对索姆特县、埃尔默县诉讼工作的收尾部分。因为莫贝尔县的庭审正在进行,因此笔者前往该县,入住百特豪斯旅馆(Battle House Hotel)。该县法院负责行政工作的威廉·奥康纳(William O'Connor)告诉笔者,托马斯法官告诉他,只能让笔者查看联邦仲裁员的报告,而不能查看联邦仲裁员经手的黑人登记申请。后来司法部出面斡旋,笔者才得以复制被申请选民登记成功的黑人申请表,但始终无法查询那些被拒绝申请的黑人的申请表,法院将这些资料做了保密处理。10月28日,笔者和托马斯法官面谈,通知司法部将要对于联邦仲裁员的报告提出反对意见,并且寻求在11月3日大选前,得到联邦法院的裁定。笔者强调,根据法律规定,司法部认为联邦法官有权对联邦仲裁员的报告做出裁定,或者作出暂时的资质认定,让符合选民资质的黑人可以参与这次选举。[174]法官告诉笔者,第二天早上到他的办公室面谈,但随后不久又打电话来告知笔者,因为已经与博克约好会面,因此会谈延后。

同时,笔者也在准备资料。通过逐份审阅前期收集的申请表,笔者归纳了21个要素,包括年龄、居住地、文化水平、读写的质量等等,并试图将这些要素同阿拉巴马州相关法律规定一一比对。根据笔者的评估,在110名黑人申请者当中,有82人,包括艾拉在内,符合选民资格。联邦最高法院认定,美国宪法并不禁止将文化测试,作为选民登记的前提条件[175],笔者非常明白,即使很多白人文盲同样能够获得选民登记,仍然不应该挑战这一规定。博克是历史上第一位联邦选民登记仲裁员,对于他的指控并没有什么现成的模式可供效仿。经过调查,并经司法部同意,笔者起草并提交一种后来被称之为"质疑联邦选民登记仲裁员报告之说明"(Statement of Exceptions to Reports of Voting Refree)的法律文书,并直接向联邦法官寻求司法救济,藉此希望保证艾拉和其他符合选民资质的黑人申请者,能够及时获得选民资格。10月30日,笔者向托马斯法官发出了相关说明及法律备忘录。这距离笔者第一次与托马斯法官接触,已经过去了一个星期,距离大选开始已不到一个星期。同日,托马斯法官做出裁定,同意联邦仲裁员之前做出的相关决定。[176]

或许因为司法部向其申请,暂时赋予符合条件的黑人申请者以选民资格,托马斯法官在选举开始之前，的确进行了一次听证。但听证日期为 11 月 2 日，第二天就是大选日。10 个月之前，笔者才初出茅庐，经过一段时间的历练，笔者这次真正接触到了民权诉讼的关键部分，即《1960 年民权法》中规定的联邦仲裁员条款。虽然笔者在法学院的同学大多供职于大型律师事务所，待遇丰厚，但他们很少能够有机会像笔者这样，接触到如此核心、意义如此重大的法律事务，如此深入了解联邦司法的运作情况，如此切实地帮助处于劣势法律地位的社会阶层。笔者对此深感自豪，深知责任重大。

笔者坚持认为，根据《1960 年民权法》，有 82 位黑人申请者满足获得选民资格条件。参照相关标准，笔者认为，尽管是否批准申请，看起来与申请者的文化水平相关，但连联邦仲裁员也承认，所有黑人申请者都可以自行填写申请表格。除此之外，对于大多数申请者来说，听写测试也应视为是一种文化水平测试。代表辩方出席听证的律师，只有阿拉巴马州总检察长办公室的高登・麦迪森律师。他的基本观点仅仅为阿拉巴马州不应成为本案被告。他还认为司法部适用的标准有误，"在联邦政府方面来看，只要是涉及选举权的案件，唯一可以适用的标准就是看这个人是否像个黑人，只要是黑人，就应赋予其选民资格。"[177]

在听证的最后，托马斯法官宣称，他将考虑这一问题。笔者随即指出，司法部认为，如果法官不支持这一观点，也应赋予这些黑人暂时的选民资格，但托马斯法官只是回答，会考虑联邦政府方面的要求。这不由得使笔者担心，本案的命运会像联邦律师 J. L. 柴斯特纳特（J. L. Chestnut）所说的那样，"托马斯法官在审理'莫贝尔县案'时，采取的就是他对民权案件的标准消极态度，考虑考虑，最后不了了之。"[178]但下午，笔者突然接到了电话，被告知，托马斯法官已驳回了我方的请求。[179]笔者随即致电华盛顿，上司多尔律师在电话里表示了祝贺，因为笔者毕竟还是从法官那里获得一个判决。也就是说，派利县黑人的参选努力，不仅受到了选民登记委员会、联邦仲裁员的打击，甚至连宣誓捍卫美国宪法的联邦法官，也对于这些努力熟视无睹。托马斯法官的这一决定，虽然意味着这些黑人无法参加第二天的大选，但却意味着司法部根据《1954 年民权法》获得了一个上诉的机会。笔者为此还致电联邦律师特纳，告知他这一消息。虽然日记当中并没记载谈话内容，但笔者仍记得这是一次电话长谈。第二天，特纳打电话告诉笔者，他已经联系了获得选民资格的24位黑人，这些人将一定参加投票。当日，笔者返回华盛顿，并且观看了剧作家波投德·伯莱切特(Bertold Brecht)的《伽利略传》，饶有意味的是，这是一部描写挑战僵化教条的戏剧。〔7〕

三面出击

托马斯法官的判决一出，派利县黑人争取选举权的工作随即在3个面向展开。司法部再一次上诉。然而，之前的那次上诉，从联邦地区法院宣判到联邦上诉法院驳回上诉，历时20个月，颇为费时。民权联盟等组织不会甘于等待。因此，这些组织坚持鼓励黑人申请选民登记，并且鼓励申请遭到选民登记委员会拒绝的黑人，向法院提出申请，实质上就是要求联邦仲裁员介入。对于选民登记委员与联邦仲裁员实施的种族歧视性措施，司法部不得不采取相应的对策。

上诉方面

当时已经成为联邦副检察长马歇尔首席助理的多尔，立即向马歇尔建议，应当提出上诉，并且越快越好，以便为司法部今后相关实践设定程序模式。[180]随即，马歇尔将文件转给了司法部负责上诉的部门，准备启动正常的上诉程序。但当时笔者的顶头上司诺曼要求笔者起草一份正式的建议给多尔，要求进行"紧急上诉"(Expedited Appeal)〔8〕。理由有三：首先，因为上诉人的权利亟待保护，冗长的上诉程序将在实质上违反《1960年民权法》。其次，联邦仲裁员博克与联邦法官托马斯的消极态度，使得黑人群众对于美国联邦保证其选举权的努力丧失了信心，从而不再积极主张权利。第三，因为博克是第一位联邦仲裁员，因此，联邦上诉法院有必要为今后类似的仲裁设定明晰的程序与保准。[181]

作为民权事务部的负责人，诺曼律师对于笔者的初稿又进行了大幅度的修改。

---

〔7〕贝尔托·布莱希特，1898年2月10日，生于德国巴伐利亚奥格斯堡。著名编剧、导演，产量颇丰。曾投身工人运动，并曾游历前苏联、美国等地，后于1956年8月14日逝世于柏林。布莱希特创立并置换了叙事戏剧，或曰"辩证戏剧"的观念。

〔8〕所谓"紧急上诉"，是上诉审的一种特殊类型，此类案件可以不受上诉案件排序的制约。只有在十分紧迫，且仅涉及书面审理等案件才允许提起"紧急上诉"，同时，对于申请"紧急上诉"的各方，对于审理结果能否提起上诉等权利存在一定差别。

在他看来，虽然《1960 年民权法》与《1964 年民权法》并没有所谓“紧急上诉”一说，但选举权案件的性质要求其必须速审速决。同时，他还强调，立法者绝对不会想到，联邦政府居然会对于自己一方的联邦仲裁员所做决定提起上诉。诺曼删去了黑人对于联邦仲裁员决定的感受，但保留了要求联邦法院设定仲裁程序的请求，从而让联邦仲裁员有章可循。预感到国会会出台专门的选举权法，诺曼指出：“或许有一天可以向国会提交议案，从而真正有效地结束选举中的种族歧视。”[182] 换句话说，在 1965 年暴力事件爆发之前，司法部早已从自身的经验，判断出现行法律在处理选举过程中种族问题存在不足。

2 月 19 日，也就是在阿拉巴马州巡警开枪射杀参加示威活动的黑人吉米·李·杰克逊不久之后，司法部代表联邦政府向上诉法院提交了动议。尽管动议的起草早于事件的发生，但事态的不断恶化，以及大规模示威游行的爆发，都加速了上诉的进程。动议认为，州官员无视联邦法，为了解决这一问题设立的联邦仲裁员，非但没有改善局面，反而变本加厉，因此必须采取果断措施。同时，从 1963 年 10 月至 1964 年 8 月，200 多名白人向派利县选民登记委员提出选民登记申请，160 人获批，同时期，341 名黑人申请者中只有 64 人获批。因此，每天，都有大量黑人该有的宪法权利遭到无理剥夺，虽然诉讼仍在继续，结果却遥遥无期。最后，本案的处理结果，将显著影响在达拉斯县联邦仲裁员的工作方式。[183]

司法部于 4 月向联邦上诉法院正式提交诉状。尽管无论从事实还是法律角度，一审判决结果被推翻的可能性极大，但司法部还是援引了立法目的与判例，来支持自己的三点主张：联邦仲裁员对于黑人申请者所适用的资格审查标准，比对白人申请者实际适用的标准更为严苛。退一步，即使联邦仲裁员或者法官对黑人申请者可以适用更为严苛的标准，联邦上诉法院也应要求托马斯法官，认定符合州法的那 82 位黑人申请者享有选民资格。[184] 换句话说，司法部希望托马斯法官不要再绕来绕去，对于明白无误的要求，就应该无条件遵守贯彻。

选民登记委员对于司法部的上诉，反应强烈。阿拉巴马州政府律师小弗兰克 J. 米载尔（Frank J. Mizell Jr.）代表阿拉巴马州选民登记委员会做了答辩。此人之前在美国国会召开的选举权法听证会上，也发表过反对意见。[185] 米载尔的主要观点是，联邦政府一系列行为的目的，旨在推翻将文化水平测试作为选民资格评价标准的做法。如果让没有文化的人进入到选民队伍当中，无疑将降低选民整体素质，很多文盲根本不懂得公民自治以及公民责任等。意识到自己所面临的问题，米载尔认为，冻结性救济条款仅仅适用于符合选民资格的种族歧视受害者。也就是说，选民登记委员会可以对于后来符合选民年龄资格，或者搬来本县等选民申请者适用更高标准。[186]

1964 年 6 月的最后一天，联邦上诉法院向托马斯法官传递了明确的信息。当时，众议院已经表决通过了选举权法，并正在交由参议院审议。上诉法院认定，联邦仲裁员使用了很多违法的判断标准，更不能接受的是，联邦地区法院法官对于仲裁员的此般作为无动于衷。联邦上诉法院注意到，司法部列出的 82 位黑人申请者，很多在后来已经获得了选民登记。剩下的 36 位黑人申请者，除 4 人之外，都符合对于白人选民申请者适用的资质要求。联邦仲裁员承认，即使这 4 人无法听写出宪法第五修正案的文本，但也有能力自行填写申请表格。如果申请者已经证明了其所具有的读、写能力，选民登记委员不得以申请者笔迹潦草或者有错别字，拒绝其申请。[187]联邦上诉法院要求托马斯法官认定这 36 位申请者的选民资格，因为艾拉之前已经获得了选民资格，因此，她的名字并未被包括其中。[188]

选民登记方面

在上诉进行的 8 个月当中，民权联盟并未停止自己的宣传鼓动工作。实际上，在 1965 年初，派利县的黑人已变得越来越激进。虽然遭到包括选民登记委员、联邦仲裁员以及法官的接连打压，但这些黑人仍然百折不回。"南部非暴力协作促进会"将这种热情推到极致，该组织活跃于密西西比州，后来，开始转移到塞尔玛和派利县开展活动。阿尔伯特·特纳曾回忆说，"南部非暴力协作促进会"成员来到当地，成立组织，鼓励黑人参选。另外，《1964 年民权法》为这一民权组织提供了新的斗争武器。根据该法，在所有公共场所都禁止种族隔离，而在派利县，所有的公共场所都实行种族隔离。受到鼓励的黑人开始去白人饭店就餐，并且黑人开始要求雇主，不再只让其从事简单性的辅助工作。随着越来越多黑人参与选民登记，其他地方的黑人也都闻风而动。特纳回忆，1965 年 2 月 1 日，约 300 名黑人在县法院举行集会，要求登记参选。这些人决定前往法院陈情，以期获得登记。而这也是本地黑人组织的第一次游行。[189]

同一天，黑人在一间咖啡店和一间小商店就餐，但第二天，14名黑人就因为拒绝离开咖啡店而遭到逮捕。约翰·路易斯(John Lewis)领导的"南部非暴力协作促进会"，与马丁·路德·金所组织的"南部基督教领导人会议"，都派人来到派利县，组织年轻人进行游行示威。1965年2月，约500名黑人学生因为在县法院前示威而遭到逮捕。阿尔伯特·特纳在该县组织了商业抵制活动。[190]民权联盟在当地一所黑人教堂组织了弥撒活动，马丁·路德·金、拉尔夫·埃伯南斯(Ralph Abernathy)以及弗莱德·沙特沃斯(Fred Shuttlesworth)等人一并出席，并发表演讲。特纳还组织请愿，要求派利县假释法官将该县选民登记时间由一个月两次改为每天进行。[191]随即，阿拉巴马州巡警开始与当地警察一道开始巡逻。

2月18日晚，在塞尔玛县阿尔伯特旅馆睡觉的笔者被电话铃声惊醒，这是一座单层建筑，几个星期前，马丁·路德·金就曾下榻于此。[192]一位联邦调查局探员告诉我，派利县县府所在地发生了大规模骚乱。当笔者开车赶到的时候，县法院四周戒备森严，州巡警在那里安置了兵营，荷枪实弹。后来获悉，在和平示威游行后，州巡警要求人群散去。尽管多数人返回了教堂，但仍有6个人被捕，并且吉米·李·卡特被射中。NBC记者理查德·维勒里尼(Richard Valerinani)遭到殴打，照相机被砸毁。[193]还有9名黑人因为不同伤势入院治疗。[194]即便如此，派利县的黑人仍不畏高压，坚持集会示威。[195]2月26日，卡特伤重不治。特纳与"南部非暴力协作促进会"领导人詹姆斯·贝威尔(James Bavel)和伯纳德·拉法叶特(Bernard Lafayette)协商，想组织黑人举棺游行，并将其尸体放置在州府大楼的台阶上。[196]如特纳所回忆的那样，"我们当时愤怒到了极点，想让乔治·华莱士州长看看吉米的尸体。"[197]后来计划发展成更具戏剧性的一幕，游行的起点改从塞尔玛出发，由此很多人可以开车前往。[198]

因此，从塞尔玛到蒙哥马利的游行最终成行。根据特纳的回忆，参加游行的人一半来自于派利县。[199]尽管之前，州巡警对于黑人示威的镇压发生在夜间，记者的相机也被摧毁，但这次发生在埃德蒙·派特斯桥上的镇压发生在光天化日之下，并且被随即报道，美国举国哗然。[200]其中《时代周刊》的报道颇为鲜活："一个黑人哭喊着，'催泪弹！'瞬间，到处都是白色和黄色的烟雾，空气中传来很多人的哭喊声。黑人不停地咳嗽，流血，在白人的追赶下四散奔逃。骑警的鞭子高高举起，马匹的蹄子肆意践踏，一位骑在马上的白人警官边策马追逐一位逃跑的黑人妇女，边高声喝骂，'黑鬼，不是想游行么，现在就让你游行！'"[201]紧接着，约翰逊总统发表全国讲话，宣布已将选举权法草案送交国会。总统演讲的辞藻华美，"遭歧视人民痛苦呼号，要求我们这个伟大国家，这个地球上最伟大国家的政府保障他们的尊严"。讲话中，总统回顾了已有立法的实效，"我所努力推动过的三部立法，在地方官员有意抵制的情况下，都无法保证黑人享有平等选举权。"这部选举法要传递的信息是，"立法简洁、确定，恪守宪法"，同时，"如果各州拒绝为符合资质的申请者提供选民登记，联邦政府将认定这些人的选民资格。"[202]这项提案实际宣告了联邦仲裁员制度的终结，而在很大程度上吸收了 1959 年民权委员会提议的积极部分。当听到约翰逊总统用"我们终将克服一切障碍"强调自己决心的时候，马丁·路德·金潸然泪下，白人至上主义者则瞠目结舌，黑人的民权运动，对于这些白人来说，毕竟如鲠在喉。[203]

在约翰逊总统发表演讲的第二天，托马斯法官对于原告所提动议做出了裁定。他认定，如司法部所证明的那样，选民登记委员对于黑人申请者的行为构成了歧视，并且违反了之前法院要求，不得仅因为一些无足轻重的填写错误，驳回选民登记申请的要求。他还认定，选民登记委员将听写宪法文本作为文化水平的测定标准，违反了《1964 年民权法》。他还强调，第五巡回上诉法院的判例[204]以及《1964 年民权法》，禁止对于黑人申请者适用比白人更为严格的测试标准。托马斯法官判令，如果提出选民登记申请的人数众多，选民登记委员会每天至少要登记 100 人以上；每次同时申请的人数不低于 8 人；申请者需要登记排号；清楚列明选民的登记时间、地点；通过能否自行填写申请表格来检验选民的文化水平；不得因为申请者所犯下的微小错误而剥夺其选民资格；除非黑人明确拒绝签署保证条款，否则不得以没有签署这一条款为由，拒绝其选民登记。最后，托马斯法官还提及了包括艾拉在内，若干位遭受到联邦仲裁员种族歧视的黑人。[205]

托马斯法官的判决，似乎提醒派利县选民登记委员调整其行为。在 4 月的两个登记日，他们共处理了 401 份申请，其中 396 份来自于黑人申请者。在数字上，这显然是一个巨大的增长。选民登记委员会共批准了全部 5 名白人申请者，以及

221位黑人的申请。在这个名单当中，就包括艾拉女士（参见表6.1）。1965年4月8日，她终于从选民登记委员会，而不是联邦仲裁员那里，获得了选民登记。但同时，还有175名黑人没有获得选民身份。联邦律师在审查相关材料后，认定这些黑人申请者中，有49人符合托马斯法官判决中所列明的资质要求。[206]尽管司法部要求，这49名申请者应当被赋予选民资格，但这意味着另外126名黑人不符合资质要求。对此，托马斯法官拒绝为其提供直接的选民登记，而是将其交给联邦仲裁员处理。[207]

表6.1 艾拉·斯图尔特尝试选民登记的经历

时间	行为
1995年	在杰斐逊县获得选民登记
1962年11月	在派利县苦等4个小时之后，未获得申请选民登记的机会
1962年12月	在派利县法院外等候申请选民登记未果
1962年12月	再次在派利县法院外等候申请选民登记未果
1962年12月31日	向联邦地区法院写信，要求法院赋予其选民资格
1963年3月	申请，未被告知申请结果
1963年6月13日	申请，遭拒
1963年7月27日	再次致信联邦地区法院，要求被赋予选民资格
1963年10月21日	申请，遭拒
1963年12月	申请，遭拒
1964年1月6日	申请，遭拒
1964年2月11日	为司法部所提动议提供证明
1964年3月16日	申请，遭拒
1964年4月23日	作为联邦政府证人出庭
1964年7月7日	申请，遭拒
1964年9月1日	向联邦仲裁员提交了完整的调查登记表
1964年9月23日	向联邦仲裁员提交了申请表，遭拒
1965年4月8日	成功从派利县选民登记委员会处获得选民资格

仲裁员方面

那些无理遭拒的黑人申请者，一直试图求助于联邦仲裁员。1965 年 2 月，博克批准了 7 位申请者的申请[208]，3 月，联邦政府又一次因为他拒绝登记 4 位申请者而与其产生了睚眦，这 4 位申请者有 3 位受过 11 年或者 12 年教育。[209]3 月，托马斯法官明确了仲裁标准之后，博克在测试申请者文化水平时略有放松，但大多数黑人仍然无法通过。[210]5 月，托马斯法官从联邦仲裁员处获得的报告显示，共有 22 位申请者获得批准，48 位申请者的申请遭到拒绝。还有一些人因为已经从选民登记委员处获得选民登记，或者其他原因遭拒。6 月，报告显示 25 名申请者获得了选民资格，146 人遭拒，还有一些人因为其他原因遭到拒绝。[211]而这两次报告都符合司法部于 1964 年 10 月提出后遭到驳回的情况说明。最后，1965 年 6 月 30 日，联邦上诉法院批准了原告针对联邦仲裁员裁决的上诉，但托马斯法官的做法则是将所有文件交给博克审查，并由其负责重新审查。

尽管托马斯作了判决，博克还是再次驳回了 68 名黑人的申请，在司法部看来，这些黑人都符合选民资质。对此，司法部在 1965 年 6 月再一次提出了例外性请求，但未得到法院回应，直到 1966 年 4 月，司法部再一次提请，以便让这些人能够有机会参与 1966 年 5 月的阿拉巴马州初选。[212]同一天，联邦地区法院驳回了司法部的申请。[213]也就是说，从始至终，托马斯法官一直尊重博克的意见。由于托马斯的个人倾向，以及其对于联邦仲裁员的信赖，导致他对于仲裁员的要求，远远低于法律的要求。

尾声

如前所述，“派利县案”成为《1965 年选举权法》出台的契机。1965 年 8 月 6 日，该法正式生效。尽管本法取消了针对选民申请者的文化水平测试，但 10 天之后，派利县选民登记委员会再一次拒绝了 105 名黑人的选民登记申请。[214]对此，联邦总检察长立即采取行动，在约翰逊总统签署选举权法生效仅两周之际即向该县派驻联邦检查员。泰勒·布兰奇描述了后面发生的事件，“1965 年 8 月 20 日，联邦选举检查员同时进驻阿拉巴马州的 9 个县，司法部的联邦律师们争相传阅一张照片，照片中，遭白人骑警枪杀身亡的吉米的老父亲，身体孱弱，握选举卡。[215]

在随后的6个多星期，仅派利县就有2460名黑人，从联邦检查员那里获得了选民证。”[216]

根据最早担任县府公职——派利县教育委员会委员的斯宾塞·胡戈的观点，越来越多的黑人开始参选。甚至黑人还能与白人结成联盟，选举有利于已的白人出任公职。现在，黑人开始左右地方政局的平衡，这意味着越来越多的黑人可以得到更好的工作，甚至担任地方部门的首脑。州立法机构中参众两院代表派利县的议员都是黑人。2002年笔者再次拜访胡戈的时候，该县3名选民登记委员中有2位是黑人，黑人获得选民资格已经不再困难。

胡戈说，在派利县，民权联盟仍然声势强大。2000年，阿尔伯特·特纳继任该联盟主席。自1998年，胡戈一直担任马里恩市议员。[217]

第六章 法律的成型：一座多少有些怪异的里程碑

《1965 年选举权法》是美国政治历史上的一座里程碑。但这座里程碑看起来多少有些怪异，说到底，这部法律的实质，仅仅是为了执行已经立法超过百年的宪法第 15 修正案。

——亚历山大·其萨：《选举权：美国民主正史》[1]

绝不让任何人将我玩弄，

将我玩弄

绝不让任何人将我玩弄，

直到改变命运的那一刻到来。

——民权运动歌曲

《1965 年选举权法》的诞生绝非平地惊雷，相反，之前付出的大量努力，多种力量的共同作用，催生了这部法律。其中，大量与选举权平等相关但执行效果欠佳的法律，勾勒了选举权法的雏形；风云激荡的社会环境，推动了选举权法的成型；前仆后继的法律人，搭建了选举权法的架构。

在很多人看来，黑人通过和平方式，主张《1957 年民权法》《1960 年民权法》以

〔1〕Alexander Keyssar, *The Rights to Vote: The Contested History of Democracy in the United States*, Basic Books (2006).

及《1964 年民权法》所保证的平等选举权，但却遭到阿拉巴马州骑警残忍、明目张胆地血腥镇压，因此，才最后美国国会出台《1965 年选举权法》。[1]掌握大量资源的执法官员，针对手无寸铁的黑人的滥权行为，成为压倒骆驼的最后一根稻草。对此，社会公众普遍反应，绝对不能坐视、袖手旁观。而这，给立法机构造成了制定新法的巨大压力。

故事脉络虽然老套，却中规中矩。但，这一话语忽视了两大关键要素：首先，发生在埃德蒙·派特斯桥的流血事件，表征的实际是在美国显而易见，却又坚若磐石的种族等级体系。这一体系的运转状态，在很大程度上取决于各级政府官员的执法。某些选民登记委员的确有意识地对于黑人进行差别对待，即使那些看似有意公正行事的选民登记委员，也毫无疑问地对黑人与白人申请者适用双重标准。[2]即使在《1957 年民权法》再次重申宪法第十五修正案之后，阿拉巴马州派利县、埃尔默县以及索姆特县的选民登记委员，仍然像鸵鸟那样对其视而不见。[3]即使在联邦总检察长罗杰斯调取相关案卷，甚至提出起诉后，这种行径仍然毫无改观。另外需要指出的是，这一看法虽然对于南方联邦法官在处理此类案件时的拖冗与暧昧态度多有指摘，但却忽视了在《1965 年选举权法》出台之前七八年期，司法部针对平等选举权所进行的大量诉讼的价值。事实上，这些诉讼在《1965 年选举权法》的形成过程中起到了至关重要的作用。

美国司法部所提起的相关诉讼，对于《1965 年选举权法》的出台产生了如下几点影响：

1. 研拟出选举权法所采用的法律规则；

2. 为美国国会行使立法权提供事实依据；

3. 和民权委员会的某些提议相比，这一法案将有助于司法部获得主导权；

4. 揭示出因为某些联邦法官无法恪尽职守，或者需要面对各方不切实际的需求，从而不能对其期望过高；

5. 揭示规范地方选民登记委员相关职权的必要性。

从历史发展维度来看，《1957 年民权法》仅授权司法部得针对选举中种族歧视问题提起诉讼，《1960 年民权法》进一步规定了帮助联邦法院认定选举过程中种族歧视受害人的联邦仲裁员制度。这一民权保障趋势，后来发展到《1964 年民权法》

中规定的“冻结性救济条款”，以及首个选民资质推定制度：任何完成6年制学业的人，都可以被推定为达到选民文化水平要求，当然，对此推定可以提出反驳意见。另外，《1964年民权法》也体现出美国国会对于南方联邦地区法院法官的不信任与不耐烦，例如，该法规定的所谓“托马斯法官条款”，要求对于选举权案件，司法部得要求由3名联邦地区法院法官组成合议庭进行审理，并要求联邦地区法院尽速审理案件。《1960年民权法》与《1964年民权法》折射出，美国国会逐渐认识到地方选民登记委员的无法无天，特别是其对于法院判决往往视而不见。《1964年民权法》是一种具有摸索性质的限制性规定，这实际上默认选民登记委员的工作带有种族歧视性，联邦法院对选民资质诉讼的审理需要更为明确的指引。然而，如果考虑到官方压制行为的暴力程度，以及黑人抗议种族歧视活动的规模，《1964年民权法》的成效显然差强人意。另外，民权团体的不断施压，以及南方白人至上主义的冥顽不灵，也构成了国会创立新法的主要推动因素。

总体来看，之前这三部民权法，都忽视了民权团体在选举问题上所坚持的三点核心诉求：废止人头税、取消文化水平测试，以及用行政认定的模式作为既有司法模式的补充，甚至完全取而代之。除此之外，《1964年民权法》仅仅适用于联邦选举活动。从这个意义来说，该法没有满足民权团体试图捍卫的核心价值，这些民权组织的诉求本身也往往存在很大缺陷，如相关诉求并未针对地区选举，并未要求各州修改选举法前获得联邦政府的批准；并不要求哥伦比亚特区联邦法院受理此类案件，等。

上述法律中存在的缺陷与漏洞，深深根植于美国法律传统与意识形态。充分的联邦保护受到来自于联邦主义、分权原则等不同方面的限制。从很大程度上，选举被认为专属于各州管辖的范围。《1965年选举权法》的出台，在某些人看来，是对于南方地区的一种惩戒与责罚，很多历史学家与大众媒体将南方各州刻画为积极主张种族平等的“重建主义”的受害者。[4]尽管宪法第15修正案并未禁止基于种族考量而对于选举权加以限制，但当今社会的主流观点都认为，应该由司法机关，而非行政机关，负责执法。另外，由于联邦最高法院两度维持了人头税的合宪性，至少可以认为，从司法角度来看，美国国会无权禁止各州选举法中的人头税条款。与此类似，因为联邦最高法院也维持了选民文化水平测试的合宪性，国会同样没有理由限制其作为选民登记的前提条件。

虽然存在上述法律与意识形态的特殊语境，但《1965年选举权法》却一反常态，跳出了之前三部法律渐进式改革的窠臼。相反，这部法律同时考虑到了废止种族歧视的价值观，以及采取更为有力措施，改变既有现状的实用主义考量。换个角度来看，那些鼓吹州权的狂热分子显然玩过了头。发生在埃蒙德·派特斯桥上的惨案打破了脆弱的平衡局面，变革的趋势已经无法阻挡。正如一篇发表在阿拉巴马某报的社论所指出的那样，“规定严苛、跨越颇大的选举权法获得通过。光天化日之下，林果少校带领阿拉巴马州骑警，在派特斯桥上痛殴民权示威者，目睹这一切的电视观众无不愤慨，这一愚蠢、残忍的行径使阿拉巴马州蒙羞。结果可想而知：阿拉巴马州通过了选举权法。”[5]

亚历山大·其萨认为，《1965年选举权法》的出台，是“多种社会、政治因素共同作用的结果：南方各州持续变化的社会经济环境；南方黑人向城市的移民进程；北方迁来黑人在选举中展现出来的强大实力；民权运动的强大活力；南方黑人二战老兵起到的先驱作用；美国与纳粹主义和共产主义斗争时，展现出来的对于民主的尊重与坚持，等等”。除此之外，他还列举了若干更具偶然性的动因，如“约翰逊当选美国总统；马丁·路德·金等民权领袖具有的超人政治智慧；以及将发生在南方的种族歧视丑行实时传递进美国千家万户的现代传媒，等等”[6]。显然，对于上述观点，异议较少，但其却对于试图执行、捍卫《1957年民权法》、《1960年民权法》与《1964年民权法》的联邦诉讼只字不提。然而，这些诉讼却至少在两个方面扮演着十分重要的作用：首先，将选举过程中种族歧视的严重程度公之于众；其次，建构起选举权法的基本框架。

单纯的某个惨案，显然不足以激发对于选举权法的全民支持。美国民众必须认识到，阿拉巴马州不仅仅残忍镇压黑人的民权运动，而且镇压的目的旨在维持、强化白人至上。媒体对于司法部所提起的联邦诉讼往往不加关注。民权组织早已意识到，需要将种族歧视的矛盾尖锐化，而塞尔玛县的警长吉姆·克拉克则通过粗暴镇压黑人示威群众“配合”了这一计划，这一事件也为电视媒体提供了绝佳的新闻脚本。平面媒体对此也丝毫没有放过。报道中基本上都会谈及种族歧视的现状，以及联邦政府试图通过诉讼途径改变这一现状所遭遇的困境。而在惨案发生后，这些报道也在不断深入。最后，甚至连很多南方白人也被种族歧视的严重程度所震惊。一位白人大学生曾将参加学校组织的旁听庭审经历，与自身某种内心醒悟结合起来："我被要求前往位于哈迪斯堡的联邦法庭，旁听您（约翰·多尔）代表联邦政府提起的选举权诉讼庭审。在那里，我经历了一次心灵的洗礼。在我的一生中，还从未目睹过像您所代理的这类案件，我看到了很多无论如何都符合选民资质的黑人申请者，以及很多没有文化、无法理解密西西比州宪法条文的白人申请者。旁听您的庭审，或许是我人生经历的最为重大的转折。

38 年后，约翰·多尔就这位学生所经历的心灵震撼，回忆了司法部提起的选举权平等诉讼所产生的影响："司法部民权事务部的联邦政府律师们，一直紧盯各地选民登记委员以及警方威胁、恫吓黑人申请者的行径，慢慢让国民了解到，在美国南方，一个黑人无论多么有教养，都几乎无法获得选民身份，相反，一位白人，只要还活着，就可以获得选民资质。在前后四五年间，通过一个个诉讼，最终推动了国会通过《1965 年选举权法》，也宣告南方选民登记种族体制的轰然倒地。[7]

一旦承认改革的必要性，接下来必须要回答的问题，就变成了应该如何改革。其萨认为，国会通过的立法，应该包括民权活动人士以及民权委员会等民权组织的诉求，并且应继承 18 世纪 90 年代夭折的"罗哲议案"（Lodge Force Bill）[2]的精髓。[8]然而，这种观点显然有以偏概全之嫌。首先，民权组织或者民权运动积极分子的主张，不能完全代表黑人民众的诉求。另外，虽然与罗哲议案一样，规定可由联邦官员负责选民登记与监督选举活动，但与罗哲议案不同，《1965 年选举权法》不仅仅适用于联邦选举，并且不依赖于司法介入。换句话说，选举权法的法源是多元的。司法部根据之前立法所进行的大量诉讼活动，为《1965 年选举权法》的出台提供了事实依据与法律框架。这一点，可以通过对比民权组织的两大类诉求加以说明：取消人头税与文化水平测试。

---

〔2〕此议案由联邦参议员亨利·凯博特·罗哲（Henry Cabot Lodge），同时也受到了参议员乔治·弗莱斯比·豪尔（George Frisbie Hoar）的支持。议案旨在确保选举平等，尤其是保障南方黑人，当时主要是共和党人的选举权。虽然宪法第十五修正案形式上保障选举权，但南方民主党人利用法律漏洞，架空了这一宪法规定，而罗哲议案最终也无疾而终。

民权团体废止人头税的主张由来已久。实际上，这一诉求甚至可被视为最为核心的主张。例如，1947年“全美有色人种协进会”认为美国联邦唯一不当之处，即通过适用人头税而限制选举权。[9]事实上，废止人头税也得到了某种政治支持。罗斯福总统就曾表达过废止人头税的观点，20世纪40年代，美国众议院就废止了联邦选举中的人头税要求。1947年，杜鲁门总统领导下的民权委员会，将人头税视为限制黑人参与选举的最后一道障碍[10]，随后的日子当中，杜鲁门支持在联邦选举中废止人头税。因为联邦最高法院认定，人头税本身并不违宪，因此这些立法建议仅限于联邦选举。基本的理念就是，尽管选举问题属于州法管辖问题，但美国国会有权就联邦选举进行立法。对此，连民权运动组织都持怀疑态度。[11]国会最终通过宪法修正案，而非普通立法，废止了联邦选举中人头税的适用。1962年，国会提议修宪，1964年，各州表决通过，美国宪法第24修正案正式生效。[12]然而，用宪法规制本来可以通过普通联邦立法解决的问题，可能会导致某些可以被解读为禁止在州选举中适用人头税的尝试成为不可能。

而且，政府方面通过诉讼方式执行先前三部民权法，特别是其中与选举权有关部分时，仅仅挑战了在选民登记过程中适用歧视性测试，以及运用恫吓或者其他方法防止黑人申请等两种做法。也就是说，没有专门针对人头税提出过诉讼。因此，联邦总检察长卡赞巴赫曾提出，“与文化水平测试不同，没有司法判例认定人头税违宪的记录。”同样也无法认定人头税的使用方式存在种族歧视倾向。享有选举权的黑人为数甚少。“如果不赋予黑人以选举权，那么黑人并没有任何缴纳人头税的内在动力，从这个意义上来说，适用人头税是否与种族歧视有关，高度存疑。”[13]因此，当约翰逊总统在埃蒙德桥事件发生后，提出选举权法议案时，唯一与人头税相关的条款，要求选民向联邦选民登记办公室缴纳此税。因此，针对人头税一直存在争议。民权组织和很多国会议员呼吁废止人头税。对此，司法部立场一直没有改变，即认为没有判例，支持废止人头税。

最终，司法部提出了一种折衷对策，这点也被纳入到《1965年选举权法》最终文本当中：责成总检察长立即启动质疑人头税合宪性的司法程序。从这个角度来看，选举权法对于人头税的处理方式，与其他歧视性措施不同。司法部并没有像主张废止文化水平测试那样，主张直接废止人头税，而是认定人头税违宪。也就是说，对于人头税采取了司法解决方案。另外，针对选举权种族歧视案件的管辖权，选举权法并未将其收归哥伦比亚特区联邦法院，而是将其交由案发地联邦法院，由3名联邦法官组成的合议庭加以审理。[14]简言之，因为缺乏先前的诉讼经验积累，对于人头税的质疑，仍以司法质疑为主，而非借由行政方式解决。

尽管存在一定共同之处，但文化水平测试与人头税之间差别明显。虽然联邦最高法院认定，在地方选举中使用上述两种限制措施合宪，与此相对，民权组织则要求废止这两种限制措施。和对待人头税的态度不同，司法部提起的诉讼主要关注各州对选民申请者进行文化水平测试的合宪性。几乎在每起诉讼当中，都可以发现文化水平测试的适用存在种族歧视。以约翰逊法官为代表的一部分法官，认定文化水平测试已经成为排除黑人参与选举的主要工具。但以托马斯法官为代表的大多数南方联邦法官，则清楚地表明，通过个案诉讼的司法方式解决这一问题，只能是画饼充饥。约翰逊法官与第五巡回上诉法院共同设计了“冻结性救济条款”，以期对于黑人与白人平等适用文化水平测试，从而解决在选举中存在的种族歧视问题。这些判例通过设定补偿救济措施与预防救济措施，落实宪法第15修正案。除首创这一救济措施，并将其适用于“梅根县案”、“艾尔默案”的约翰逊法官之外，还有将其适用于“索姆特县案”的格罗姆斯法官。另外一个极端，托马斯等联邦地区法院法官，即使在《1965年选举权法》即将生效之前，仍坚持拒绝适用冻结性救济措施。[15]从逻辑判断，适用冻结性救济措施，起码会在某些种族歧视猖獗地区，废止选举过程中文化水平测试的滥用。简言之，此种预防性救济措施旨在要求立法禁止滥用文化水平测试。

因为之前很多选民登记委员一直对非歧视性禁令阳奉阴违。因此只要立法不废止文化水平测试，就存在被滥用、排除黑人公平享有选举权的高度风险。因此，无论是从预防的角度，还是从弥补的角度，取消文化水平测试都已成为有效扭转局面的办法。美国国会可能认识到了这一点，在《1965年选举权法》第四条中规定，在本法的适用范围内，废止选举过程中针对选民登记申请者的文化水平测试。在谈及冻结性救济措施的时候，美国国会司法委员会提出，“因为在此之前的几十年当中，对于白人申请者并没有严格地执行文化水平测试，因此即使从现在开始公平地执行这一测试，也会导致之前不同种族间的歧视性差别被固定下来，而这，显然让人无法接受。”另外，从预防的角度，美国国会司法委员会也认为，无法保证文化水平测试会得到平等适用。[16]

司法部提起的大量诉讼为选举权法最终出台所做贡献，还体现在另外一个方面：这部法律的起草者，大多数是之前曾积极投身于执行《1957 年民权法》《1960 年民权法》以及《1964 年民权法》的联邦政府律师。约翰·多尔，时任联邦助理检察长，曾亲身参与过若干此类案件的诉讼工作，对于这类问题相当熟悉。所有审理平等选举权案件的联邦法官，都需要向多尔通报情况，多尔与约翰逊法官密切关系，与托马斯法官接触频繁。哈罗德·格林，作为司法部上诉及研究部门负责人，则负责修订工作细则。作为纳粹大屠杀的幸存者，格林坚持学习，并从华盛顿大学法学院夜间部毕业。后来，他成为一名颇具经验的联邦政府律师，并最终出任哥伦比亚特区联邦地区法院法官。梅根县案、派利县案等案件的上诉，即由格林及其领导下的联邦政府律师负责。副检察长阿齐巴德·考克斯(Archibald Cox)，在其助手路易斯·克赖巴恩(Louis Claiborne)的帮助下，为与选举权相关的诉讼提供大量宝贵建议，值得一提的是，后者出身于路易斯安娜州一个声名显赫的家族。克赖巴恩曾作为联邦政府律师，代理“美利坚合众国诉路易斯安那州案”，面对 3 名大法官组成的合议庭，他据理力争，最终迫使法庭认定，路易斯安娜州对于相关宪法条款的解读违宪，同时应适用冻结性救济措施。[17]司法部团队还包括总检察长助理巴黎福特·桑德斯，他负责司法部与美国国会的联络工作，并且后来获任总检察长。当时的副检察长卡赞巴赫则负责与阿拉巴马州州长华莱士、密西西比州州长巴内特等地方政治人物，就民权事务打交道。

鉴于 1965 年 3 月 7 日在埃德蒙桥发生的血腥事件，约翰逊总统发表了全国讲话，承诺出台一部行之有效的选举权法。[18]事实上，早在血案发生几个月前，联邦政府就对于新的选举权法产生了兴趣。[19]在约翰逊总统的指示下，司法部于 1964 年 11 月开始起草本法[20]，在总统看来，南方黑人选民所占比例极低的现实，不仅在道德上不可接受，在政治上也不正确。[21]12 月底，联邦总检察长向美国总统提交了一份备忘录，备忘录由格林起草，内容包括 3 项建议。[22]1965 年 1 月 4 日，总统发表国情咨文，提出“我们应当消除挡在获得平等选举机会前的任何障碍。”[23]几天后，约翰逊总统告诉马丁·路德·金，因为要优先通过关乎教育、医疗以及贫困问题的“大社会议案”(Great Society Social Bill)〔3〕,制定选举权法的时间将会延后。同时,约翰逊总统劝勉马丁·路德·金继续努力,迫使选举权法早日通过。[24]

在12月提交的备忘录中,联邦总检察长曾谈及若干妨害选举权平等的因素。除了种族问题外,这份备忘录还注意到了选举投票率过低的问题(例如,1964年总统选举过程中,只有不到62%适格选民参与投票)。对此,备忘录提出的解释是:(1)选民缺乏兴趣;(2)种族歧视;(3)各州选举权法中设定的较高门槛(例如居住期限、十分复杂的文化水平测试,等等)。相对于这3种解释,司法部提出了相应的解决办法:首先,行政部门提议修正宪法,对于选民年龄、最低居住年限、犯罪记录以及精神状态等情况加以明确,而这将结束各州用文化水平测试及人头税歧视黑人的做法。第二,通过立法,为联邦选举增设联邦仲裁员,这些人虽然也要遵守各州的选民登记标准,但并不会对其加以歧视性适用。因为存在联邦与各州分权的双层模式,立法必须与其保持一致。在这种双层次的选举结构中,联邦与各州适用不同的选民资质标准。最后,这份备忘录建议,可以在联邦政府的框架下建立一个机构,直接负责黑人选民登记比例较低地区的联邦与州层级的选举活动。类似建议,肯尼迪总统曾建议纳入《1963年民权法》,但遭到某些议员阻挠,最终未果。[25]

在1965年与马丁·路德·金的会谈中,约翰逊总统曾明确告知对方,“绝对不能再用乔叟说过什么,或者布朗宁的诗篇,抑或者宪法的某段条文,作为测试选民文化水平的标准。一旦废止文化水平测试,我认为应该在当地邮局,由邮局局长负责选民登记。这样安排当然具有所谓的地方色彩。如果邮局局长不给黑人提供选民登记,我将马上换掉他。我和联邦总检察长谈论过此事,他们将负责将这一安排落实。”[26]实际上,当时司法部正忙于将卡赞巴赫备忘录中的前两部分付诸实践,即草拟宪法修正案,并且起草与联邦选举相关的选民登记法案。[27]与此同时,民权组织与国会也都在准备相关的议案。到了2月4号,纽约州联邦众议员杰克布·吉尔伯特(Jacob Gilbert)提出了H. R. 4427号议案,这份议案被其命名为

〔3〕也有人将其译为“伟大社会计划”,主要指20世纪60年代,为了应对国内经济衰退、贫富分化等严峻社会问题,美国总统林登·约翰逊及其民主党同盟提出的一揽子经济发展计划,通过减税、扩大公共开支等手段,美国经济得以保持相对稳定增长,但也造成了包括环境、市场秩序等负面问题。

《1965 年选举权法》。吉尔伯特告知美国总检察长，自己的议案中体现了马丁·路德·金，以及相关民权团体的意见。[28]需要指出，吉尔伯特所提议案并不限于联邦选举，同时，在很大程度上吸取了卡赞巴赫向总统提交备忘录的第三部分，其特点为，由行政机关负责执行本法，设定联邦选举登记员职位等，并且，只有在针对选民登记申请者存在系统性歧视措施的情况下，才可以使用相关条款。在最终出台的选举权法当中，大致体现了上述理念。但选举权法仍然保留了文化水平测试，由地方上诉法院行使审查权，废止人头税等等要素。换句话说，议案的内容与选举权法的最终文本之间差异颇大。

如果没有发生流血惨案，很难想象约翰逊总统是否还会优先推动通过选举权法。埃里克·古德曼(Eric Goldman)、德里斯·克恩斯(Doris Kearns)指出，在约翰逊总统原本计划当中，选举权法本来应该排在社会改革法案之后，提交国会审议。1965 年，约翰逊总统试图推动的立法颇多，如《初级教育与再教育法》(Elmentary and Secondary Education Act)、《高等教育法》(Higher Education Act)、《医疗保险与医疗补助法》(Meidcare and Mediaid)、《水体与空气质量保护法》(Acts to Protect Water Quality and air quality)、以及移民法改革，等等。但“流血星期日事件”的意外爆发，改变了推动议案的次序，选举权法一跃居先。大卫·盖罗指出，由格林起草，并由联邦总检察长提交给约翰逊总统的一份白宫内部忘录，明确表明约翰逊总统有意在 1965 年，尽早推动将联邦选举登记员等规定纳入选举权法。[29]

但这样一种对于历史发展进程的整体臆测，显然偏离了问题的重心，因为无论对于选举权法的关注度发生何种改变，事实上，爆发血腥镇压事件并未改变选举权法的立法优先顺位。某些支持盖罗观点的学者或许认为，从 1965 年 2 月开始，司法部争取选举权平等的努力逐渐受到关注，同时，副检察长考克斯被纳入到选举权法的立法起草小组。而通常情况下，副检察长主要负责代表美国政府，参与联邦最高法院案件的审理，绝非参与立法活动。然而，1965 年 2 月 23 日，考克斯向总检察长提出草拟选举权法的建议，同时，建议立法废止选民登记过程中普遍适用的文化水平测试。在这份建议中，考克斯提出，文化水平、道德特质以及宪法文本的解读等测试，在很多地区被种族分子滥用，借此否认或者剥夺宪法第 15 修正案所保障的选举权。因此，他建议在此类地区，10 年内禁止适用文化水平测试。考克斯提出，“适用文化水平测试，黑人极低的选民登记率，毫无疑问是由基于种族因素，限制或者剥夺选举权所导致的结果。”进一步而言，教育机会的不平等更加威胁到了文化水平测试的公平性。因此，考克斯提出，应该立法规定，只要存在此类测试，就应推定种族歧视初步成立。联邦总检察长应被赋予执行上述规定的权责。

根据考克斯的建议，如果联邦总检察长及审计署主任认定某州存在系统性种族歧视，即可以向民权委员会申请调查，并可以向哥伦比亚特区联邦地区法院申请诉讼。因为地方选民登记委员往往会具有种族歧视倾向，考克斯认为，设立联邦选举登记员，只能为选举过程中的种族歧视受害者设置新的障碍。考克斯的建议，最终成为选举权法的重要组成部分。首先，不再像之前议案中那样，过度关注黑人选民登记比例过低的问题，而是将重点扩大至整体登记比例。其次，将选民登记比例不平衡的根本原因，归结为歧视性选民资质测试。第三，考克斯提出，不应彻底废止选民文化水平测试，而仅仅中止。第四，将执法权责明确归于总检察长，并明确由哥伦比亚特区联邦地区法院负责审理相关的案件，而非将其交由种族歧视发生地法院进行审理。最后，被考克斯认为将成为新的障碍的联邦选民登记员制度，也被纳入进来。

3 月 1 日，联邦总检察长卡赞巴赫告知约翰逊总统，之前所有民权立法，都无法达成立法意图，唯一的解决办法，只能是剥夺州对于选举活动的控制权。[30] 到了 3 月 5 日，也就是暴力镇压事件发生前两日，司法部已经完成了选举权法草案第一稿，其中包纳了很多之前版本的优长。根据考克斯的观点，这份议案第一部分明确，不得将文化水平测试作为认定选民资质的前提条件。而文化水平测试包括除犯罪纪录之外的所有理解力测试、认知测试、道德特质测试等。其他的条款还包括，首先应由民权委员会负责处理相关认定的审查，由哥伦比亚特区联邦地区法院负责相关争议的上诉审理。这一议案还授权总检察长在存在种族歧视的地区，指定联邦选举登记员。这些官员不仅可以有权认定申请者是否具有选民资质，还可以收取这些申请者缴纳的人头税。这一早期版本，承认人头税，并且包括联邦选举登记员制度。即便如此，这一草案中仍有相当部分内容被纳入到了最终的法律文本当中。

暴力镇压事件发生之后，选举权法的立法进程明显加快。三天后，议案草稿的各部分内容都已经开始确定。第二天，一份主要关注选举权法内容的不具名问卷发表，这份问卷的关注点在于，是否应当包括某些结论性认定，尤其是认定黑人被剥夺了公平教育的机会。这显示出一种与废止文化水平测试有关的误解。例如，如果认为选民登记已经排除种族歧视，是否可以恢复文化水平测试？（这一问题后来最终通过联邦最高法院得以认定）。另外，如果该成文法废止了各种测试，是否可以对于选民登记申请者适用较为简单的文化水平测试？各州是否可以拒绝已经完成六年制学业的选民申请？针对联邦登记员的指派条件，也存在大量不同看法。另外，是否允许联邦登记员收取人头税，亦或是干脆在这些地区废止人头税。最后，如何能够确保联邦选举登记员能够忠实履行职责。相关的替代措施建议包括，赋予总检察长采取民事、刑事行动的权力，宣布选举结果无效的权力以及监督选举进程的权力等。

3 月 12 日，又出现了两个新版本的立法草案，其中一个版本所标注的日期为 1965 年 3 月 12 日，另外一份除了上述日期外，额外加注“下午”的标记。这两个版本解决了之前草案中悬而未决的问题，例如，其规定，可以对于选民登记申请者适用经联邦总检察长批准后的测试文本，取消了人头税，所有经联邦选举登记员登记确认的申请者享有选举权，允许联邦总检察长针对违反选举权法的行为提起民事或者刑事诉讼。标注“下午”的版本中，还为该法案设计了具体的名称，这个名称与吉尔伯特议案的名称类似：《1965 年选举权法》。这一版本中第一次规定，不得对于总检察长或者审计署主任的决定提出异议。顺理成章，该法删除了与民权委员会相关的部分。后来的议案版本将所谓“联邦选举登记员”(Federal Registrars)改变为“联邦选举检查员”(Federal Examiners)，并规定，与此相关的诉讼只能上诉至哥伦比亚特区联邦地区法院。特别需要指出的是，草案新增的第八条中规定，“联邦选举检查员进行选民登记时，所适用标准不得比 1965 年 3 月 15 日之前地方选举登记委员会适用的标准更为严苛。”这一规定显然参照了考克斯议案中有关规定，也最终成为《1965 年选举权法》第五条。

很明显，议案相关内容的讨论，主要发生在司法部、白宫、国会以及民权组织之间。3 月 14 日，民权组织的主要游说者乔·罗奥(Joe Rauh)以及克莱伦斯·米歇尔(Claence Mitchell)提出了针对联邦选举登记员相关表述的建议。随即,相关议案文本细化了所谓“新增障碍”条款,地方政府可以向哥伦比亚特区联邦地区法院提出诉讼,主张其所适用的新选民资质认定标准不违反宪法第 15 修正案,以及主张该地区之前在选举过程中,不存在种族歧视问题。这被称之为选举权法的“例外条款”。

同时,白宫的工作人员也在忙于为约翰逊总统起草关于选举权问题的演讲文本。这份于 3 月 12 日起草的文本草稿还通过图表,对南方歧视黑人选民登记申请者的措施加以说明。同时,对比说明了之前几部民权法的适用效果。这份草案提出,通常情况下,公民会自觉守法。但因为一直以来,南方绝大多数选民登记委员一直故意违反宪法第 15 修正案,因此在过去的 8 年间,司法部一直努力,试图通过诉讼的方式解决这一问题。截至目前,司法部已针对 70%以上涉及选民登记歧视的案件提起诉讼,这些案件中其中绝大部分都涉及到滥用选民资质测试的问题。每起诉讼,都需要付出大量的人力物力,精力与耐心。然而,如果将司法部付出的努力,与目前仍然泛滥的种族歧视对照,显而易见,通过个案诉讼的方式解决种族歧视行不通,这样做不仅效率过低,而且步伐太过缓慢。

白宫准备的这一演讲稿阐述了总统致力推动的选举权法,旨在废止剥夺黑人平等选举权的种种限制措施,在各州设立相对简明的选民资质认定标准,禁止适用新型歧视性措施,防止通过滥诉的方式干扰联邦民事、刑事执法,拖延黑人享有平等选举权的行径。

另外,白宫工作人员还在一份没有注明日期的文件草稿中,为总统设计了选举权法议案的具体条款,而这些条款内容表明,在立法过程中,调查统计发挥着十分重要的作用。例如,草稿指出,对于选民占适龄人口比例低于 60%的州,以及 1964 年总统大选中投票率低于 50%的州,适用选举权法。因此,在这些司法区,不得适用文化水平测试,并可指定联邦选举登记员。但另一方面,或许因为“新增障碍条款”仍然属于悬而未决的问题,因此在草稿中并未涉及。

3 月 15 日,约翰逊总统在国会参众两院联席会议上,作了敦促制定选举权法的演讲。在演讲中,约翰逊总统一一列举了当下各地选举时歧视黑人的种种行径,并指出,对于黑人来说,突破上述瓶颈或者障碍的唯一办法,只能是变成白人。他认为,“无数经验证明,既有民权法根本无法解决选举过程中的系统性种族歧视。

目前，没有哪部法律可以确保负责选举的地方官员不进行种族歧视。”[31] 约翰逊总统还向国会提出了具体的立法建议。通过司法部在艾尔默县、派利县以及索姆特县提起的诉讼，可以发现相关种族歧视大体分为三类：针对黑人所犯技术性错误吹毛求疵、滥用选民资质测试，针对联邦调查与执法活动不合作、不配合。从字面上来看，约翰逊总统的这一提案，与其在 3 月 12 日所发表的讲话大致类似。最后，约翰逊总统象征性地借用了民权歌谣的一句词：“我们终将克服万难。”

约翰逊总统的提案在参众两院的编号分别为 S. 1564，以及 H. R. 6400。这一提案将适龄人口获得选民资质比例低于 50%作为法律适用的前提条件，并规定联邦选举登记员有权收取人头税。总体上，这沿用了其 3 月 15 日国会演讲的思路。考虑到民权委员会、民权领导人会议等机构的建议，约翰逊总统决定，仍由司法部负责，向国会提交选举权法草案。

3 月 18 日，参议院并未将简单地将议案提交了事，而是采用所谓“超常规解决方案”，要求司法委员会在 4 月 9 日之前完成所有工作。[32] 实际上，和之前涉险过关的民权法案类似，选举权法草案也需要各方利益的妥协。参众两院提出各自的法律文本，经过协调后，通过最终文本。在这个过程中，司法部扮演的作用十分重要，不仅仅需要草拟法律文本，而且需要向司法委员会提交相关报告。经历上述过程，最终成形的选举权法，吸收了之前几部民权法的经验教训，作出了如下创新：选举权法的适用范围具有选择性，而非不加区别地普遍适用；选举权法的适用条件取决于该地区选民登记比率，用数字说话；取消各种选民资质测试；事实上禁止变通或者改变本法固定下来的选举操作办法；由行政机构负责该法的执行；由哥伦比亚特区联邦地区法院负责审理涉及本法的诉讼；对于人头税态度的截然变化，等。下面，有必要对于上述理念的演进加以说明。

表 7.1　选举权法主要条款的演变历程

《1965 年选举权法》的相关规定	相关的立法缘由［以索姆特县为主］	根据
特别适用条款（第 4 条）	“在种族歧视问题上，统计数字往往更具说服力，而法院对其也更为信服。”[33]	可能产生种族歧视的效果[34]

续 表

《1965 年选举权法》的相关规定	相关的立法缘由［以索姆特县为主］	根据
暂时禁止文化平测试(第 4 条)	“在本案中,如果一个种族中的[35]绝大多数人都已经获得选民身份,而另外一个种族只有很少一部分,人获得选民身份,在这种情况下,采取更为严格的选民资质标准,实际上还是在维持过去的种族歧视做法,而这是宪法所不能接受的。[36]	冻结性救济措施:在漫长的种族歧视过程中,白人无需通过文化水平测试的做法,使得即使今后平等适用这一测试标准,也会将之前违反宪法第 15 修正案的结果固定化,而这是绝对不可以接受的。参见 *United States v. Louisiana*, 380 U. S. 145(1965).[37]未雨绸缪。“无法公正执法”,“不能本着公平正义认定选民资质。”
暂时禁止保证人要求	鉴于目前黑人选民与白人选民之间的悬殊比例已经达到 1 比 10,而在这种情况下如果继续适用保证人制度,将会违反宪法第 4 修正案、第 15 修正案。这一规则严格适用于黑人,对白人则名存实亡。	未雨绸缪。冻结性救济
禁止变通本法所固定的相关措施(第 5 条)	比填写现行申请表的要求更为复杂,评定更为严格。[38]	未雨绸缪。如果太过关注于细节,徒增选民申请的程序难度,与结果毫不相干。选举权法必须考虑到,未来可能出现持续违反本法的情况。[39]
改变之前选举程序的做法必须提交哥伦比亚权特区联邦地区法院进行审理	《1964 年民权法》允许由 3 名法官组成合议庭审理选举权案件	未雨绸缪。记录显示某些南方的联邦地区法庭无法有效执行《1957 年民权法》与《1960 年民权法》。
行政指派联邦选举检查人(第 6 条)	《1960 年民权法》仲裁员条款;1961 年民权委员会提议的联邦选举登记员制度;肯尼迪总统在 1963 年提出的更强有力的联邦仲裁员条款等。[40]	未雨绸缪:这种措施可适用于登记过程拖沉、停止登记以及其他干涉选民登记的情况。[41]联邦法官没有充分利用仲裁员条款。
行政指派联邦观察员(第八条)	1871 年福斯法案,1965 年 4 月 1 日民权运动领导人大会[42]	

选择性适用、统计结果的决定性及相关测试

尽管主要针对南方的种族歧视问题，但《1957 年民权法》《1960 年民权法》以及《1964 年民权法》都是全国性法律。与此不同，《1965 选举权法》的核心却在于有针对性地选择性法律适用。只有在符合前提条件的地区，才适用本法，如禁止变通或改变本法所固定的选举要求，适用联邦登记员及联邦观察员，等。南方的白人一直认为，战之后的所谓“重建”，对于美国南方来说简直是一种惩罚措施。约翰逊总统因此曾承诺，不再重启此类重建运动。那么为什么美国国会还要在这个时候，通过仅仅适用于南方，而不适用于北方的选举权法呢？看似矛盾的是，问题的答案就在于所谓的联邦主义。卡赞巴赫在写给约翰逊总统的信中所列三项建议，都存在某种程度的缺陷。如果国会提出修宪案，显然无法得到南方某些州的批准，起码批准的历程将会十分漫长。如果仅将选举权法适用于联邦选举，就会导致针对选举，出现联邦与各州规则各行其是的局面。只有通过废止针对选民登记申请者的文化水平测试，预先防止对于选举权法的变通适用，指定联邦观察员等措施，才可以保障联邦权力介入到州权的传统管辖范围之内。

“选择性法律适用“最早在 1960 年，由一位耶鲁大学教授提出，呼吁美国总统应享有指定联邦选举登记员的权力。“迫切需要设定一套指定联邦选举登记员的程序，授权联邦登记员可不拘泥于个案的事实，且可免受无休止的缠讼束缚。从立法政策的角度，联邦登记员应关注特定时代的整体大环境，而不应窠臼于具体个人的宪法权利。”这些学者认为，对于任何有理由相信种族被剥夺选举权公民，总统应具有在任何选区，赋予其选民资质的权力。[43]参议员吉尔伯特提出的 H. R. 4427 号议案与此类似，要求建立一个联邦投票、选举、登记委员会，在存在系统性种族歧视的州，由该委员会负责选举事务，同时得行使执法权，被执法者有权向管辖该州的联邦上诉法院起诉，请求审查选民登记委员会的决定。

根据吉尔伯特的建议，司法部需要逐州逐县提起诉讼，其工作量可想而知。同时缺乏统一的法律标准。1965 年 2 月 12 日，就在吉尔伯特提出建议一周之后，知名民权律师约瑟夫·劳(Joseph Rauh)向联邦总检察长提出议案，建议不分肤色，在任何适格选民选民登记率低于 50％的州，或者在《1957 年民权法》生效之前，即 1965 年 9 月 9 日之前，仍然保留教育种族隔离制度的州，认定原有选民名单无效。

在这种情况下，总统有权指定联邦官员，负责为符合选民资质的申请者提供选民登记，而地方选民登记委员会必须承认这些人具有合法选民身份。对此，相关各州可以提出上诉。约瑟夫·劳的建议建立在客观数据基础上，具有一定可行性。可惜的是，虽然民权委员会一再呼吁，审计署应收集以种族为统计标准的选民登记比例，但结果一直不得而知。虽然《1964 年民权法》也有此明确要求，国会也没有为此拨款。[44]约瑟夫·劳建议的另外一个缺陷在于，要求终结公立学校的种族隔离，或者改变选民的资质要求，但这些都缺乏与种族歧视相关的判例法支持。

最终，联邦副总检察长考克斯所提建议最终打破僵局。他建议用全体选民登记率作为立法依据。一方面，这可以规避缺乏涉及种族统计数字的难题，另一方面，又可以将实践建立在客观基础上。而且，司法部通过 8 年的民权诉讼，也证明，在类似于埃尔默县、派利县以及索姆特县等美国南方腹地，适格选民登记比例偏低，对于选举权设定大量限制等，往往与严重种族歧视高度重合。在“梅根县案”中，联邦第五巡回法院曾在种族歧视案件中指出，“统计数字可以具有多重面向，但因为其相对客观，法院对此较为认同。”[45]如约翰逊法官在“埃尔默县案”中所言，该县选民登记委员对于黑人申请者审查严格，对于白人则不做任何审查。最后，根据相关统计数字，判令此类歧视性标准应予废止。

考克斯因此提出，将针对全体适格选民登记比例这一客观数字，作为选举权法的存在前提。约翰逊总统最后向国会提出的议案，将 50％的选民登记率作为适用选举权法的条件，并获得国会支持。具体而言，《1965 年选举权法》规定，本法适用于选民登记率或者选民投票率低于 50％的州。这一规定的重要性在于，选民登记比例一定高于投票率，而投票率获得比较容易。因为认定选民登记是否公平非常困难，但如果将法律适用与否建立在客观数据集成上，则相对简单直接，不容易出现问题，然而，更为重要的是，此类统计数据可以作为认定种族歧视的标杆或者媒介。当然，有可能某州并未歧视过黑人，仍因为民众参选情绪不高，而符合适用选举权法的适用条件。如果对于歧视黑人的州一直适用本法，将会扼杀这些州改正自身问题的动力。然而，司法部在派利县等南方地区的实践经验证明，通过司法审查的方式，保障选举权平等的做法效率低下。因此，最佳的解决办法不可能是基于种族歧视的事实，提起个案诉讼，而是总统提出议案，采取国会立法的方式，将特定事实的存在作为种族歧视初步成立的依据，同时允许相关州提出司法抗辩的权利。如果在诉讼过程中，该州能够证明，在过去的10年（最初版本）或者5年中（最终版本）没有从事任何种族歧视行为，就可以免于本法适用。但如果最终法院认定存在种族歧视，就必须在该州适用选举权法。

司法部联邦律师格林及其下属代笔，为参众两院司法委员会起草相关立法报告。司法部之前提起的大量诉讼，为这些报告提供了现实意义上的正当性。报告中还大量采用了联邦政府中在诉讼中认定的事实，以及主张的预防办法。例如，众议院报告认定，选民登记比例低，极有可能就是种族歧视导致的结果。参议院司法委员会多数派报告用图表的方式证明，虽然在司法部已经开展民权诉讼的阿拉巴马州各县市，黑人选民登记比例有所提高，但是整体选民投票率仍然低于50%。导致这一局面出现的原因，还在于阿拉巴马州黑人选民人数太少。在参议院报告看来，司法部在密西西比州、阿拉巴马州以及路易斯安娜州就选举权平等提起了大量诉讼，很多法院认定，可以通过地方当局滥用选民资质测试的事实，认定这些地区存在系统性的种族歧视。司法部在提起的种族歧视诉讼指出，导致这些地区选民登记率低的原因在于滥用测试措施所导致种族歧视。[46]

简而言之，《1965年选举权法》的"选择性适用"属性，牢牢建立在司法部之前相关民权诉讼的成果基础上。1960年之前，联邦法律可以被选择性适用，是根本无法想象的。在1957年至1960年，联邦法院并未明确认定选举活动中存在种族歧视，更谈不上提出任何救济措施。虽然创制"选择性适用"条款的原因复杂，但其核心的理论框架无疑由联邦副总检察长格林提出。格林其出庭代理"美利坚合众国诉路易斯安娜州案"[4]之前，和自己的幕僚率先研拟出这一概念。

选民资质测试的废止

联邦最高法院曾于1959年明确宣布，如果能够保证公平适用，在选民资质认定过程中适用文化水平测试并不违宪，在联邦最高法院看来，"读写能力与合理行

〔4〕*United States v. Louisana*, 380 U. S. 145(1965). 联邦最高法院在本案中认定，路易斯安娜州1921年宪法所肯定的所谓"解读测试"违反美国宪法第十四及十五修正案。这一测试赋予选民登记员极大的自由裁量权，可以拒绝任何被其认为无法解读路易斯安娜州宪法的黑人提出的申请。

使选举权之间具有某种必要关系。”但同时，联邦最高法院也承认，“虽然某些文化水平测试看起来较为公平，却在实施的过程中违反了宪法第15修正案。”[47]由此，司法部确定了自己的诉讼策略，力求证明选民资质测试的“适用”具有种族歧视性。《1960年民权法》规定，应当根据各州法律、风俗与习惯认定选民资质，在任何情况下，不得将种族歧视等同于上述资质条款。[48]

两年后，肯尼迪总统执政期间，曾推动一项议案，禁止不公正地适用文化水平测试，并以此为借口排除有文化的黑人选民登记申请者。但这项议案同时强调，各州有权对于申请者适用读写能力等文化水平测试。[49]这项措施之后稍加修改，被纳入《1964年民权法》当中，规定六年制小学毕业的申请者，即可被推定符合选民的文化水平要求。[50]时任联邦总检察长的肯尼迪曾提出，长期以来，司法部提起的大量诉讼业已证明，文化水平测试的适用并不公平。然而，即使到了1964年，美国联邦政府仍然没有做好准备废止这一测试。对此，民权委员会的观点长期以来较为一贯，例如在1961年，民权委员会曾力排众议，提出阻碍申请人获得选民资质的限制条件，仅包括居住期限、年龄、犯罪记录等。然而，与此略显冲突的是，民权委员会在第二项建议中，要求对已经完成六年制学业的申请者免予文化水平测试。1963年民权委员会的年度报告中杂糅了上述看似存在冲突的观点。[51]民权活动团体坚持认为，应当废止选民资质审查过程中的文化水平测试。1962年，全美有色人种协进会的执行主任罗伊·威金斯(Roy Wilkins)出席美国参议院的听证会时曾作证，“文化水平测试的适用主观，因此和其他限制性措施相比，更容易侵犯黑人申请者的选举权。”[52]

废止联邦选举过程中的文化水平测试，是一种较为激进的改革措施。当时，肯尼迪担任总统时设立的“选民登记与参与委员会”(Commission on Registration and Voting Participation)，正在是否将文化水平测试作为选民资质条件问题上争论不休，根本废止文化测试，完全规避了上述争论。[53]更为重要的是，这一做法与联邦最高法院认定选举过程中的文化水平测试合宪的观点相悖。[54]对此，约翰逊总统的高级顾问贺莱希·巴斯比(Horace Busby)曾警告总统，禁止在联邦选举中适用文化水平测试，很可能将其置于一种主张将文化水平作为选民资质，而不是相反的尴尬境地，最终百口莫辩。巴斯比所担忧的，正是之前卢比所预见的，“民主机制的成功运行，与少部分文盲者的参与格格不入。”[55]但“派利县案”与“索姆特县案”的审理情况都已经证明，文化水平测试无论在本身结构的设计方面，还是在实际操作层面，都根本无法排除种族歧视的色彩。联邦总检察长卡赞巴赫曾呼吁国会通过立法，废止任何在实行运行效果方面侵犯宪法第 15 修正案的行为，在他看来，实际上，南方的很多州早已经选择性放弃了所谓文化水平测试，因为大量较低文化程度，甚至文盲的白人都已经在这些州获得了选民资质。[56]反对这一法案的人士，一般不愿公开承认黑人无法参与选举的事实。[57]他们无法令人信服地提出，南方各州实际遵守了宪法第 15 修正案以及其他民权法案。[58]因此，这些反对者往往主张，取消文化水平测试的看法违反宪法，并且会导致由大量文盲或者半文盲来主导美国的政治生活。[59]

废止选民品行测试及保证人制度，没有引发与此类似的争论。这些测试容易被滥用，事实证明，也的确在选民登记过程中被滥用。测试选民申请者的品行缺乏确定标准，认定十分主观。同样，黑人是否能够寻找到保证人，完全取决于这些保证人，绝大多数情况下，取决于白人的个人意愿。这两种测试也没有得到联邦最高法院的支持。实际早在 1952 年，在一起涉及路易斯安那州的选举权案件中，联邦地区法院就已经认定，保证人制度因为导致种族歧视，违反宪法，明确禁止适用这一制度。对此，博克·马歇尔曾告诫司法部的联邦政府律师，个别地区问题的解决，并不能代表所有问题的解决，只有在不同地区进行大量类似的诉讼。才有可能终结这一带有歧视性的选民资质认定措施。[60]

《1957 年民权法》《1960 年民权法》以及《1964 年民权法》的适用结果，不仅仅证明了种族歧视的普遍性，也催生出了的所谓“冻结性”救济条款。如前所述，国会废止文化水平测试与保证人制度的根据，就在于冻结性救济条款，主要参照的是“美利坚合众国诉路易斯安娜州”一案。这一规定的设定初衷体现出立法者的预见性，因为这些选民资质测试根本无法公平适用，更因为很难设定评价申请者是否具有选民身份的真正标准。[61]对此持反对意见的人士认为，假以时日，包括文化水平测试在内的各项选民资质测试标准，可以得到公平适用，然而，事实证明，即使在联邦法院发出禁令，要求一些南方县市选民登记委员不得再从事种族歧视行为的情况下，选举过程中的种族歧视仍然大行其道。人们逐渐认识到，除了废止这些选民资质认定标准，没有其他办法可以确保选举公平。另一方面，对于其他可能实现选举公平的办法，如取消白人文盲的选举权，美国国会显然也无法接受。因此，对于这些南方州，美国国会选择了实际意义上的普选制，这样可以不用牺牲无辜白人选民的利益，也不用压缩白人选民队伍的规模。

基于选举实践中普遍存在的种族歧视，以及司法部通过诉讼摸索出的“冻结性救济措施”，美国国会确定了选举权法的基调。参议院多数派报告承认，联邦法院认定在8起针对阿拉巴马州的选举权案件，9起针对密西西比州的选举权案件，以及9起针对路易斯安娜州的选举权案件中，都存在滥用选民资质测试，构成种族歧视的问题。针对执行选民文化水平测试过程中存在的种族歧视，参议院报告还列举了几个典型适例，其中就包括“埃尔默县案”以及“索姆特县案”。报告同时也指出，即使在法院禁止相关实践做法之后，很多选民登记委员仍然置若罔闻，继续实施种族歧视行为。[62]

国会废止选民文化水平测试的另外一个原因，恰恰是格罗姆斯法官在索姆特县案中所否定的那个理由：即使文化水平测试本身可以公正适用，但因为长期以来，黑人与白人在教育方面的不平等性，使其从根本而言，不具有平等性。对此，参议员拜耶(Bayh)曾全面回顾了司法部在“索姆特县案”中提出的相关证明：“在阿拉巴马州，根据州法，如果一个黑人想获得选民资质，就必须接受和白人一样难度的文化水平测试。但此类州法显然有得便宜卖乖之嫌，一方面给黑人提供的教育服务质量不如白人，一方面又要求黑人需要达到白人的受教育水平。”[63]

简而言之，司法部在大量选举权诉讼中提交的教育不平等的证据，以及地方选民登记员滥用选民资质测试的事实等，都支持在这些地区，终止适用上述测试标准。[64]在所有相关证据中，最具说服力的部分并非选民登记委员的种族歧视行径，也并非某些联邦法官对于种族歧视的漠视态度。和这些相比，更具杀伤力的证据反倒是，即使像海因斯那样心底纯良的选民登记委员，或者像格罗姆斯法官那样坚守种族平等理念的联邦法官，在面对再清楚不过的种族歧视时，仍然不得不违心照章办事的事实。

或许选举权法中最为激进的部分，就在于事先规定，各州在适用本法时，不得修改或者变通执行选举权法的相关规定。只有在说服总检察长，或者通过诉讼，说服哥伦比亚特区联邦地区法院，相关修改不具有种族歧视的意图，不会造成种族歧视的后果的情况下，才可以修改或者变通执行选举权法。事实上，包括民权委员会在内，各民权活动团体都未要求选举权法中规定此类条款，司法部要求州法规定所谓的预先禁止性规定也并无此先例。作为联邦法，选举权法要求，各州必须证明自己修改州法的目的并非为了种族歧视，这显然与所谓"联邦主义"相悖。过去，如果总检察长寻求对抗州法实践的救济途径，必须要自行证明，该州法律具有种族歧视的效果。尽管考察州法是否具有种族歧视效果的做法由来已久[65]，但在选举权问题上却绝少出现。既然如此，是什么导致选举权法中出现了这样一种预先禁止性条款呢？

可以认为，预先禁止性条款的设计初衷，针对的就是各州选举法的易变性，随着联邦法院对于某种歧视性措施作出禁止性规定，州法往往会迅即做针锋相对地调整。这早在选举权法出台之前就已经非常普遍了。1915年，联邦政府通过诉讼，废止了非常著名的"祖父条款"（Grandfather Clause）。5年之内，美国南方的白人预选制度就已经成为常态。因为黑人无法参加预选，因此在白人预选中获胜就意味着获得大选的胜利。后来联邦法院认定，白人预选制度违宪，而此时，美国南方各州则将责任推到了全部由白人组成的民主党身上。并且，在白人预选被认定违宪之后，德克萨斯州的白人就曾希望能够安排一场不允许黑人参加的预选前预选。1953年，联邦法院判令，这样一种玩弄文字的做法违反宪法的规定。随着白人预选制度的废止，美国南方的白人领袖发声，反抗联邦政府介入他们的管辖范围。并采取人为划分选区，采取种种措施恐吓黑人的办法，对抗联邦。[66]在"全美有色人种协进会"所有项目当中，挑战白人预选制度或许最为成功，但在这个过程中，联邦政府真正发挥的作用微乎其微。

在司法部针对南方各州提起选举权诉讼时，这些州的应对之策，就是不断制定新的选举法。博克·马歇尔曾担任过三年的副总检察长，在他看来，"南方各州往往会随时修正立法，应对政府方面的质疑与挑战，这导致换汤不换药，地方选民登记委员仍然会继续他们的种族歧视做法。”[67]以派利县案为例，托马斯法官于1962年11月作出判决，对此，当地选民登记委员会放缓选民登记的节奏，或者干脆变换选民登记申请地点，以躲避黑人选民申请者。在制定选举权法过程中，参议员拜尔也提及，在路易斯安那、阿拉巴马州等地，也存在选民登记委员有意拖延黑人申请的事实，这就是典型的“你有政策，我有对策”。[68]在联邦法院就“艾尔默县案”、“索姆特县案”以及“派利县案”作出判决之后，1964年8月，阿拉巴马州最高法院判令，在该州适用更为严格的选民资质测试标准。约翰逊法官未雨绸缪，于1965年4月作出一项裁定：“在没有本法院裁定的情况下，不得改变现行选民登记标准。”[69]在出席国会听证时，联邦总检察长卡赞巴赫提出，经验证明，可能适用本法的州，立法机构习惯于想办法规避甚至无视美国联邦法院，以及美国国会的相关立法或者司法决定。例如，在《1964年民权法》出台之后，路易斯安娜州、密西西比州以及阿拉巴马州，都制定了更为苛刻的选民资质评价办法。[70]

在参议院的辩论过程中，参议员哈特向司法委员会提交了一份可以用来佐证卡赞巴赫观点的备忘录(很有可能是由司法部代笔完成的)。这份备忘录指出，地方选民登记委员，因为志在维系白人至上理念，一直都在努力寻找法律所没有禁止的新歧视性措施。不仅南方县市这样做，甚至某些州也这样做，例如，在1964年1月，阿拉巴马州内所有的选民登记委员会，都已经采用一种新的、更难的文化水平测试。[71]

国会也注意到，如果禁止文化水平测试的话，南方各州可能会采取其他限制黑人参与选举的措施。如参议员曼斯菲尔德(Mansfield)所言，在法院认定某种选民资质认定标准违宪之后，南方各州会绞尽脑汁，设计新的系统性排除黑人参与选举的措施。如果要确保选举权法发挥预期作用，就应该禁止相关方日后以任何违反宪法第15修正案的方式修改本法。这显然可以保证，以后不会有新的歧视性措施，取代被废止的文化水平等现行选民资质测试标准。[72]

司法部提出的诉讼，不仅仅说明有必要在州及地方层级建构预先禁止性规定，而且还说明了建构此种规定的法律根据。这种事先禁止性规定，属于冻结性救济的一种具体表现形式。如果南方各县市不能保证和之前所采用的措施相比，新标准要求更低，就不能改变之前的做法。事先禁止性规定还可以被视为一种预防性措施，可以确保不会发生按下葫芦浮起瓢的局面。因为选举权法中的事先禁止性规定采取了效果说，即类似于联邦法院在“派利县案”以及“艾尔默案”中所谓“导致”的措辞。托马斯法官在“派利县案”的判决中，也使用了“效果”一词，即认定该地区的选举法或者实践措施，在意图或者效果上剥夺了黑人参与选民登记的权利。[73]当然，不同文本之间存在“并且”与“或者”的区别。托马斯法官或许认为，立法意图或者法律适用效果，无法用来作为认定系统性种族歧视性的存在依据。

仔细考察选举权法发展历史，可以发现，虽然由3名法官组成的合议庭在审理“戴维斯诉施奈尔案”[5]时，在法律推理过程中将结果作为重点，但立法中将所谓法律适用结果作为检验标准的规定并不常见。[74]然而，选举权法最终法律文本，并没有完全照搬格罗姆斯法官或者约翰逊法官在判决中所谓“结果论”的相关表述。以结果作为检验标准的做法也是一种预防性质的立法。如马里兰州参议员泰定所言，“所谓白人初选或者祖父条款，都已经被联邦最高法院认定违宪。那些试图维持之前做法的州，当然会通过其他变通办法，以期达成类似的目的。”[75]简而言之，使用实际效果作为测试标准，可以突破伪装，抓住问题的核心所在。最后，使用事先禁止性规定未雨绸缪，可以确保地方政府不会对于选举权法采取消极战术。同时，也可以将寻求司法救济以及举证责任的主体，从黑人及联邦政府转变为州及县市地方政府。

行政执法

《1965年选举权法》与《1957年民权法》《1960年民权法》以及《1964年民权法》的不同之处在于，后三部法律都需要司法机关的介入才可以得以执行。虽然在其中联邦总检察长也可以扮演一定角色，但主要还是负责案件的起诉部分。《1960年民权法》中创制了一个所谓联邦选举仲裁员的职位，但是仲裁员仅仅有权向法院提出建议。《1957年民权法》还授权组建了民权委员会，但民权委员会虽然有权调查及提出报告，但缺乏执法权。与此相对，选举权法戏剧性地选择了行政执法的道

[5] Davis v. Schnell, 81 F. Supp. 872 (S. D. Ala. 1949). 在本案中，联邦法院推翻了歧视性适用选民文化水平测试的做法。

路。联邦总检察长享有不受审查的权力，可以决定某司法区是否存在针对黑人选民的歧视性措施，如果根据审计署的调查报告，能够证明该地区在1964年总统大选中，达到法定选民年龄的居民中投票率不足一半，即可以适用选举权法。在这种情况下，总检察长还可以在不受司法审查限制的情况下，宣布事先禁止性决定。《1965年选举权法》核心部分，要算得上依法设置"联邦选举观察员"(Observer)与"联邦选举检查员"(Examiner)职位。这部分规定反复强调行政执法。首先，只有在联邦总检察长及联邦审计署证明的情况下，才可以适用本法；其次，总检察长享有不受司法审查的权力，决定是否向某地派遣联邦选举观察员或者检查员。第三，这些观察员或者检查员是联邦雇员，受内政委员会管辖。所谓联邦检查员，是指可以行使选民登记审查职能，接受选民登记申请，并且可以赋予申请者选民资质职责的政府工作人员，而所谓联邦选举观察员，并没有任何具体的职责，仅仅负责监督选举的进行。

在选民登记及投票环节动用联邦官员的做法，可以追溯至南北战争之后的重建时期。根据《1871年福斯法》，联邦法院在人口超过20000人的地区，应2名以上选民的申请，得指派人员监督整个联邦选举，包括选民登记及选民投票。当然，这样一部法律的设计初衷并非因为种族歧视，而是确保联邦选举的过程中不存在地方上的舞弊行为。1890年，参议员亨利·凯博特·罗杰(Henry Cabot Lodge)曾提案，允许联邦法院指派联邦官员实际负责选举活动的进行。[76]而这一议案也被视为选举权法中所规定的联邦选举检查员的雏形。当然，罗杰的议案虽然勉强在众议院过关，却没有通过参议院的投票，1894年，《1871年福斯法》被废止。[77]

1959年，民权委员会认定《1957年民权法》所规定的救济措施，无法有效避免选举中的种族歧视，因此建议立法，授权总统有权在联邦选举时指定联邦选举登记员。[78]同年，参议员杰维斯(Javits)提出了联邦选举权法草案，1960年，更多的立法草案出炉。[79]然而，在1960年，联邦总检察长罗杰斯明确表态，反对行政指派联邦选举登记员的观点。在他看来，由法院指派此类人员，可以有效抗制选举过程中的种族歧视，如果由行政部门负责此事，很可能导致其形同虚设，无法落实。曾有参议院提案，因为长期以来，司法途径解决问题的效果一直差强人意，因此应由总统指定负责选民登记的联邦官员。[80]这一建议并未获得国会认可，相反，国会采取的是司法指定的模式。

1963年，肯尼迪总统接受了由法院指定联邦选举仲裁员的建议。一方面承认《1957年民权法》及《1960年民权法》在执法过程中出现了问题，一方面肯尼迪总统要求法院在案件审结之前，应先行就选民登记申请可否得到批准做出裁定。同时，法院还可以指定临时的选民登记仲裁员来处理相关申请。[81]虽然这一部分设想并没有出现在《1964年民权法》当中，但的确反映出，国会开始由单纯依靠司法活动推动民权法的发展，转变为到依赖于司法及行政部门的执法活动。因此，根据《1964年民权法》第6条，司法部等行政机关可以制定推动民权法的具体行政规范，并且可以规定，对于不执行民权法的相对方，停止联邦财政支持等处罚措施，同时，政府方面也可以对于类似的行为提出诉讼。[82]但该法的第7条也表明，国会对于由行政机构来执行民权法并不绝对放心。尽管国会建立了一个在很多方面类似于“全国劳工关系委员会”(National Labour Relations Board)的“公平就业机会委员会”(Equal Employment Opportunity Commission)，但却没有赋予该机构行政规章制定权以及行政执法权。[83]与公平就业相关的问题仍然必须交由法院解决。

在临时联邦仲裁员制度出台后两年，联邦总检察长卡赞巴赫在国会听证时，表明了与之前完全不同的态度。在他看来，司法救济的方法已然失效。卡赞巴赫提出，一般认为，联邦法应适用于美国全境，而包括地方官员在内的所有人，都必须遵守宪法及其他联邦法律，并依法办事。在某些地区，选民登记委员对于联邦法律阳奉阴违已成习惯，即使遭到联邦政府起诉，也可以由其服务的地方出钱为其辩护，在穷尽所有可能的限制手段之后，案件还要进入到上诉审阶段，并在尽可能的情况下不断上诉。哪怕最终等到了终审判决，选民登记委员也会尽一切可能对其进行狭义解读，或者干脆想办法绕开判决。对于终审判决，地方势力也会提出新的证据加以质疑，而就在这样的往复交锋过程当中，一次又一次的选举活动，一次又一次的种族歧视，进行如常。[84]

某种程度上，这真实地再现了包括“派利县案”在内，所有司法部选举权平等诉讼的实际遭遇。1957年前后，美国各界对于选举权平等的理解开始发生深刻改变。首先，类似于拉尔夫·邦彻(Ralph Bunche)等人的观点，不仅仅成为学界通说，而是得到了联邦政府诉讼的实证支持。其次，这已经不仅仅是种族歧视问题，而且还涉及到了对于联邦法律以及联邦司法的公然无视。第三，借由电视等媒体的力量，歧视黑人，维持白人至上地位的种种暴力行径，走进了普通美国人的视野，成为美国公民日常生活中经常关注、经常谈论的一个话题。

在向参议院提交的报告后面，卡赞巴赫还附上了一份报告，详细说明了黑人与白人在教育方面受到的显著差别待遇。另外一份报告长达 367 页，对于 1964 年以来司法部民权事务部提起的平等选举权诉讼情况加以说明。这份报告中列举了司法部进行的每项调查、每起诉讼、每起诉讼的起止时间及目前所处状态。截至 1964 年，司法部民权事务部共针对选举中种族歧视行为提起了 51 起诉讼，针对恐吓黑人申请者的行为提出了 17 起诉讼，同时还进行了大量的调查。其中，关于"派利县案"的情况说明约为 4 页。在论及 1964 年 11 月份之前的选民登记统计数据以及案件审理情况之后，这份报告认定，根据相关的统计数据，派利县的黑人选民登记情况并未得到明显好转。除非维持联邦选举仲裁员的例外规定，或者托马斯法官会在一直悬而未决的蔑视法庭案件中，做出不利于选民登记委员会的判决，否则情况不会发生明显改善。[85]总体而言，这份报告佐证了总检察长的观点，即由于地方政府抵制禁止种族歧视的法律规定，导致通过个案诉讼的方式消除选举过程中的种族歧视，基本无效。改变这种情况的两种主要办法，或者废止选民登记过程中的文化水平测试，或者创立所谓的联邦选举登记员制度。在参议员菲利普·哈特看来，这两种救济措施，可以被视为《1965 年选举权法》最为核心的特征。[86]二者之间具有共同的法律适用基础，存在密切联系，一方面，检查员需要使用有效的地方选民登记标准，另一方面，在适用检查员制度的地区，不适用文化水平测试。

在某些方面，联邦选举检查员制度与 1959 年民权委员会的相关建议类似，这一建议在 1961 年得到了进一步修正，发展为选举登记员制度，1963 年，肯尼迪总统提出了更为有力的联邦选举仲裁员制度。[87]在参议院报告中，联邦选举仲裁员制度作为预防性救济措施，有效解决了地方选民登记委员的拖冗战术、以及改变选民登记地点等变相种族歧视的行为。[88]如果所有的联邦法官都充分地履行职权，充分合理地适用选举登记仲裁员，授权其核定选民登记申请，这就无需行政当局指定联邦选举检查员了。如卡赞巴赫在联邦最高法院所指出的那样，"尽管在多数情况下，此种救济措施显得较为独特，尽管司法部付出了大量努力，但从适用效果来看，并不尽如人意。”联邦选举检查员制度与联邦选举仲裁员制度的区别体现为：首先，联邦选举检查员具有行政性质的，而仲裁员制度具有司法性质。其次，检查员不需要从选举地选任。第三，在申请联邦选举检查员审查之前，无需向地方选民登记委员会提出申请。

卡赞巴赫提出，申请者在申请联邦选举检查员介入之前，无需提前要求地方选民登记委员会对其进行审查的理由有三：首先，要求一个申请者向一个从种种迹象来看，无论如何都不会给予其选民登记的人提出申请，无疑毫无意义。其次，如果必须事先向地方选民登记委员会提出申请，无疑会拖延选民登记的进程。第三，要求黑人向地方选民登记委员会提出申请，可能会导致这些黑人面临人身危险。[89]

尽管在选举法的立法过程中并未详细论及，但联邦政府方面根据《1960 年民权法》提起的平等选举权诉讼所积累的经验，为选举权法创设联邦选举检查员职位的合宪性提供了根据。在论证《1965 年选举权法》的过程中，美国政府认为，联邦选举检查员制度，实质上类似于《1960 年民权法》中的联邦选举仲裁员制度，而仲裁员制度符合美国宪法的规定。从司法部提起的平等选举权诉讼所积累的经验来看，在这种情况下，指派中立的联邦选举官员，对于执行宪法第十五修正案来说显得至关重要。[90]这种观点至少验证了艾尔豪威尔总统执政期间的一项政策：不将仲裁员规定与联邦选举联系在一起，而是将其作为种族歧视的救济措施。

选举权法的反对者虽然注意到了《1960 年民权法》所规定的仲裁员制度，但却并未对此太过苛责[91]，这些人之所以反对，大体因为仲裁程序缺乏控辩双方的对抗，从而不适合司法庭审模式。[92]这一观点的实质在于，认为选举权法在选择适用对象方面缺乏正当性，并且侵犯了这些州设定选民资质的应有权力。在他们看来，选举权法的适用标准存在问题，并且文化水平测试十分必要。另外，这些反对派人士提出，将相关案件审理的权力收归哥伦比亚特区联邦地区法院，而非案件发生地的联邦法院审理，是不公平的。[93]某些人甚至认为，在民权运动中夹杂的共产主义，才是催生选举权法的幕后元凶。派利县选民登记委员会代理律师米载尔就曾提出，将阿拉巴马州的 9 个县交给目不识丁的黑人主导，能否会给包括黑人在内的美国南方居民带来好处高度存在疑问。[94]选举权法的支持者认为，司法部提起的选举权诉讼，为制定新法提供了必要性依据，选举权法的否定者则认为，既然联邦法院已经审理了最为恶劣的种族歧视行为,因此无需再单独创制其他的救济措施。在他们看来,所谓的选举权法,完全是在惩罚美国南方各州之前的种族歧视行为,而非面向未来的一种做法。最后,反对者祭出了冷战思维的传统思维:“共产主义者的目的就在于美国南方引发选举危机,从而绑架美国国会通过相关立法。”[95] 如玛丽·达德兹克(Mary Dudziak)认为,冷战中,种族问题已经变成了一个十分重要的因素,并且已经并非是一个单纯的国内因素了。但支持通过选举权法的人士认为,这样做可以彰显美国民主制度的胜利,而绝非某种共产主义的阴谋。[96]

尽管首先进行的是众议院的听证会,但围绕选举法草案的辩论,却首先在参议院展开。当时担任参议院司法委员会主任的民主党参议员山姆·埃尔文(Sam Ervin)曾花费数天对于卡赞巴赫进行质询。最终,质询以一份语焉不详的报告收场。但该委员会的7名参议员联合其他几位众议员,提出了一份联合报告,这份报告后来也成为参议员多数派报告。这份报告虽然也不甚明了,但基本上说明了参议院所考察的重点在于《1960年民权法》的不足。导致这种不足的原因在于,地方选民登记委员的冥顽不灵,习惯采取拖冗对策,这些都使得司法部针对平等选举权问题进行的大量诉讼功亏一篑。在描述阿拉巴马州达拉斯县没有消除种族歧视的事实之后,这份报告还谈及了派利县的情况,尤其是联邦选举仲裁员条款的不足性。参议院多数派报告详细描述了司法部相关诉讼的发展阶段,选民申请者如何向联邦法院提出申请,如何指派联邦选举仲裁员,特别是这些仲裁员并没有依法赋予符合资质的黑人申请者以选民资质,上诉程序的拖延。有参议员总结:派利县案彰显了《1960年民权法》选举仲裁员制度的不足。特别是其议事程序的拖冗。联邦政府方面如果要质疑仲裁员的决定,就必须通过诉讼的方式,另外,《1960年民权法》还存在其他方面的缺陷,即联邦政府只有能够证明存在系统性种族歧视时,才可以适用该法。这一成文法还要求仲裁员本人必须是合格的联邦选举选民。在某些地区,因为来自于社会各方面的压力,很难指望这样的仲裁员会忠诚履行职责。[97]

因此,尽管这份报告指明批评托马斯法官或者博克法官,但参议员们明确提出,即不能指望这些联邦地区法官公正、有效地适用当时已经存在的几部民权法。

在随后的一个月当中，参议院就这一法案开展辩论，辩论记录中有一份参议员哈特提出的，题为《以诉讼方式解决选举问题的不足性》的备忘录，这份备忘录中指出，“地方选民登记委员往往会故意拖延、不给予充分救济，有意违抗法院的命令。”但司法力量根本无法解决如此根深蒂固的社会问题。又一次，“派利县案”的司法审理被立法者选择，作为证明《1960 年民权法》仲裁员机制无效的例证。[98]

因为观察员无法直接插手选举，因此设立联邦观察员的提议较为合理。民权委员会的报告中并没有建议设立联邦观察员制度，相反，特别关注选民登记问题。但联邦观察员制度在防止、发现滥用选民登记限制规定方面有其长处，这一点也得到了民权组织的肯定。联邦观察员制度能增加选民登记的透明度。因此，在 1939 年，伯明翰市的一位黑人律师，亚瑟·舒尔斯（Arthur Shores）代表“全美有色人种协进会”向联邦总检察长致信：在杰斐逊县选民登记的最后阶段，该县选民登记委员会在法院作出禁止令之前，实施了大规模的种族歧视行为，无理歧视黑人申请者。8 月 9 日至 17 日，杰弗逊县将重新开始选民登记，无疑，选民登记委员会将采取种种措施阻挠黑人参选，因此我们希望司法部可以派员前往杰弗逊县，监督选民登记，保障黑人宪法保障的根本权利。[99]

如果由联邦检查员负责进行选举，那么就没有必要再由司法部派遣观察员了。然而，从未雨绸缪的角度，建构联邦选举观察员制度却有其合理性：一旦南方的黑人可以获得选民登记，那么白人还是可以通过其他的方法，如欺诈与恐吓，来保持自己的权力。

司法部提出的议案当中，并没有规定所谓的联邦观察员的规定。而国会立法档案中，也没有太多关于联邦观察员的讨论，对此，似乎选举权法的支持者与反对者没有太大兴趣。3 月，“全民有色人种协进会”执行主任罗伊·威金斯在参议院司法委员会作证时指出，需要从登记到投票、计票的整个过程最大化地保证黑人的选举权。1965 年 4 月 7 日，“民权领导者大会”致信支持威金斯。两天之后，众议院专门委员会提交了修改后的议案文本，在法律当中第一次明确了联邦在各级选举中应扮演的角色。该法案第 11 条授权总检察长，可向任何指派了联邦选举登记员的地区派遣联邦选举观察员。第二天，分委会主席塞勒提出了修正案，并最终成为后来选举权法的第八章。随即，参议院司法委员会提交了内容稍微不同的立法版本。从这个角度来看,国会似乎已经开始坚信,联邦观察员制度可以防止选举中的暴力活动以及欺诈行为。1965 年 6 月 1 日众议院司法委员会提交的报告,详尽解释了设立选举观察员制度的原因,认为设立观察员的目的在于监督投票、计票在内选举的各个环节,并可以向总检察长报告相关情况。而此类报告,可以作为法院认定计票结果的根据,并可据此采取中止选举、中止计票、刑事调查与起诉等措施,确保选举公正进行。[100]

从南方联邦法院移交权力

1957 年、1960 年以及 1964 年通过的民权法,几乎完全依赖于司法执行,即需要案件发生地的联邦地区法院介入。如 1964 年博克·马歇尔在哥伦比亚大学法学院发表的演讲所指出的那样,联邦地区法官的遴选机制,决定了这些法官需要尊重当地的社情民意。更为重要的是,联邦地区法官的选任必须得到代表该州的美国联邦参议员的同意。马歇尔总结,在南方,很多地区联邦法官根本不愿意改变现状,打扰该地区既有生活方式与习惯。[101]对此持同情态度的学者也认为,如果南方的联邦地区法官坚决贯彻联邦最高法院的相关判决,势必造成民意的反弹,丧失自身的权威。也就是说,全面执行联邦法的结果,很可能是事与愿违。[102]约翰逊法官显然并不认同这一看法,和托尼·福瑞尔的观点类似,他认为司法独立才是确保自由的基础,法院的职责就是依法断案,因此司法积极主义不可避免。但一般来说,只在联邦上诉法院或者联邦最高法院作出明确判例的情况下,多数南方联邦地区法官才会十分谨慎地对民权诉讼作出某些态度暧昧的判决。[103]简而言之,如我们所看到那样,某些联邦法官并未认真执行民权法,某些联邦法官睁一只眼闭一只眼,得过且过,只有少数联邦法官积极依法办事。尽管直到 1964 年,马歇尔仍不愿承认司法部试图通过个案诉讼,解决民权问题的失败结局,但到 1965 年,时任联邦总检察长的卡赞巴赫已经公开承认,截至 1965 年,虽然国会曾连续三次通过立法,试图落实宪法第 15 修正案,司法部连续三次通过个案诉讼的方式解决种族歧视问题,但事实是,地方选民登记委员会阳奉阴违、推三阻四、肆意阻挠、践踏民权法,立法与司法效果极差。[104]《1965 年选举权法》极大改变了民权法的执行方式。即由行政执法活动,而非立法或者司法方式,抗制选举过程中的种族歧视。选举权法授权联邦总检察长，而非联邦法院，任命联邦选举登记员。面对这一巨大变化，很多南方州希望通过赦免条款，免予将涉及自身的案件提交哥伦比亚特区联邦地区法院审理。最后，基于《1964 年民权法》中的“托马斯条款”，联邦总检察长得要求此类案件必须由 3 名联邦法官组成的合议庭进行审理。

因此，在选举权法的立法讨论过程当中，很多南方联邦地区法官被认为是真正的麻烦制造者。其中，就包括公开的种族主义者，如密西西比州的威廉·哈罗德·考克斯法官[105]，以及其他很多实际上持种族主义观点的联邦法官，如路易斯安那州的韦斯特法官，佐治亚州的艾略特法官，以及我们所熟悉的托马斯法官。出于种种考虑，对于联邦法官个人的种族倾向，很少出现直接的描述，更多提及的只是个别观点或者见解。卡赞巴赫在自己的回忆录中，也非常注意，避免对联邦地区法官点名道姓，或许是担心太过直白会擦枪走火。[106]一位后来曾经参与选举权法草拟工作的司法部联邦政府律师曾透露，在 1965 年之前，联邦地区法官仍然被认为是执法的主体，法官或许在解读法律方面存在问题，但这并不是人的问题，也就是说，批评针对的是应该是判决，而不是法官。因此，不批评这些法官的原因，或许就在于这些法官的所作所为在当时亦属正常。[107]与此类似，作为参议院多数派领袖麦克·曼斯菲尔德(Mike Mansfield)助理的查尔斯·弗利斯(Charles Ferris)，也曾承认选举权法所关注的焦点问题，并不在于之前司法部门对于民权法的执行不力，而在于具体联邦法官的行径。因此，在很多参议员看来，容忍这些联邦法官显失公平。[108]换句话说，不能将长期生活在南方种族歧视地区的联邦法官做替罪羊。这看起来似乎有些奇怪，因为之前司法部所进行的大量诉讼，指控的都是地方选民登记委员违反民权法，歧视黑人申请者的行为。另外可能导致联邦参议员对待联邦地区法官手下留情的原因，在于联邦参议员本人在任命联邦地区法官的过程中，发挥的重要作用。不仅总统提名联邦法官候选人时需要考虑参议员的推荐，而且最终联邦法官的任命决定也需要参议院的同意。从这个意义来讲，做了错事的联邦法官其实也是在打参议员们的脸。因为众议院在这个过程中并未起太大作用，因此，为什么众议院对于美国南方联邦地区法官违反民权法及宪法的行径保持沉默，就成为一个十分难以回答的问题。

但卡赞巴赫的确谈及了片面依赖联邦地区法官可能带来的危害。例如，众议员麦克克拉赫(McCulloch)曾认为,应该要求从当地居民中遴选联邦选举检查员。《1960年民权法》也曾要求从存在种族争议的选区选择仲裁员,但与此不同,选举权法并未对此加以明确。对此,联邦总检察长的解释是,因为联邦地区法官生活在种族主义的大环境当中,很难保证这些人会严格遵从联邦最高法院的判决。[109]在出席参议院听证会时,卡赞巴赫也承认,某些联邦法官因为践行民权法,导致本人或者家人受到暴力威胁。[110]

多数情况下,反对选举权法的南方联邦参议员,往往也会推荐自己最亲密的盟友担任联邦地区法官。从某种程度上,他们对于民权法的攻击甚至是恶毒的。例如,来自贝卡罗莱纳州的联邦参议员山姆·埃尔文(Sam Ervin)就曾抱怨,选举权法的实质在于坚信南方的联邦地区法官缺乏独立的法律人格,无法被委以重任,处理像选举权争议这类的民权案件。[111]而来自阿肯色州的参议员麦克克林(McClellan)也表示,"这部法案的立法前提就是司法腐败,尤其是南方联邦地区法官的司法腐败问题。"[112]来自南卡州的参议员斯托姆(Storm)表达的更加直白,"想不明白为什么司法部不肯让南方的联邦法官负责审理选举权案件,可能的解释只能是,这些法官不肯对司法部俯首帖耳,或者是司法部怀疑这些人无法忠实地履行法律赋予的司法职责。"[113]

参议院司法委员会主席爱缪尔·塞勒(Emanuel Celler)承认,对于美国南方联邦地区法官的不信任,促使国会将与选举权法相关的诉讼交由哥伦比亚特区联邦地区法院负责审理。这样做,再也不会在社会上造成对于审理案件法官的质疑与不信任,我可以保证,在哥伦比亚特区的联邦法官,不会和其所审理的选举权案件有任何利害关系。[114]

送交国会审议的选举权法最终版本被称之为"曼斯菲尔德-德克森(Mansfield-Dirksen)妥协版"。供职于司法部的联邦政府律师史蒂芬·巴拉克(Stephen J. Pollak)参与了这份妥协版本议案的起草工作。据他回忆,"我们五六名联邦政府律师负责起草议案的最终文本,并被授权在议案中取消司法部门对于此类案件的管辖权。对于我们来说,让行政机关负责执法成为唯一的立法选择。"[115]如果美国南方联邦地区法官都能像约翰逊法官那样严格执法,似乎没有必要通过立法,规避这些联邦法官。因为"艾尔摩县案"已经证明,通过司法部门执行民权法,并非不能成功。然而，在那个时代，司法部门拖延执法，甚至惰于执法的现象十分普遍，像托马斯之类的联邦法官，一直在为民权案件的审理及执行设定重重障碍。从这个意义上来讲，质疑联邦法官并非毫无根据。毕竟，依靠司法机构贯彻法律即使成功，效率也会很低。

人头税

人头税作为个税的一种，具有较为悠久的历史。早在1790年，某些州就开始要求，将支付税款作为享有投票权的前提条件（还有一些州规定的是拥有一定数量的财产）。当美国南方各州寻找限制黑人投票的措施时，采用的主要办法就是文化水平测试以及人头税。[116]后来，尤其在联邦最高法院认定白人初选制违宪的情况下，上述两种限制的地位得到进一步提升。值得一提的是，南方各州在征收人头税方面态度并不积极。随着黑人受教育水平逐年提高，很多白人担心，文化水平测试这一限制性措施早晚都会失效。如一位出席1901年阿拉巴马州宪法大会的代表所言，"对于本州的大多数黑人而言，真正面临的障碍在于缴纳一块五美金的人头税（约合2004年33.21美金）。"他认为，如果改变策略，不再每年强制征收人头税，那么日积月累，当黑人申请选民登记时，需要补交巨额人头税，从而迫使其放弃申请。[117]对此，曾有民权团体向联合国寻求救济措施，因为截至1944年，在适用人头税的州，只有百分之十符合选民资质的人参与了投票，而在没有适用人头税的州，投票人数占符合选民资质居民的比例为49%。[118]虽然慢慢地，一些州开始废止人头税，但在阿拉巴马等州，仍然坚持适用人头税。[119]与此相对，文化水平测试与人品测试成为歧视黑人选民的主要工具。曾有研究此问题的学者在1940年提出，"人头税在排除黑人申请选民登记方面显然十分便利，当然，对此还可以采取其他替代性限制措施。"[120]

尽管人头税的重要性慢慢降低，但却已经成为种族压迫的象征，也成为备受民权团体诟病的目标。人头税的影响无疑是深远、持续的，要求公民缴税之后才可以参与投票，与民主的一贯理念显然不符。因此，在《1965年选举法》最初的草案以及其他相关议案中，当然也将人头税作为主要的立法修改目标，支持民权运动领导人的意见，不再将人头税作为享受选举权的前提条件。但在总统最终提交的议案中，却并没有包括取消人头税这一内容。

在众议院司法委员会的听证期间，卡赞巴赫与副总检察长巴里福特·桑德斯(Barefoot Sanders)曾在4月6日，与司法委员会委员们进行会谈，后者向其提问，问题集中于如果废止人头税，是否违背宪法。巴拉克于次日就包括人头税存废合宪性在内的相关问题提交了书面答复。在这份书面答复中，司法部认为，如果坚持废止人头税，就需要做好应对合宪性司法审查的挑战，并且有可能会遭遇到尴尬的局面，如果过于激进，反有可能自缚手脚。[121]

1965年4月9日，众议院工作小组正式提交其修改后的选举权法草案。起初，这一草案主要目的就是为了解决人头税问题，其中第三条B款原本规定，如果联邦法院发现，某地区将人头税用来作为种族歧视的工具，非法排除适格公民的选举权，就可以在该地区终止对选民申请者适用人头税。但人头税一词后来被划去，这也反映出当时针对人头税问题，还没有确定的解决方案。例如，格林就曾很担心废止人头税所导致的结果，"正如总检察长曾经多次表示过的那样，通过立法废止人头税的做法将导致很多问题。"他建议在废止人头税条款中增加一条，即赋予总检察长权力，对于将人头税作为参与选举前提条件的州，可以马上提起诉讼。[122]与此类似，司法委员会主席塞勒提交的议案，虽然与最终通过的选举权法内容相差无几，但塞勒议案中的人头税条款能否过关也存在极大变数，该议案第十条规定，"任何州或者地区不得以选民登记申请者未缴纳人头税或者其他税款为由，剥夺其申请选民登记或者进行投票的权利。"事实上人头税条款一直备受争议。4月12日，路易斯·克莱伯尼(Louis Claiborne)同意签字附议塞勒的议案，但要求对于具体规定形式加以改变："如果对于解决人头税问题有所帮助的话，我想提出的一个建议，应该将人头税视为违反宪法第15修正案的所谓限制性措施，而不是将其单独加以考虑。"[123]

4月9日，参议院司法委员会也提出了自己的报告，其中规定，不得将人头税作为参与选举活动的前提条件。需要提出的是，作为参议院选举权草案基础的参议院多数派报告，虽然建立在司法部选举权诉讼基础上，并系统论述过禁止文化水平测试等限制性措施，但却没有谈及过人头税。然而，众议院提交的报告却包含大量关于与人头税有关的规定。这份报告明确，人头税与种族歧视在历史上紧密相关，因此，不能将人头税与种族歧视问题截然区分。通过考察阿拉巴马州、密西西比州等地人头税的制定历史，众议院报告认为，根据宪法第14及第15修正案，国会有权废止这些州意图限制黑人选举权所故意制定的立法。这份报告还提出，第五巡回上诉法院曾经在两起案件中认定，密西西比州的人头税规定具有种族歧视色彩。在众议员们看来，之所以没有太多的证据支持废止人头税，是因为普遍存在的文化水平测试、保证人制度、资产评估制度等，使得很多黑人还没有进入到人头税阶段，就已经被踢出了选民申请者的队伍。而从结果来看，适用人头税给黑人造成的负担远重于白人，因为白人的平均收入水平显著高于黑人。而经济地位或者收入状况，不得成为衡量一个人是否应该享有选举权的标准。众议院报告建议，司法部应该就此提出诉讼，明确人头税的违宪性，并为最高法院的判决提供参考根据。[124]

因此，似乎在选举过程中禁止适用人头税这一问题上，参议院与众议院达成了一定的共识。司法部仍然需要负责这一问题。格林在随后的一周，提出了对于人头税问题的几点解决办法，最终，他所提出的妥协性意见被包括在参议院的“曼斯菲尔德·德克森议案”中。5月21日，司法部向约翰逊总统提出了支持这一妥协议案的几点根据。这份妥协议案并未单纯地废止人头税，而是授权总检察长，有权在人头税被用于种族歧视时，对其采取相关的法律行动，总检察长向总统保证，这种规定是最为经济、最为安全，也最为稳妥的解决人头税问题办法。另外，这样做也可以获得反对废除人头税的参议院少数派领袖德克森的支持。[125]最后，虽然众议院报告对于废止人头税的理由阐述，十分具有说服力，但因为缺乏确定的判例支持，因此政府方面决定，不轻易主张废除人头税。

选举权法草案的其他内容规定，已经足以达成立法目的，联邦总检察长担心，直接禁止人头税会降低选举权法的可信度。6月29，争议最终解决。当天，卡赞巴赫致信给众议院中的民主派人士，谈及了日前他与马丁·路德·金的一次谈话，在这次谈话中，后者明确，虽然他自己希望废止人头税，但鉴于美国司法部的积极态度，他也可以接受这份议案中关于人头税部分的规定，并认为这样做可以最终终结人头税的适用。[126]因此，如上所述，选举权法所禁止的是人头税的负面作用，并授权总检察长针对人头税的不当适用提出诉讼，挑战人头税的合宪性。这样的一种观点具有合理性，即让司法走在立法之前。

结论

在法学家看来，普通法的渐变性与成文法的骤变性之间具有明显区分。很多成文法都在很大程度上改变了之前普通法的发展轨迹。相关的例证包括《谢尔曼反托拉斯法》(Sherman Antitrust Law)、《证券交易法》(Security and Exchange Law)以及《平等就业标准法》(Fair Labor Standards Act)。但当代民权法的发展，却与这种法律的急剧变革模式无缘。相反，这是一个历经8年的量变过程。首先，民权法出台，然后执法活动展开，反对者不断地制造麻烦，法院介入做出反应，然后往复循环。在选举权法最终出台之前，与上面谈到的那个循环出现过3次。这个往复过程的起点是《1957年民权法》的出台，之前的法律相比，这部民权法并没有太多实体变化，而主要关注程序，并将执法的重任放在法院身上。本法通过之后，约翰逊总统的评价无疑指出了未来民权立法的方向。之后3年中，司法部依据本法提起的相关诉讼，充分暴露出《1957年民权法》的立法缺陷，也凸显出国会在民权问题上的重要性。《1960年民权法》也主要关注于相关程序，当然，其中也包括冻结性救济措施的部分。《1964年民权法》关注主要问题并非选举权平等，也未对于种族歧视给出富有建设性的实质界定。

对于《1957年民权法》的支持者来说，似乎一旦赋予联邦总检察长起诉侵犯宪法第15修正案行为的权力，大多数地方选民登记委员就会依法行事，因此，只需要对于少部分恣意乱为者提起诉讼即可轻松解决问题。这也符合一般法律的适用模式。然而，保障民权法得以广泛遵守的因素有三：首先，"布朗案"中所谓"速度随意"(all deliberate speed)条款，使得美国南方各州发现自己完全有理由无视宪法第14修正案。如果埃尔默县、派利县或者索姆特县的教育委员会可以在"布朗案"判决10年后，依然可以坚持在学校实施种族隔离，那么这些地方的选民登记委员会，为什么要在选民登记过程中停止种族歧视呢？第二，对于如何界定"基于申请者的种族不当剥夺其选举权"，民权法并未明确界定。实际上，对于如何解读这一规定，各方面都没有付出过什么努力。国会以及行政机构主要关注的是一种机制性的观点：建构司法部民权事务部与民权事务委员会，以及授权总检察长对于相关的违法行为提起诉讼。对于国会而言，试图提供实质性解决方案的观点显得较不成熟。因为缺乏明确的法律规定，因此选民登记委员在实施种族歧视行为时毫无顾及，甚至还可以狡辩，认为自己的做法不具备任何歧视性色彩。同时，在没有立法指引的情况下，联邦法院基于司法消极主义，往往不会随便扩大解读法律。最后，依据上述民权法，其执行在很大程度上需要取决于司法部的积极介入，以及美国南方联邦地区法官的公平司法两个条件。但事实上，在1960年之前，司法部一直都未积极介入民权事务，更为悲催的是，南方很多联邦法官都不愿意采取强硬手段，迫使选民登记委员执行相关法律。

1960年，国会制定更为行之有效的立法的迫切性日益明显。在此之前，司法部已经提起过若干新的诉讼，而民权委员会1959年的工作报告也已出台。包括这份报告，民权委员会之前提交的五份年度报告都关注于程序性问题。对于上述报告中包括的立法建议，国会在民权立法时候几乎照单全收，只不过将其中的所谓"临时登记员"修改为"联邦选举仲裁员"。但仲裁员条款注定会失败，因为负责指定仲裁员的法官，十分熟悉自己所指定的人选。如果大部分联邦法官能够积极执法，那么《1957年民权法》仍然具有成功的可能。如果联邦法官能够更为自觉，那么《1960年民权法》当中的仲裁员条款也许会获得成功。虽然《1964年民权法》中增加了若干实体法的规定，但是像托马斯之流的联邦法官却对这些规定视而不见。这些联邦法官可以纵容自己选任的仲裁员驳回像吉米·李·杰克逊这样黑人的选民登记申请，理由是其对于宪法第五修正案的理解有所偏差，而根本不考虑杰克逊曾经完成12年学业。一直等到塞尔玛县等地爆发大规模的民权示威活动，并且暴露在大众视野当中，托马斯法官才选择执行《1964年民权法》。但这显然已经为时已晚。不论是对于杰克逊本人，还是对于仲裁员制度来说，都为时已晚。

对于民权活动的积极人士，或者民权法律的执行者而言，1957年至1965年这8年，似乎是一个无比漫长的过程。而对于相关民权法案的疏于执行，也使得情况雪上加霜。期间发生的两次总统大选，成千上万的黑人都无缘参加。《1957年民权法》《1960年民权法》以及《1964年民权法》，虽然在很多方面突破了诸多种族歧视的窠臼，但南方秉持白人至上理念的官员却想尽办法，尽可能地葬送上述改革努力。指望联邦法院迫使选民登记委员改变其既有的工作方式，已被证明是痴人说梦。司法部对此进行的大量诉讼证明，只有通过政治手段进行新的立法活动，才有可能改变整个局面。

相关民权法的执行不力导致了很多恶果。以派利县案为例，可以证明，这将导致各方皆输的局面。其一，阿拉巴马等南方州为此丧失了对其负责制定的地方选举权法负责的机会。根据《1965 年选举权法》，申请选民登记的种族歧视受害人，可以规避地方选民登记委员，直接向只对华盛顿负责的联邦选民检查员申请，与此不同，联邦选举仲裁员制度则要求，申请者必须首先向地方选民登记委员申请登记，并只有在遭到拒绝的情况下才可以求助于仲裁员。其二，这些州也无法控制选民的适格标准。《1957 年民权法》并未挑战州使用文化水平测试的权力。然而，其后所发生的一系列连锁反应，导致了这一选民资质测试标准的最终禁止。尽管在 1957 年，已经开始有人倾向于普选制，但反对民权法的人士，大多数并无特定的种族倾向。因为司法部针对南方几个州进行的民权诉讼已经证明，文化水平测试已经被用来作为种族歧视的工具，反倒就文化测试本身的合理性没有进行充分的讨论。选举权法在其所适用的地区，废止了所有选举权的前提测试条件。在此之前，各州可以随意立法规定，将文化水平等作为选民资格测试标准，可以规定救济性措施。从这个意义来说，托马斯法官所指定的联邦选举仲裁员对于文化水平标准的恣意适用，在很大程度上解释了立法机关最终废止文化水平测试的真正原因。

令人感到吃惊的是，从诉讼的结果来看，民众似乎并未对联邦法院失去信心。在很大程度上，联邦上诉法院因为勇于挑战南方的种族歧视，故应赢得了一定的声誉。更为重要的是，美国国会对于选举权法的很多观点，都建立在联邦地区法院的司法认定基础上。国会要求哥伦比亚特区联邦地区法院负责审理和选举权有关的案件，并且要由 3 名法官组成的合议庭进行审理。这种规定虽然多少带有不信任联邦法官的色彩，如设定联邦选举检查员、终止文化水平测试，以及事先禁止变通立法等。更为重要的是，选举权法将很大一部分工作量从司法体系中移除出去，而将其交给行政机关负责。需要强调的是，这样做的原因不在于不信任司法系统，而是不满于诉讼过程的拖冗。

司法部坚持让事实说话的做法在笔者看来导致了一种分裂性的后果。在 1960 年代早期，司法部所进行的选举权诉讼，并没有一个明确的政策作为支撑，即未考虑到日后的选举权立法，也未思索如何全面改变种族歧视。从这个意义上讲，那个时期联邦政府律师的诉讼活动，仅仅基于律师本人对于事实和法律的自身理解。被告也对于这个过程有所“贡献”。即便如此，如果没有这些民权诉讼，选举权法自然也无法最终出台。通过这些诉讼，可以证明这些地区普遍存在种族歧视问题，而很多联邦地区法官不愿意通过自己的司法活动，为这一问题提供有效的救济措施。因此，需要一种坚决有效的行政救济措施。如果没有诉讼经验的加功，仅仅因为类似于“派特斯桥惨案”的发生，似乎无法设想国会会采取“结果测试标准”、冻结性救济措施，或者联邦检查员及观察员制度、事先禁止性规定及普选制度。

如果没有生活在埃尔默县、派利县以及索姆特县等南方腹地无畏、勇敢的黑人，选举权法是否还会诞生？答案或许是肯定的。虽然在密西西比州、阿拉巴马州以及路易斯安娜州很多地方都爆发了类似的抗争事件，但需要注意的是，1965 年约翰逊总统主推的立法是所谓的“大社会法案”，并且当时越战也已经开始越来越成为美国社会上下关注的焦点。至于其对于选举权法内容的影响，当然是见仁见智，但至少这些黑人的遭遇表明了加强相关立法的必要性。

从简单禁止对于种族歧视，到一部内容复杂的选举权法的诞生，这一切都证明，概括性的立法标准并不会改变根深蒂固的习俗，需要建构更为细致，更为具有操作性的规则。这也反映出无法寄希望于联邦法院来改变这样一种现状。在某些情况下，需要行政机关的强有力介入。这段历史还表明，无法指望某个行政机构或者某个单一的判决能够在任何时候、任何情况下在种族问题上保持中立。尽管在大多数问题上，联邦地区法官都能够恪守中立，但事实证明他们当中都很多人在种族问题上都疏于秉公司法，疏于提供有效的救济措施。在这一问题上，国会与政府扮演了制衡力量，也在某种程度上能够比司法部门在种族问题上更为中立。当然，或许在其他问题上，司法部门可以实施比行政部门，或者立法部门更能保持不偏不倚的态度。

或许，可以用阿尔伯特·特纳所说过的一句话作为结尾：“根本而言，我认为选举权法赋予黑人以希望，并使其可以有足够的勇气，继续争取其他本应属于他们的权利。”[127]

注 释

序言

［1］United States Department of Justice, Civil Rights Division, *Administrative History* (1969), 12（根据统计，从1957年开始到“选举权法”的通过为止，美国司法部共计提起过约70起与选举权有关的诉讼）.

［2］David Garrow, *Protest at Selma: Martin Luther King, Jr., and the Voting Act of 1965* (New Haven, Conn.: Yale Univ. Press, 1978); Taylor Branch, *Pillar of Fire: America in the King Years*, 1963–65 (New York: Simon & Schuster, 1998), *At Canaan's Edge: American in the King Years*: 1965–68 (New York: Simmon & Schuster, 2006).

导论

［1］前美国联邦最高法院大法官瑟古德·马歇尔（Thurgood Marshall）曾担任“全美有色人种协进会”法律辩护与教育基金的负责人，其继任者，知名民权律师杰克·格林伯格（Jack Greenberg）曾公开承认，对于此类刑事案件进行诉讼较为困难，在其看来，“明明有罪的被告很容易便可获得陪审团的同情”，而另一方面，大陪审团往往认为此类案件的被告不构成犯罪。与此同时，面对具有公职身份的被告，刑事审判中“排除合理怀疑”证明标准，几乎成为检方无法逾越的鸿沟。Jack Greenberg, *Race Relations and American law* (New York Columbia Univ. Press, 1959), 137–38.

［2］Voting Rights Act of 1965, Pub. L. No. 89–110, 79 Stat. 437（1965）（修正后规定为42 U. S. C § §1971, 1973 to 1973bb–1 (1944)）.

[3] U. S. Const. amend. XV.

[4] John Hope Franklin, *From Slavery to Freedom: A History of American Negros*, 2d. ed. (New York: Knopf, 1956), 338.

[5] Civil Rights Act of 1957, Pub. L. No. 85-315, 71 Stat. 634(修正后散见于 sections of 28 and 42 U. S. C.).

[6] United States Commission on Civil Rights. *The Voting Rights Act: Ten Years After* (Washington, D. C. : Government Printing Office, 1975), 41, 51.

[7] Burke Marshall, *Federalism and Civil Rights* (New York: Columbia Univ. Press: 1964), 7. 马歇尔大法官提出:"在法律执行方面还没有出现过类似情况。"因为在其看来,"这场危机可谓前所未有,毕竟其所涉及的并非个人行为,而是指包括州执法部门在内的公力机构所实施的违法行为。"

[8] Roy Reed, *Alabama Police Use Gas and Clubs to Rout Negros*, N. Y. Times, Mar. 8, 1965, 1, 20.

[9] 法院认为,剥夺黑人选举权所导致的危害,大大超过了示威游行所导致的社会成本及不便。*Williams v. Wallace*, 240 F. Supp. 100, 106-07 (M. D. Ala. 1965).

[10] Lyndon B. Johnson, "Special Message to the Congress: The American Promise," *in Public Papers of the Presidents of the United States: Lyndon B. Johnson*, 1965 (Washington, D. C. : Government Printing Office, 1966), 281.

[11] 约翰·路易斯(John Lewis),一位土生土长的阿拉巴马州土著,曾在 1963 年至 1966 年期间担任"非暴力学生运动联合会"主席,并曾在爱德蒙·派特思桥游行事件中头部受伤。之前其还曾经参与过很多静坐、游行活动。1986 年之后,路易斯成为代表佐治亚州的美国国会议员。参见 John Lewis and Michael D'Orso, *Walking with the Wind: A Memoir of the Movement* (New York: Simon & Schuster, 1998)。阿尔伯特·特纳(Albert Turner)曾担任一个隶属于南方基督教领袖大会的民权机构领导人,同时,也领导了塞尔玛·蒙哥马利大游行。参见 Tina Kelly, *Albert Turner Is Dead at 64; Strove for Civil Rights in South*, N. Y. Times, Apr. 15, 2000, A27; Tom Gordon, *Turner Recalled as "One of Giants" of Civil Rights Era*, Birmingham News, Apr. 15, 2000, A27。

[12] David J. Garrow, *Protest at Selma: Martin Luther King, Jr., and the Voting*

Rights Act of 1965（New Haven，Conn，：Yale Univ. Press，1978），1.

［13］Taylor Branch，*Pillar of Fire*：*American in the King Years*，1963 - 65（New York：Simon & Schuster，1998），以及 At Canaan's Ddge：*American in the King Years*，1963 - 65（New York：Simon & Schuster，2006）。

［14］*South Carolina v. Katzenbach*，383 U. S. 301,309(1966).

［15］*Id.* At 309 - 15；亦参见 Lyndon B. Johnson，"Remarks in the Capitol Rotunda at the Signing of the Voting Rights Act，" in *Public Papers of the Presidents of the United States*：*Lydon B. Johnson*，1965（Washington，D. C.：Government Printing Office，1966),811,841。("有些人曾经提出，要采取循序渐进的办法，但事实证明，此路不通。在之前的很长一段时间，各种非根本性的改良措施一再被尝试，又一再失败，渐渐地，可供试验的时间已被彻底错过。")

［16］The Enforcement Act of 1870，chap. 114,16 Stat. 140(1870).

［17］参见 John Hope Franklin，*From Slavery to Freedom*：*A History of American Negroes*，2d. ed（New York：Knopf，1956），597 - 601，and n5。

［18］本书的第八章将详细讨论《1965 年选举权法》中的"监督员条款"(referee provison)。

［19］参见 *U. S. v. Mississippi*，339 F. 2d 679,682(5th Cir. 1964)(本案主要关注的是先后于 1960 年和 1962 年新增加的对于黑人选举权的限制性条款)。

［20］*U. S. v. Mississippi*，229 F. Supp. 925（S. D. Miss，1964），*rev'd*，380 U. S. 128（1965）.

［21］Civil Rights Act of 1964，Title 1,78 Stat. 241.

［22］对于早期关注政府诉讼与选举法条文之间关联的研究，参见 Barry E. Hawk and John J. Kirby Jr.，Note，*Federal Protection of Negro Voting Rights*，51 Va. L. Rev. 1051(1965)。

［23］*Lassiter v. Northampton County Board of Elections*，360 U. S. 45(1959).

［24］参见 Charles I. Zelden，*Voting Rights on Trial*（Santa Barbara，Calif：ABC-CLIO，2002），109 - 19(对比了弗兰克·约翰逊法官所引领的进步，与其他法官在推行宪法第 15 修正案时的裹足不前)；Bernard Grofman，Lisa Handley and Richard G. Niemi，*Minority Representation and the Quest for Voting Equality*（New York：Cambridge Univ. Press，1992），12 - 15(主要关注的是相关诉讼的挫败)；Donald S. Strong，

Negroes, Ballots, and Judgs (Tuscaloosa: Unvi. of Alabama Press, 1968), 68 - 69 (重新审视了根据 1957、1960 以及 1964 民权法所进行的相关诉讼)。

[25] 作者所发现的另外一项针对司法部选举权诉讼,及其 1957、1960 以及 1964 民权法有影响的研究是 Frederick M. Wirt, *Politics of Southern Equality: Law and Social Change in a Mississippi County* (Chicago: Aldine, 1970)。

[26] 参见 Deborah Lipstadt, Denying the Holocaust: *The Growing Assault on Truth and Memory* (New York: Free Press, 1993)(阐述了例如艾维萦之流如何否认针对犹太人的种族屠杀存在的史实)。

[27] *The Birth of a Nation*, Directed by D. W. Griffith (1915).

[28] Margaret Mitchell, *Gone With Wind* (London: Macmillan, 1936).

第一章　阿拉巴马,1964

[1] *U. S. v. Alabama*, 252 F. Supp. 95,98(M. D. Ala. 1966).

[2] Virginia Van Der Veer Hamilton, *Alabama: A Bicentennial History* (New York: W. W. Norton, 1984), 96;亦参见 John Hope Franlin, *From Slavery to Freedom: A History of American Negros*, 2d. ed. (New York: Knopf, 1956), 337(1901 年宪法出台后,阿拉巴马州总计 187471 名适龄黑人中,只有 3000 人获得选民登记).

[3] Richard M. Valelly, *the Two Reconstructions: The Struggle for Black Enfranchisement* (Chicago: Univ. of Chicago Press, 2004), 249.

[4] *Alabama*, 252 F. Supp. at 98, n.16.

[5] Hamilton, *supra* note 2, at 97.

[6] James C. Cobb, "the Lesson of Little Rock: Stability, Growth, and Change in the American South," in *Understanding the little Rock Crisis: An Exercise in Remembrance and Reconciliation*, ed. Elizabeth Jacoway and C. Fred Williams (Fayetteville: Univ. of Arkansas Press, 1999), 107,110.

[7] *Id*, at 111.

[8] Woodrow Wilson, *A History of the American People*, vol. 5(New York: Harper & Bros., 1901), 136.

[9] George W. Williams, *History of the Negro Race in American from 1619 to 1880*,

vol. 2 (New York: G. P. Putnam's Sons, 1885), 527.

[10] John W. Burgess, *Reconstruction and the Constitution* (New York: Charles Scribner's Sons, 1902), 244–45.

[11] Franklin, *supra* note 2, at 337. 曾有阿拉巴马州的历史学者,将南北战后重建神话的形成追溯至詹姆士·奥斯卡·普鲁德(James Oscar Prude)1895年在阿拉巴马州历史学年会上的讲话,从中所得出的结论是:"普鲁德之流所编织出来的神话是,高贵的白人勇敢承担了领导那些无法自治的劣等种族的神圣责任,而这种领导也是劣等种族所迫切期待的。"Harvey H. Jackson, *Inside Alabama: A Personal History of My State* (Tuscaloosa: Univ. of Alabama Press, 2004), 144.

[12] U. S. Congress, House, Committee on the Judiciary, *Debate on H. R. 8601*, 86th Cong. (2d Sess., 1960) (statement of Rep. William Colmer, D-Miss.), in Bernard Schwartz, ed., *Statutory History of the United States, Civil Rights, Part 2* (New York: Chelsea House, 1970), 959.

[13] Bernard Taper, *Gomillion versus Lightfoot: the Tuskegee Gerrymander Case* (New York: Mggraw-Hill, 1962), 49.

[14] Ralph McGill, *the South and the Southerner* (Boston: Atlantic Little Brown, 1963), 233.

[15] Morton Sosna, *In Search of the Silent South* (New York: Columbia Univ. Press, 1977), 171.

[16] *Id.*

[17] *Norris v. Alabama*, 294 U. S. 587, 598–99(1935).

[18] Kermit L. Hall, "The Constitutional Lessons of the Little Rock Crisis," in *Understanding the Little Rock Crisis: An Exercise in Remeberance and Reconciliation*, ed. Elizabeth Jacoway and C. Fred Williams (Fayetteville: Univ. of Arkansas, 1999), n6, at 127.

[19] McGill, *supra* note 14, at 235.

[20] Tony A. Freyer, "The Past as Future: The Little Rock Crisis and the Constitution," in *Understanding the Little Rock Crisis: An Exercise in Remeberance and Reconciliation*, ed. Elizabeth Jacoway and C. Fred Williams (Fayetteville: Univ. of

Arkansas, 1999), n6, at 150.

[21] 参见 Discussion of Giles v. Harris, *infra* Chapter 3, note 12 - 18 and accompanying text.

[22] Freyer, *supra* note 20, at 147,引自 Julian Williams, *Eyes on the Prize: America's Civil Rights Year, 1954 - 1965* (New York: Penguin Books, 1987), xii - xiv.

[23] W. E. B. DuBois, "An Appeal to the World," in *An Appeal to the World, a Statement to the Denial of Human Rights to Minorities in the Case of Citizens of Negro Descent in the United States of America and an Appeal to the United Nations for Redress* (New York: 1947), 6,37 - 38,40 - 41,53 - 54,1 年之前,"全美黑人大会"也曾向联合国提交过类似的陈情申诉。

[24] Civil Rights Congress, *We Change Genocide: The Historic Petition to the United Nations for Relief from a Crime of the United States Government against the Negros People* (New York: 1951), 141 - 46,151 - 52,182 - 84.

[25] Mary L. Dudziak, *Cold War Civil Rights: Race and the Image of American Democracy* (Princeton, N. J.: Princeton Univ. Press, 2000), 12,45.

[26] Joanna Schneider Aangrando and Robert L. Zangrando, "*ER and Black Civil Rights*," *in Without Precedent: The Life and Career of Eleanor Roosevelt*, ed. Joan Hoff-Wilson and Majorie Lightman (Bloomington: Indiana Univ. Press, 1984), 88, 101 - 02.

[27] Dudziak, *supra* note 25, at 66,45.

[28] Gerald Horne, *Black and Red: W. E. B. Dubois and the Afro-American Response to the Cold War*, 1944 - 1963(Albany: State Univ. of New York Press, 1986), 79 - 80.

[29] Dudziak, *supra* note 25, at 44 - 45,66.

[30] Press Analysis Section, United States Information Service. American Embassy, New Delhi, "Survey of Communist Propaganda in India," Feb. 1 - 15, 1952, Chester Bowles Papers, folder 415, box 105, series 2.

[31] Robert Coe, U. S. Embassy, The Hague, the Netherlands, to Department of State, Feb. 13, 1950, "RG 59,811. 411/2 - 1350," National Archives.

[32] Richard M. Valelly, *The Two Reconstructions: the Struggle for Black Enfranchisement*

(Chicago: Univ. of Chicago Press, 2004), 171, table 7 - 2.

[33] Jack Greenberg, *Crusaders in the Courts* (New York: Basic Books, 1994), 39.

[34] *NAACP v. Alabama ex rel*. Flowers, 377 U. S. 288 (1964); *NAACP v*, *Alabama* ex rel. Patterson, 357 U. S. 449(1958),360 U. S. 240(1959); *NAACP v. Gallion*, 368 U. S. 16(1961).

[35] Donald G. Nieman, *Promises to Keep: African-Americans and the Consitutional Order*, 1776 to the Present (New York: Oxford Univ. Press, 1991), 166 - 81;参见 Judith Kilpatrick, *Wisley Austin Branton and the Voting Rights Struggle*, 26 U. Ark. Little Rock L. Rev. 641,661(2004); Edwin O. Guthman and Jeffrey Shulamn, ed., Robert Kennedy in His Own Words: *The Unpublished Recollections of the Kennedy Years* (New York: Bantam Books, 1988), 104.

[36] 作者对比哉尔的采访,参见 Coatopa, Ala., Apr. 7, 1964。

[37] 相关方向梅根县委员会所作证言。Feb. 14, 1958。

[38] Steven F. Lawson, *Black Ballots: Voting Rights in the South, 1944 - 1969* (New York: Columbia Univ. Press, 1976), 175 - 76(引自 Pittsburgh Courier, May 25, 1957).

[39] 退伍老兵,45 岁以上长者以及国民卫队士兵可以免交人头税。

[40] *Davis v. Schnell*, 81 F. Supp. 872,876 (S. D. Ala. 1949). 实际上,联邦第五巡回上诉法院的法官曾经提出:"宪法第 15 修正案并不适用于选举登记这一问题,其仅仅适用于基于种族因素剥夺特定人群的选举权,而非反对基于种族因素区分行使选举权。"*United States v. Alabama*, 304 F. 2d 583,604 - 05 (5th Cir. 1962) (Cameron, J, dissenting).

[41] 参见 U. S. Congress, House, Committee on the Judiciary, Subcommittee No. 5. *Hearings on H.R.* 6400, 89th Cong. (1st Sess., 1965), 30。

[42] 但需要指出的是,加州宪法的确要求选民能够以英文诵读美国宪法条文。参见 *id.* 31, note 7 (引自 Cal. Const. art II, § 1)。

[43] Donald S Strong, *Registration of Voters in Alabama* (Tuscaloosa: Univ. of Alabama, 1956), 1,115 - 16.

[44] 与很多州类似,阿拉巴马州规定,对于曾犯重罪的选民褫夺选举权,并列举很多黑人

所惯常实施的犯罪。这一规定最终在 *Hunter v. Underwood*，471 U. S. 222(1985)案中被联邦最高法院推翻。

[45] *Smith v. Allwright*, 321 U. S. 649(1944). 参见 Charles L. Zelden, *The Battle for the Black Ballot*: *Smith v. Allwright and the Defeat of the Texas All-Wright Primary* (Lawrence: Univ. Press of Kansas, 2004).

[46] Davis, 81 F. Supp. At 880.

[47] Ala. Const. art 8 § 181 (Dec. 19,1951 修正).

[48] 针对阿拉巴马州选举问题的一项调查认为，填写选民登记申请表的困难程度远远超过了一般人的预期，因此禁止申请者在填写选民登记表时获得他人帮助，就显得十分重要。例如，在阿拉巴马州北部5县，选民登记申请者需要仔细聆听相关工作人员的口头问题，并进行口头回答，再由工作人员将申请者口述的答案记录下来。而这几个县中黑人居民所占比例不高。Strong, *supra* note 43, at 36－37.

[49] 相关的技巧还包括例如提供白人保证人、财产证明、要求甚高的文化水平测试、基于宪法的偏颇问题、基于填错表格等技术性失误的申请驳回、对于黑人选民登记申请的拖冗处理，以及负责官员对于黑人选民申请者有意无意的恫吓等。Herbert Hill, *Southern Negroes at the Ballot Box*: *The Crisis* (1954),261,265－66.

[50] Brief of the United States at 6, n. 3 *U. S. v. Hins*, C. A. 63－609 (N. D. Ala. 1964).

[51] 阿拉巴马州立法机构于1961年7月26日制定并通过了92号法令。*Alabama Laws of the Legislature of Alabama*, *1961*, vol. 1, Montgomery, Ala., page 107, 这一法案规定，选民登记委员会需要提前设计出12套问题，从而保证每个月都可以适用新的问题。Supplement Order of the Supreme Court of Alabama, In Re: Application for Registration Questionnaire and Oath, Jan. 14,1964.

[52] *U. S. v. Alabama*, 252 F. Supp. 95,98 (quoting Delegate Heflin at the 1901 Alabama Constitutional Convention).

[53] 参见 Attorney General, *Annual Report of the Attorney General of the United States for the Fiscal Year Ended June* 30,1965, at 171。政府方面的诉讼根据在于区别教育理论及冻结原则。在其看来，因为黑人所接受的教育质量不高，因此根本无法通过阿拉巴马州1964年版选民登记申请表中的文化水平测试，从而根本无法改善该州选

民结构中不同种族所占比例显著失衡的局面。Arthur Osgoode, U. S. *Would Nullify State Voter Tests*, *Montgomery Advertiser*, Jan. 16,1965. 阿拉巴马州法院法官曾支持该州 6 个县的假释官所作出的,禁止没受过教育的选民投票的禁令,但这一决定后来被由 3 名联邦法官所组成的联邦地区法院认定无效。*Reynolds v. Katzenbach*, 248 F. Supp. 593 (S. D. Ala. 1965). 截至 1966 年 3 月,针对阿拉巴马州选民文化测试的诉讼逐渐减少,因为这一测试已被《1965 年选举权法》所废止。Memorandum from Brain K. Landsberg to Frank M. Dunbaugh, Mar. 22, 1965, regarding *U. S. v. Baggett*, No. 2159 - N (M. D. Ala. 1965), Reynolds, 248 F. Supp. 593.

第二章　联邦执法

[1] Richard M. Valley, *The Two Reconstructions: The Struggle for Black Enforcement* (Chicago: Uni. of Chicago Press, 2004), 8.

[2] 参见 Alexander Keyssar, *the Right to Vote: The Contested History of Democracy in the United States* (New York: Baisc Books, 2000), 108 - 11.

[3] F. Scott Fitzgerald, *The Great Gatsby* (New York: Charles Scribner's Son, 1925), 13.

[4] Lothrop Goddard, *The Rising Tide of Color against White World-Supremacy* (London: Chapman & Hale, 1920), 98, 可见于 http://www.solargeneral.com/library/Risingtideofcolor.pdf.

[5] 93 Cong. Rec. 27 - 28(daily ed., Jan. 3,1947).

[6] Earl Warren, *the Memoirs of Earl Warren* (New York: Doubleday, 1977), 291.

[7] Walter F. George, *Liberety Magazine*, Apr. 21, 1938.

[8] Ralph Bunche, "The Political Status of the Negros." In *Carnegie-Myrdal Study of the Negro in America Research Memoranda Collection 1935 - 1948*, ed. Dewey Grantham(microfiche, New Work Public Library, New York), 41,287,314 - 15,387, 436 - 37,788,邦奇最先使用的数字是 1500 人,但是他同时也承认,在伯明翰大约另外 500 名黑人也获得了选民登记。在其他场合,他曾经估计大约有 2000—2500 名黑人获得选举权。*Id.* 817. Grantham ed., 401,817(引自 1939 年 11 月对蒙哥马利县选

民登记委员会主席的访谈 Mrs. J. Ala，Nov. 11.1939；Grantham ed.，at 401). 相关部分的资料可见于纽约市立图书馆舒姆伯格(Schaumberg)藏书室等地。编辑后的相关版本亦可参见 Ralph J. Bunche，*The Political Status of the Negro in the Age of FDR*，ed. Dewey W. Grantham (Chicago：Univ of Chicago Press，1973)。本书所参照的是原始手稿，而格兰瑟姆(Grantham)所编辑的版本与此雷同。

[9] Gunnar Myrdal，*An American Dilemma：The Negro Problem and Modern Democracy* (New York：Harper & Brothers，1944)，475，480－85.

[10] Marcel Proust，Swann's Way，ed. *Chirstopher Prendergast*，*trans. Lydia Davis* (New York：Viking，2003)，12.

[11] E. g.，*U. S. v. Reese*，92 U. S. 214 (1875)；*U. S. v. Gruikshank*，92 U. S. 542 (1875).

[12] *Giles v. Harris*，189 U. S. 475(1903).

[13] H. L. McClintock，*Handbook of Equity* (St. Paul，Minn.：West，1936)，290－91，n. 44.

[14] Charles Warren，*The Supreme Court in United States History* (Boston：Little，Brown，1926)，3：339－40，n. 2. 沃伦法官提出，国会为执行宪法第 15 修正案采取了若干措施，与此同时，南部各州通过大体上得到司法支持的宪法及成文法，已经发现了限制黑人选举权的方法。同上 339. 同时，他还指出，大多数美国内战后重建时期的民权立法都已名存实亡，很大程度上，这是因为时空条件发生的巨大变化，而其也并没有得到美国南北民众的民意支持。毕竟这些法律的制定时间十分特殊，主要适用于战争后期，而非和平时期；主要适用于专权时期，而非民主时期。同上 340，引自 Williams W. Davis，*the Federal EnforcementActs：Studies on Southern History and Politics* (1914).

[15] Note，*Disenfranchisement by Means of the Poll Tax*，53 Harv. L. Rev. 645，647 (1940)。

[16] Thomas I. Emerson and David Haber，Political and Civil Rights in the United States (Buffalo，N. Y.：Dennis，1952)，324. *See also*，*id.* 75 (审理法院在是否适用 42 U. S. C. 1983 所规定的制裁措施态度暧昧。).

[17] 可参见 *Boswell v. Bethea*，242 Ala. 292(1942)，驳回了黑人申请者因为阿拉巴马州

杰弗逊县选民登记委员会拒绝为其提供登记一案提出的上诉。

[18] *Breedlove v. Suttles*, 302 U. S. 277(1937)以及 *Butler v. Thompson*, 341 U. S. 937 (1951), aff'g men., 97 F. Supp. 17 (E. D. Va. 1951).

[19] *Lassiter v. Northampton County Bd. Of Elections*, 360 U. S. 45,52-53(1959) (引自 Davis v. Schnell, 81 F. Supp. 872, aff'd, 336 U. S. 933(1959)).

[20] *U. S. v. Saylor*, 322 U. S. 385(1944); *U. S. v. Classic*, 313 U. S. 299(1941).

[21] 参见 Brian Lansberg, *Enforcement Civil Rights: Race Discrimination and the Department of Justice* (Lawrence: Univ. Press of Kansas, 1997), 9-12。

[22] Richard M. Valley, *the Two Reconstructions: The Struggle for Black Enfranchisement* (Chicago: Univ. of Chicago Press, 2004), 188-89.

[23] 参见 Frederick M. Wirt, *Politics of Southern Equality: Law and Social Change in a Mississippi County* (Chicago: Aldine, 1970), 72-77。

[24] Robert M. Godman, *A Free Ballot and Fair Count: The Department of Justice and the Enforcement of Voting Rights in the South*, 1877-1893(New York: Fordham Univ. Press, 2001), 189.

[25] New York Times: Aug. 13, 1959, 引自 Jack Bass and Walter DeVries, *The Transformation of Southern Politics: Social Change and Political Consequences since* 1945 (New York: Baisc Books, 1976), 212.

[26] Diane McWhorter, *Carry Me Home* (New York: Simon & Schuster, 2002), 240. 彼得·艾容(Peter Irons)曾经指出:"我所研究过的每一位新政时期的总检察长,都会用各自的风格处理案件,并影响其手下的律师"。Peter Irons, *the New Deal Lawyers* (Princeton: N. J.: Princeton Univ. Press, 1982), 5. 例如,多尔的行为方式就深刻地影响到了民权事务部的办事作风:深入基层,细致分析案卷,充分准备案例,从而在案件的审理过程中清楚地证明相关的错误之处。

[27] 参见 Landsberg, supra note 21, chap. 9: Luther A. Huston, *The Department of Justice* (New York: Praeger, 1967), 255-56。

[28] Transcript, Burke Marshall Oral History Interview I, Oct. 28,1968, by T. H. Baker, Internet Copy, LBJ Library, 3-28.

[29] Affidavit of Burke Marshall, Record on Appeal at 48-49, *U. S. v. Mcleod*, No.

21475(5th Cir. 1964).

[30] 参见 Jack Greenberg，*Crusaders in the Courts*：*Legal Battles of the Civil Rights Movement*（New York：Basic Books，1994），就 LDF 的工作情况，亦可参见 Stephen L. Wasby，*Race Relations Litigation in an Age of Complexity*（Charlottesville：Univ. Press of Virginia，1995）；J. W. Peltason，*Fifty-Eight Lonely Men*：*Southern Federal Judges and School Desegregation*（Urbana：Univ. of Illinois Press，1961），94－95，众所周知，法律辩护基金会工作的开展与成效，几乎完全取决于其每年所编列的预算。私人执业的律师可能会因为接连胜诉而获得律师费的奖励，但这一点不适用于法律辩护基金会的预算规定。1937 年，阿拉巴马才第一次出现了执业的黑人律师，截至 1961 年，该州黑人执业律师的人数仅为 19 人。参见 Southern Christian Leadership Conference v. Sessions，56 F. 3D 1281，1286（11TH Cir. 1995）。因为白人律师通常不愿为选举权案件的诉讼提供代理，因此法律辩护基金会只能依靠势单力薄的少数黑人律师为其提供法律服务。

[31] Burke Marshall，*Federalism and Civil Rights*（New York：Columbia Univ. Press，1964），1－12.

[32] Dan T. Carter，The Politics of Rage：*George Wallace*，*the Origins of the New Conservatism*，*and the Transformation of American Politics*（New York：Simon& Schuster，1995），121，提出肯尼迪曾向华莱士抱怨，有些非洲裔大学教授在申请选民登记的时候，被告知不符合文化水平要求。亦可参见 Arthur M. Schlesinger，*Robert Kennedy and His Times*（New York：Ballantine Books，1978），352－53。

[33] Marshall，*supra* note 31，at 23，24，40.

[34] Tony Freyer and Timothy Dixon，*Democracy and Judicial Independence*：*A History of the Federal Courts of Alabama*，1820－1994（Brooklyn，N. Y. Carloon，1995），140，142－43(引自 Judge John C. Godbold).

[35] Michael J. Klarman，*From Jim Crow to Civil Rights*：*The Supreme Court and the Struggle for Racial Equality*（New York：Oxford Univ. Press，2004）.

[36] 参见 *Giles v. Harris*，189 U. S. 475(1903)。有关于本案的详尽研讨参见 Richard H. Pildes，*Democracy*，*Anti-Democracy*，*and the Cannon*，17 Const. Comm. 295（2001）；Charles A. Heckman，*Keeping Legal History "Legal" and Judicial*

Activism in Perspective：*A Reply to Richard Pildes*，19 Const. Comm. 625(2002)；Richard H. Pildes，*Keeping Legal History Meaningful*，19 Const. Comm. 645 (2002)。

[37] Phillip J. Cooper，*Hard Judicial Choices*：*Federal District Court Judges and State and Local Official* (New York：Oxford Univ. Press，1988)，3 (引自 Kenneth M. Dolbeare，*Trial Courts in Urban Politics*[New York：Wiley，1967])

[38] Freyer and Dixon，*supra* note 34,179. 亦参见 J. Mills Thornton III，*Dividing Lines*：*Municipal Politics and the Struggle for Civil Rights in Montgomery*，*Birmingham*，*and Selma* (Tuscaloosa：Univ. of Alabama Press，2002)，132,所指"格罗姆斯的无比谨小慎微"与"托马斯对于塞尔玛白人温和派力量的盲目宽容。"

[39] Peltason，*supra* note 30，at 4,96,252.

[40] 参见 106 Cong.，Rec. 3,3898(1960)(福斯特教授就选举仲裁问题,呈交给哈特参议员助理威廉·威尔士的书面备忘录)。Peltason，*supra* note 30，at 4,96,252.

[41] Freyer and Dixon，*supra* note 34，at 168.

第三章　索姆特县:种族与家长制

[1] Alabama Journal，Aug. 9,1965.

[2] Sumter County，Ala.，统计数字见 http://quickfacts. census. gov/afd/states/01/01119. html (accessed Aug. 15,2006)。

[3] Louis Roycraft Smith Jr.，*A History of Sumter County*，*Alabama*，*through 1886* (Ph. d. diss.，Univ. of Alabama，1998)，106,187.

[4] Carl Carmer，*Stars Fell on Alabama* (Tusculoosa：Univ. Alabama Press，1934)，126. 豪威尔·雷恩(Howell Raines)认为,塔特女士有可能促使卡尔默黑人聚居区成为短途观光区。

[5] Virginia Van der Hamilton，*Alabma*:*A Bicentennial History* (New York：W. W. Norton，1977)，84，引自 Ray Granade，*Violence*：*An Introduction of Policy in Reconstruction Alabama*，ALABAMA HISTORICAL Q. 86(1971)，181,199. 亦参见 Ruby Pickens Tartt，*Born in Slavery*：*Slave Narratives from the Federal Writers' Project*，1936－1938，at 29 (1937 年 6 月 17 日塔特对拜尔的访谈,主要叙述了史蒂

芬等人与3K党徒们的行径)。

[6] V. O. Key Jr., *Something Politics*: *In State and Nation* (New York: Knopf, 1949), 5.

[7] U. S. Brief, *United States v. Hines*, C. A. 63-609, at 10.

[8] Glen Feldman, *Politics, Society, and the Klan in Alabama*, 1915-1949(Tuscaloosa: Univ. of Alabama Press, 1999). 菲尔德曼(Feldman)曾介绍过20世纪30、40年代索姆特县发生的几起事件:"1939年独立日,白人暴民曾将一位黑人私刑处死,在这场种族冲突当中,还有另外3位黑人以及2位白人丧命。"*Id.* at 212. 1935年,在一次黑人游行活动中,白人开枪袭击了路过索姆特县列文斯顿格拉格桥(Gorgas)的北方民权运动组织者所驾驶的车辆。*Id.* at 267. 1948年,当地白人还因为一位马萨诸塞州学生将乔治·华莱士(George Wallace)的贴纸贴到了挡风玻璃上,将该车捣毁。

[9] 参见*Dial*案的相关讨论。

[10] Lillian Hellman, *The Little Faxes*, *in Six Plays by Lillian Hellman* (New York: Vintage Books, 1979), 205.

[11] V. O. Key Jr., *supra* note 6 at 5. 他们所坚持的观点是,"建立在劣等黑人劳工基础上的经社体系。"

[12] *Save Alabama from Negro Rule and Demonization* [political advertisement by the Sumter County Democratic Executive Committee, Livingston, Ala, Ira D. Pruitt, Chairman], Birmingham News, Oct. 30, 1946, at 9. 博斯维尔修正案后被联邦法院认定违宪。*Davis v. Schnell*, 81 F. Supp. 872 (S. D. Ala. 1949) (3 Judge district court), aff'd 336 U. S. 933(1949).

[13] 参见德里曼法官的证言。May 1964, *United States v. Hines*, C. A. 63-609, at 584-85.

[14] *Untied States v. Hines*, 9 Race Rel. L.. Rep. 1332, 1335(1964).

[15] U. S Brief, *supra* note7, at 84.

[16] U. S. Congress, Senate, Committee on the Judiciary, *Hearings on Voting Rights*, 89th Cong, (2d Sess., 1966), 1169.

[17] U. S. Department of Commerce, Bureau of the Census (1960)。这种差距一直延续,根据二十世纪八十年代美国国会的一项统计,当时美国黑人家庭的年平均收入为8095美金,而白人家庭平均年收入为20436美金。

[18] U. S. Department of Commerce, Bureau of the Census (1980).

[19] Jerrilyn McGregory, *Alabama Bound*, Liner notes. Also Citing Lomax to Jonathan Lindsey, Mar. 3, 1977, quoted in Virginia Poundas Brwon and Laurella Owens, *Toting the Lead Row*: *Ruby Pickens Tartt*, Alabama Folklorist (Tuscalloa: Univ. Alabama Press, 1981).

[20] Dial Case, Described *infra*.

[21] 有部分县府官员服务于"农业拓展服务项目"(Agricultural Extension Service),这一项目受到了联邦政府的资助,旨在为农民提供服务与农业信息。但是在阿拉巴马,这一项目存在着泾渭分明的种族隔离现象。

[22] 例如,斯皮尔斯(Spears)指出:"自己的大多数工作都必须看人眼色,因为不这样做,会丢掉自己的饭碗。"Memrandum from Edward H. O'Connell, Attorney, to Trail File Sumter County (U. S. v. Hines, et al.) (Now. 19,1964).

[23] Memorandum from R. J. Groh to Mr. Norman, Sumter County FBI Report (Aug, 16,1960).

[24] 参见 Gerald Stern, *The Buffalo Creek Disaster* (New York: Vintage Books, 1976)。

[25] 前弗兰尼律师事务所的一名合伙人曾经回忆,尼克在司法部争取美国南方黑人选举权的斗争中,扮演了积极角色,密西西比州一份由民权组织出版的报纸曾公开宣告"弗兰尼来了"。Rudolph Kass, *A Judge Who Had a "Taste for Life"*, 27 M. L. W. 1099(1999).

[26] 例如参见 Memorandum from John Doar to Burke Marshall, Attorney Assignments, Sept. 14,1964。其中列举了正在密西西比州 23 个县进行的诉讼,以及其中 8 个县相关法令的执行情况。这一备忘录为所有诉讼设置了一位负责人,并为每件诉讼指派了具体负责律师。但在现实司法实践当中,这一机制的分配非常具有灵活性,例如,虽然作者被指派负责达拉斯县 3 起案件,但约翰·多尔才是这些案件的出庭律师。

[27] *U. S. v. Alabama*, 304 F. 2d 583,611 (5th Cir. 1962) (Cameron, J., Dissenting). 与此类似,"新政派律师也因为具有不良的示范性而曾被拒之门外",Peter Irons, *The New Deal Lawyers* (Princeton, N. J., Princeton Univ. Press, 1982), 300。

[28] Taylor Branch, *At Canaan's Edge*: *American in the King Years*, 1965 - 68 (New York: Simon & Schuster, 2006), 69.

[29] Record on Appeal in Untied States v. Mcleod, No. 21475, Fifth Circuit (1964), 129, 173.

[30] Charles V. Hamilton, *The Bench and the Ballot: Southern Federal Judges and Black Voters* (New York: Oxford Univ. Press, 1973), 220-21，其中援引了1963年1月与大卫诺曼律师的对谈内容。

[31] 谭布鲁克教授在宪法第14修正案平等保护条款方面，曾进行过一些开创性的研究工作。*The Antislavery Origins of the Fourteen Amendment* (Berkeley: Univ. of California Press, 1951); Jacobus tenBroek and Joseph Tussman, *The Equal Protection of the Laws*, 37 Calif. L. Rev. 341(1949).

[32] Irons, *supra* note 27, at 11，记载了新政派律师参与司法部工作的事略。

[33] Transcript, Burke Marshall Oral History Interview I, Oct. 28, 1968, by T. H. Baker Internet Copy, LBJ Library, at 4.

[34] U. S. Congress, House, *Committee on the Judiciary*, *Subcommittee No.5. Hearings on H.R. 6400*, 89th Cong. (1st Sess., 1965), 5.

[35] 和很多索姆特地区都有的姓名类似，"科特巴"的名字有印第安人的特征，而印第安人是索姆特地区最早的居民。这一名字有"受伤的美洲豹之意"。Virginia O. Foscue, *the Place Names of Sumter County, Alabama* (Tuscaloosa: Univ. Alabama Press, 1978), 27.

[36] 1964年4月7日笔者对比哉尔的访谈。见DOJ file 72-1-17。

[37] 例如，有记录显示，白人官员曾告诉一位黑人选民申请者，自己为什么拒绝担任其保证人，即官员们已经达成默契，不宜出任此类角色，但事实上，他却同时为一百多位白人担任过保证人。参见Brief of the United States, United States v. Hines, C. A. 63-609 (N. D. Ala 1964)(出版于9 Race Rel. L. Rep. 1332,1333), at 38。

[38] *Id.* at 51.

[39] Testimony of Judge Willie Dearman, transcript, *supra* note 13, 598-99.

[40] Oliver Solomon and Jack Solomon, eds., *Honey in the Rock: the Ruby Pickens Tartt Collection of Religious Folk Songs from Sumter County*, Alabama (Macon, Ga.: Mercer Univ. Press, 1991), ix.

[41] 劳拉·克拉克(Laura Clark)生于北卡罗莱纳，在幼年时被索姆特县的盖里特(Garret)

先生购买，“因为他并没有连我的妈妈一起买下，因此自那个时候，我就再也没有见过她。但是我还是能够记起当时我妈妈的哭诉：‘请好好照顾我孩子，看在上帝的份上，我再也见不到他了。’”Ruby Pickens Tartt，*supra* note 5，at 72（1937 年 7 月 15 日塔特对克拉克的访谈）。

[42] 安吉·加内特(Angie Garrett)曾说：“因为遭到了鞭笞，因此我必须说谎，从而使得他们停手。”*Id.* at 134.（1937 年 6 月 15 日塔特对加内特访谈）. 还有人作证说：“有一天我的妈妈把油弄洒了，主人命令妈妈把裙子掀起围到腰间，然后趴在门上，开始鞭打她。”*Id.* at 28.（1937 年塔特对拜尔的访谈）。

[43] 乔治·杨(George Young)的兄弟哈里森，曾因为不堪凌辱逃跑而被主人放狗追上，在被带回之后，主人又一次将狗放开，任其将哈里森扑倒在地，发出令人不堪回首的惨叫。*Id.* at 433.（1937 年塔特对杨的访谈）.

[44] 参见 Alan Brown and D. Taylor，eds.，Gabr'l Blow Sof'：*Sumter County，Alabama，Slave Narratives*（Livingston，Ala.：Livingston Press，1997），vii。“其实，塔特不仅仅对于黑人释出善意，而且表现出一种伟大的母性，甚至不顾自己白人邻里的冷嘲热讽，积极投身于黑人的民权运动之中。”*Id.*

[45] Howell Raines，introuduction to Carl Carmer，*Stars Fell on Alabama*（Tusculoosa：Univ. of Alabama Press，1934），xviii.

[46] 实际上，塔特女士最终获得了例如哈利·贝拉方特(Harry Belafonte)，以及金斯顿·特里奥(Kinston Trio)等歌手的衷心拥戴，之外，一大批原创歌手也都对其心怀感激。Mildrid Griffin Yelverton，*They Also Served：Twenty-five Remarkable Alabama Women*（Dothan，Ala.：Ampersand publishing，1993），180；1961 年 5 月 17 日阿兰、罗梅克斯写给塔特的信(Ruby Pickens Tartt Collection，Univ. of West Alabama).

[47] Tina Naremore Jone，*Stealing away from Society's Conventions：Negotiations of Voice in the Work of Ruby Pickens Tartt*（Ph. D. theisis，Univ. of Southern Mississippi，2002），p. 57.

[48] Alan Brown，ed.，*Dim Roads and Dark Nights：The Collected Folklore of Ruby Pickens Tartt*（Livingston，Ala.：Livingston Press，1993），171：“当然在塔特女士的著述中，并未就白人对黑人所采取的不当作为有过任何辩护，虽然令人感到非常奇怪，但事实的确如此。”

[49] Brown and Wwens, *supra* note 19, at 53, citing Tartt, manuscript fragment. 还有这样的故事,"一位黑人长者申请选民登记,第 20 道所询问的是《独立宣言》中对于公民义务的规定。他的回答是'更具能力'。作者认为他的回答相当有力,并且也希望他能够获得选民资格!"Alan Brown, *supra* note 48, at 146.

[50] 他对于一位黑人奴隶的访谈内容包括如下一段对话,"黑人不知道,有些事情法官也无法决定。"*Supra note* 5, at 435.(1937 年 6 月 3 日塔特对杨的访谈)

[51] Sumter County, Alabama: Summary and Recommendations, Memorandum from J. Harold Flannery to David L. Norman, Feb. 27, 1963.

[52] 司法部于 1961 年第一次检查了相关的选民记录,随后在 1962 年、1963 年以及 1964 年,又相继进行了此类检查。见 U. S. Congress, Senate, Committee on the Judiciary, *Hearings on S.* 1564, 89TH Cong. (1st Sess., 1965), 1410。

[53] 2000 年 1 月 18 日笔者对卡尔的电话访谈。

[54] 1962 年 3 月 16 日塔特致斯诺的信,见 Ruby Pickens Tartt Collection, University of West Alabama, Alabama Room of Archives and Special Collections, Series 4 A, Folder FF/Box 24, Item 9。

[55] *Id.*, Series 3A, Folder F-1/Box 2, Item 8.

[56] Sumter Conty, Ala., Status of Registration-May 6, 1963, Memorandum from Mr. Sather to Mr. Norman.

[57] 1962 年 7 月 20 日,对弗兰尼等人的访谈。

[58] 2003 年 5 月 30 日笔者对阿兰·希朗的访谈。这位前索姆特县新闻的编辑曾告诉作者,塔特女士不仅向黑人展示善意,而且具有真正的母爱特质,她是真得热爱黑人。2003 年 5 月 30 日,笔者对约翰·尼尔的访谈。

[59] 1954 年 1 月 1 日至 1964 年 2 月 1 日,塔特所实施的帮助见表 D、申请成功者的分析见 Brief of the United States, *supra* note 37。

[60] 派特森补充道:"很多联邦法官没有认识到,自己需要承担直面社会热点问题的社会责任。"J. W. Peltason, *Fifty-eight Lonely Men: Southern Federal Judges and School Desegregation* (Champaign: Univ. of Illinois Press, 1971), 96.

[61] 见 Russell Korobkin, *The Endowment Effect and Legal Analysis*, 97 Nw. U. L. Rev. 1227, 1228, 主要就"既有的歧视问题"进行了阐述。

[62] 德里曼法官证言，见 *supra* note 13, at 571; Brief of the United States, *supra* note 37, at 44。

[63] 1962 年 7 月 20 日，弗兰尼等人的访谈根据这些人的看法，塔特与德里曼法官分属于索姆特县的不同政治派别。

[64] 德里曼法官证言，见 *supra* note 13, at 581,583,574,579。

[65] 德里曼法官证言，见 29, 1964, at 8。

[66] 1964 年 4 月 29 日斯蒂芬警长证言，1964 年 4 月 29 日，at 8。(被判决犯有不名誉犯罪的人中黑人所占比例为 65%，而白人只占 35%)

[67] "白人所认识的有色人种都是好人，不认识的都不是好人。"珍妮笑着对凯克说道，"一次又一次，事实证明每个白人都认为，自己认识所有好的黑人，因此无需费时去结识什么新的良善黑人。因此他们唯一知道的就是，被告需要被判处 6 个月监禁。"From Zora Neale Hurston, *Their Eyes Were Watching God* (Philadelphia: J. B. Lippincott, 1937), 255.

[68] R. D. Spratt, *A History of the Town of Livingston*, Alabama (1928),200.

[69] *United States v. Clary*, 846 F. Supp. 768,779(E. D. Mo. 1994), rev'd, 34, F. 3d. 709(1994). 为某些黑人被允许参与选举提供了新的解释，"某些黑人之所以得以获得选举权，是被认为遵守了白人的游戏规则，希望获得影响力的白人集团需要他们的选票，也可能是因为花费大量精力组织少部分黑人进行投票得不偿失。"Gunnar Myrdal, *An American Dilemma: The Negro Problem and Modern Democracy* (New York: Harper & Row, 1944), 480."

[70] 参见 Taylor Branch, *Parting the Waters: American in the King Years*, 1954 - 63 (New York: Simon & Schuster, 1988), 570。在第一个陪审团无法得出一致判决的前提下，量刑可以建立在诉辩交易的基础上。参见 H. h. Grooms, "Segregation, Desegregation, Integration, Resegregation" (photocopy, Birmingham Public Library, Birmingham, Ala., 1979) Harold Greene, *Civil Rights Division Association Symposium: The Civil Rights Division at Forty*, 30 McGeorge L. Rev. 957,961(1999)。

[71] 参见 Taylor Branch, *Parting the Waters: American in the King Years*, 1954 - 63 (New York: Simon & Schuster, 1988), 570。在第一个陪审团无法得出一致判决的前提下，量刑可以建立在诉辩交易的基础上。参见 h. Grooms, "Segregation,

Desegregation，Integration，Resegregation”（photocopy，Birmingham Public Library，Birmingham，Ala.，1979）Harold Greene，*Civil Rights Division Association Symposium*：*The Civil Rights Division at Forty*，30 McGeorge L. Rev. 957，961（1999）。

［72］In the Matter of F. L. Shuttlesworth，369 U. S. 35(1962).

［73］*Nelson v. Grooms*，307 F. 2d 76，79（Brown，J.，concurring）. 一位作者的观点是："很少有人提及联邦法官格罗姆斯的勇气，这主要是因为他的睿智及处理法律问题时的平等态度。"Frank Sikora，*The Judge*：*Life and Opinions of Alabama's Frank M. Johnson*，Jr.（Montgomery，Ala.：Black Belt Press，1992），278.

［74］对于20世纪60年代种族案件司法审理的拖沓，请参见Note，Judicial Performance in the Fifth Circuit，73 Yale L. J. 90(1963)。在1965年，助理检察长马歇尔曾估计，1起涉及选举中种族歧视问题的案件审理通常一审需要耗时17.8个月，而上诉审还需要至少1年。Testimony of Burke Marshall submitted to the U. S. Committee on Civil Rights，Jackson，Miss.，Feb. 18，1965，reprinted in U. S. Congress，House，Committee on the Judiciary，Subcommittee No. 5，*Hearings* on H. R. 6400.，89TH Cong.（1st Sess.，1965），304，308. 格罗姆斯法官10个月后审决此案.

［75］针对林法官的现实. 见J. W. Peltason，*supra* note 60，at 84. Richard C. Cortner，*Civil Rights and Public Accommodations*：*The Heart of Atlanta Motel and McClung Cases*（Lawrence：Univ. Press of Kansas，2001），72。在政府律师眼中，林是一个狡猾的对手，在诉讼过程当中，林法官总是在竭尽全力阻止司法部获得有利的判决。见Alexander Bickel，Politics and the Warren Court（New York：Harper & Row，1965），69－70。

［76］Tony Freyer and T. Dixon，*Democracy and Judicial Independence*：*A History of the Federal Courts of Alabama*，*1820－1994*（Brooklyn，N. Y.：Carlson，1995），140，142.

［77］J. W. Peltason，*Supra* note 76，at 7.

［78］Freyer and Dixon，*supra* note 76，at 143.

［79］Frank E. Spain，*Alabama's Newest Federal Judge*，*Harlan Hobart Grooms*，15，Ala. Law，180，181，184(1954).

[80] 引自 Diane McWhorter, Carry Me Home (New York: Simon & Schuster, 2002), 247。但参见 Frank T. Read and Lucy S. McGough, Let Them be Judged: The Judicial Integration of the Deep South (Metuchen, N. J. : Scarecrow Press, 1978),201:"他最为坚持的政治哲学就是否定种族制度。"

[81] H. H. G, *supra* note 71, at 7.

[82] E-mail message from Hobart Grooms Jr. , May 26,2005.

[83] H. H. Grooms, *Christianity and the Laws*, 25 Ala, Law. 311,318,323(1964).

[84] 2005 年 5 月 26 日,小格罗姆斯的电子邮件。可具体参见 Sarah McCullogh, *Justice in All things: The Civil Rights Work of Judges Harlan Hobart Grooms* (Senior Thesis, Samford Univ. , 2001), 22－32。

[85] Jack Greenberg, *Crusaders in the Courts* (New York: Basic Books, 1994), 226,338; Jack Bass, *Unlike Heroes* (New York: Simon & Schuster, 1981), 181. 亦参见 J. W. Peltason, *supra* note 60, at 84,138－142。

[86] H. H. Grooms, *Supra* Note 71, at 23,24,87.

[87] Bob Blalock, *Civil Rights Judge H. Hobart Grooms is Dead at* 90, Birmingham News, Aug. 24,1991,1,8 A.

[88] Report of the Commission on Civil Rights, 1959, at 131,133. 除此之外,民权事务部的首任负责人当时决定暂不采取行动,静待质疑授权司法部针对选举过程中的种族歧视采取诉讼是否合宪的案件审理结果。该案于 1960 年 2 月 29 日最终审结。*U. S. v. Raines*, 362 U. S. 17(1960). Taylor Branch, *supra* note 71, at 332.

[89] 根据美国司法部 1960 年 6 月 16 日作出的调查结果,1958 年索姆特县共有 8700 名适龄的黑人,但其中只有 175 人获得了选民资格。而白人适龄人口为 3600 人,其中有 2858 人获得了选民资格。

[90] Brian K. Landsberg, *Enforcing Civil Rights: Race Discrimination and the Department of Justice* (Lawrence: Univ. of Kansas, 1997), 85.

[91] United States Commission on Civil Rights, Report (Washington, D. C. , Government Printing Office, 1959), 71ff.

[92] Freyer and Dixon, *supra* note 76, at 231,引自 Jack Bass, *Taming the Storm: The Life and Times of Judge Frank M. Johnson, Jr. , and the South's Fight over Civil*

Rights（New York：Doubleday，1993），83.《纽约时报》曾撰文专门介绍了这次指控。*Slavery Charges Dropped*，*N. Y. Times*，May 12，1954，at 23. *Two Guilty of Slavery*，N. Y. Times，May 15，1954，at 16. *Time Magazine*，Dec. 27，1954，at 13.

［93］Donald S. Strong，*Negroes，Ballots，and Judges*：*National Voting Rights Legislation in the Federal Courts*（Tuscallosa：Univ. of Alabama Press，1968），20－21.

［94］Hugh W. Sparrow，*FBI Agents Checking Sumter Vote Record*，*Bingham News*，Jun. 6，1960，at 1。实际上，有几位索姆特县的黑人教师出庭作证，证明自己未能获得选民身份。

［95］Hugh W. Sparrow，*U. S. Agents Sent Out in Ignorance*；*Washington Flubs in Sumter Voting*，Birmingham News，Jun. 6，1960，at 1.

［96］State of Alabama ex rel. MacDonald Gallion v. Rogers，187 F. Supp. 848（M. D. Ala. 1960），aff'd，285 F. 2d. 430（5th Cir. 1961），cert. denied，366 U. S. 913（1961）.

［97］FBI Birmingham Field Office Memorandum，Re：Inspection and Copying of Voter Registration Records in Sumter County，Alabama，Oct. 12，1960，引自 Order，Judgment and Decree，State of Alabama，Oct，12，1960，Attorney General of the State of Alabama，Petitioner，singed by Emmett，F. Hildreth，Circuit Judge，17th Judicial Circuit，Oct. 11，1960.

［98］1960年10月24日，助理检察长泰勒致总检察长的信。

［99］Memorandum，Director of FBI to Assistance Attorney General Harold Tyler，Inspection and Copying of Voter Registration Records in Sumter County，Alabama，Election Laws，Nov. 3，1960；FBI Birmingham Field Office，Re：Inspection and Copying of Voter Registration Records in Sumter County，Alabama，Dec. 2，1960.

［100］*Alabama Aide Defies U. S. Order to Yield Voter Registration Data*，N. Y. Times，Nov. 12，1960.

［101］*In re Gallion v. Hildreth*，6 Race Rel. L. Rep. 185（N. D. Ala. 1961）. 亦参见 Jo Ellen O'Hara，*Sumter County Voter Lists Ordered Open for Checking*，Birmingham News，Jan. 23，1961："格罗姆斯法官判令相关方面在判决作出后24小时内，将相关登记记录提交给法院。"格罗姆斯法官的动作可谓迅速，尤其是相较于南部司法区的

托马斯法官而言，后者拖了16个月才作出判决，在没有给出任何理由的情况下拒绝了类似的请求。因此，第五巡回上诉法院也认为托马斯法官没有任何理由这样做。*Kennedy v. Bruce*，298 F. 2d 860,862 (5th Cir. 1962). Judge Thoms' dilatory actions are described in Note，*Judicial Performance in the Fifth Circuit*，73，Yale. L. J. 90,97(1963).

[102] Memorandum from Director，*FBI to the Attorney General*，*MacDonald Gallion*，*Attorney General*，*State of Alabama*. 盖林先生曾经向FBI明确表示，自己宁愿被逮捕也不愿提供有关证据。

[103] Jerry Norris，*Gallion Advises Sumter Officials to Release Files*，Birmingham Post-Herald，Jan. 24,1961.

[104] Sumter County Journal，Jan. 16,1961，at 1.

[105] *The Agents and Sumter*，Birmingham News，Jan. 29,1961.

[106] Dick Smith，*HiLites*，Sumter County Journal，Feb. 2，1961，at 1.

[107] 见之前对海蒂商店的描述。

[108] 例如，某个案件相关证明材料按照时间的整理顺序为：用黄色纸张复印获得批准的黑人申请；用蓝色纸张复印未通过的黑人申请；用橙色纸张复印通过的白人申请；用绿色纸张复印未获通过的白人申请。

[109] *Annual Report of the Attorney General of the United States for the Fiscal Year Ended June* 30,1963，at 184.

[110] Jimmie Breslin，*How the Good Guys Finally Won* (New York：Viking Press，1975)，111 - 12,115.

[111] 年轻气盛的政府律师弗兰尼曾坦言："对于相关证人的走访必须采取挂羊头卖狗肉的方式，因为稍不留意，就有可能侵犯联邦调查局的调查权。"Victor Navasky，*Kennedy Justice* (New York，Scribner，1971)，125，多尔曾说："我们将去南方的几个县亲自拜访曾申请选民登记的黑人，从而获知这些人的申请经历，以及是否还有其他曾经申请选民登记的黑人，回来后汇总相关信息，并告知联邦调查局开展调查，总体的走访人数初步定在250位左右。"*Id.* at 103 - 04.

[112] "SNCC"指的是"南部非暴力协作促进会"(Southern Non-violent Coordinating Committee)，这一组织在美国南部的选民登记活动中扮演十分重要的角色。司法部

也往往将这一词语动词化，意为积极推动黑人参与选举活动。

[113] Memorandum from J. Harold Flannery to John Doar, Re: Sumter County, Alabama: Summary and Recommendation, Jul. 6, 1962.

[114] Burke Marshall, *Federalism and Civil Rights* (New York: Columbia Univ. Press, 1964), 21.

[115] Robert E. Kennedy, forward to Marshall, *id.*, vii - viii.

[116] Memorandum from Mr. Sather to Mr. Norman, Re: Sumter County, Ala: Status of Registration, May 6, 1963.

[117] 参见 Record on Appeal, United States v. McLeod, *supra* note 29, at 5 (大陪审团着手调查司法部在本地区社会动荡中所起作用), and at 161(县府律师质问，你们此行的目的，是破坏本县的种族和谐，而不是维护，是吧?)。

[118] Undated, unsigned memo from Sumter County DJ file, with the names of attorneys Dunbaugh and Radler handwritten at top, Re: May 11, 1961 trip to Sumter County.

[119] Memoriam from John Doar to Burke Marshall, Re: The United States of America v. Earl C. Godfrey, et al., Jul. 14, 1961.

[120] 肯尼迪总统上任之后，最先开始对于种族问题宣战的诉讼，出现在阿拉巴马州的达拉斯县首府塞尔玛，*United States v. Atkins* 及 *United States v*。*Manning* 于 1961 年 4 月 13 日正式开始庭审，随后在密西西比州等地的诉讼也相继展开。虽然在 1957 年至 1961 年期间，司法部民权事务部仅仅针对选举中的种族歧视进行过 6 起诉讼，但是在肯尼迪执政后 11 个月，司法部已经提起了 14 起诉讼。

[121] Memorandum from J. Harold Flannery to John Doar, Re: Sumter County, Alabama: Summary and Recommendations, Jul. 6, 1962.

[122] *United States v. Hines*, 9 Race Rel. L. Rep. 1332, 1333 (N. D. Ala 1964) (与案件事实、结论等相关部分的梳理，见图表 A 到图表 F、H).

[123] Memorandum from J. Harold Flannery to David L. Norman, Re: Sumter County, Alabama; Summary and Recommendations, typed on Oct. 25, 1962, dated stamped Feb. 27, 1963.

[124] Note from David L. Norman to Mr. Flannery, Nov. 17, 1962. 虽然没有记录，但是弗兰尼的工作分配又发生了随机变动。一份 1964 年的工作记录反映，他当时已经

转而主要负责密西西比州的诉讼。

[125] John Bosworth, *Sumter Co.*, *Ala.*, *Has Model Race Relations*, *Clarion-ledger* (Jackson, Miss.), Oct. 19,1962.

[126] Memorandum from Mr. Sather to Mr. Norman, Sumter County, Ala: Status of Registration, May 6,1963.

[127] 1963年5月23日,马歇尔致弗拉沃斯的信。

[128] 1965年,他针对两起谋杀民权运动工作者的案件提起了公诉,也因此赢得了黑人选民的支持,从而得以击败华莱士,当选州长。他的主要助手,助理检察长麦迪逊相当精明能干,政治态度温和。

[129] 1963年10月16日,马歇尔致弗拉沃斯的信。

[130] 1963年10月22日,多尔致马歇尔的信。

[131] Memorandum from Arvid A. Sather to David Norman, Re: Status of the Negotiations with the Sumter County, Alabama, Board of Registrars Concerning the Discrimination against Negro Applicants for Registration to Vote. Nov. 7,1963.

[132] 和在其他南部地区的司法实践类似,联邦律师在阿拉巴马州的司法活动,必须与当地律师相配合才可以实现。负责本案的政府律师维沃就雇佣了的一名当地助理,由其负责为司法部民权事务部的政府律师提供法律支持。

[133] 驳回动论,*Unted States v. Hines*, C. A. 63-609, filed Dec. 30,1963,总检察长弗拉沃斯与助理检察长麦迪逊发出.

[134] 见 Robert M. Goldman, Reconstruction and Black Suffrange: Losing the Vote in Race and Cruiskshank (Lawrance: Univ. Press of Kansas, 2001), 9。很多人都认同约翰逊的观点,即认为因为长期的奴役,导致黑人受教育程度普遍偏低,不具有行使选举权所必须的文化水平。

[135] 见 *Giles v. Harris*, 189 U. S. 475(1903),霍尔姆斯法官为法院拒绝提出救济措施提供过一个解释,即如果认同原告的诉讼请求,宣称阿拉巴马州宪法违反了美国宪法,那么法院也没有办法要求执行原告诉讼请求,因为这意味将践行这种具有欺诈性质的州宪法。因此,只能保持现状,让白人享有选举权,而让黑人远离选举。

[136] *United States v. Hines* 一案的辩护状于1964年1月23日正式提交。针对这份辩护意见,原告美国政府的代理律师认为,原告并不主张某人应根据索姆特县的法律规

定,被赋予选民资格,而是根据宪法和法律,阿拉巴马州与选民登记有关的政府行为应合理地遵守宪法及相关法律,并满足联邦法院在*Atkins*案中所列要求。对于选民资质的厘定,必须依照合理的方式、标准及程序才可以完成。进一步而言,索姆特县选民登记委员会对于阿拉巴马州的相关法律之解读并无不当之处,因此该选民登记委员会有义务核准所有符合资质的黑人选民登记申请,并必须采用与白人申请者平等的处遇措施。

[137] 被告答辩,*Untied States v. Hines*, filed Apr. 9, 1964。

[138] 相关内容参见1965年4月2日,卡赞巴赫写给参议员詹姆士·爱思特兰德(James O. Estland)的信。Senate Hearings, *supra* note 16, at 249-50。

[139] 法院始建于20世纪10年代,目前被作为该市市议会的办公场所。

[140] Memo to Files, Re: Sumter County, Alabama-Phtotographing of Registars Recrods on May 9,1963. 这份备忘录将麦克康奈尔描绘成一位身高接近六英尺,体格健壮的汉子。在之后的交锋过程中,一位没有留下姓名的政府律师认为,此人对于联邦政府的行为抱有相当程度的敌意,并且属于相当顽固的公民会议成员(Citzens Council)。在*Brown v. Board of Educaition*案后,公民会议逐渐开始成为主张种族隔离制度的中坚力量。但和3K党不同,公民会议不主张任何激进的暴力活动。

[141] Depostion of Emma P. Mitchell, Apr. 29, 1964, at 8.

[142] Depostion of Melvin Stephens, Apr. 29, 1964, at 8-9.

[143] Depostion of Sam Webb,. Apr. 29, 1964, at 9-10.

[144] 可见 Depostion of Pierson Stuart, Apr. 29, 1964, at 10-11.

[145] 参见 Testimony of Frank Mizell, representing the registars of Alabama, before the Senate Committee on the Judiciary, Senate Hearings, supra note 16, at 741(文化水平不高,人口流动性大,经常背负犯罪的污名等等,加之性格上的懒惰与无动于衷,都可以作为解释阿拉巴马州选举过程中黑人的种种遭遇)其中,认为黑人无知的观点由来已久,即主张黑人受教育水平不高,因此无法行使选举权。*Supra* note 134, at 9,13. 博斯维尔修正案的支持者也作同样看法。

[146] 因为格罗姆斯法官坚持支持原告的主张,因此政府律师预估格罗姆斯法官将不会注重原告提出的相关证据,但根据联邦证据规则的相关规定,原告方律师有权提请法院注意相关证据的内容,以备上诉的不时之需。

[147] Testimony of Judge Willie Dearman, transcript, *supra* note 13, at 71 - 77. 和比哉尔的观点不同,选举委员海因斯作证说,他曾经告知申请人,如果在特定的期限内没有收到获得批准的通知,即可认为自己的申请未获批准。*Id.* at 603.

[148] Brief of the United States, *supra* note 37, at table C - 22.

[149] *Id.* at 59:一旦某人获得了选民资格,即可终身享受这一权利。

[150] *Id.* at 32.

[151] Booker T. Washington, *Up from Slavery* (1900),84.

[152] John Hope Franklin, *From Slavery to Freedom: A History of American Negroes*, 2d ed. (New York: Knopf, 1956), 388.

[153] Brief of the United States, *supra* note 37, at 84.

[154] 安德鲁·帕克的证言。

[155] Letter from Richmond Flowers, by Gordon Madison, to Honorable H. H. Grooms, Jun. 29,1964.

[156] 1964 年 6 月 29 日,弗拉沃斯致格罗姆斯法官的信。

[157] 奥利案的情况,参见 Richard C. Cortner, Civil Rights and Public Accommodations: The Heart of Atlanta Motel and McClung Cases (Lawrence: Univ. of Kansas, 2001)。该文作者将格罗姆斯法官的性格概括为,在联邦法官的职位上忠实地履行捍卫民权的职责。

[158] 参见 *Untied States v. Hines*, 9 Race Rel. L. Rep. 1332(1964)

[159] 虽然约翰逊法官在埃尔默县对于政府律师所提出的理论的确有所采纳,但因为诉讼分属不同的司法区,因此对于格罗姆斯法官而言并不具有强制的约束力。

[160] 参见 Thomas Ross, Just Stories: How the Law Embodies Racism and Bias (Boston: Beacon Press, 1996) 23,(主要观点是可以忽略当事人的具体案件事实情况,而抽象地对于案件进行审理,同时为"隔离但平等"理论正名。)

[161] 在 10 年期间内,共有 95 起选民登记申请被驳回,其中黑人所申请的次数达到了 64 起。

[162] 理论上来讲,民权事务部应当就一审案件是否上诉问题与副检察长协商,征求其意见,但是由于本案中格罗姆斯法官的判决对于政府方面相对有利,因此这些政府律师认为无需就案件结果进行上诉。

[163] 政府律师的确曾以书信的形式，告知格罗姆斯法官约翰逊法官的做法，即在判决中要求选举委员会批准起诉书中列明的黑人选民申请者的申请。见1964年6月29日诺曼致格罗姆斯法官的信。

[164] U. S. v. Alabama, *supra* note 27.

[165] 见U. S. v. Alabama, *supra* note 27, at 589，上诉法院维持了约翰逊法官作出的救济措施，即要求选民登记委员会必须为判决书所列明的54名黑人申请者提供选民登记。上诉法院提出，鉴于之前黑人的选举权遭受严重践踏，这种情况在短时间内又无法迅速得到改观，因此法官有理由作出这样的判决。上诉法院支持原审法官的判决，认为此种强制救济措施属于法官的裁量权范围，十分正当。但需要强调的是，法官有权作出或者不作出此类强制性救济措施。

[166] United States Department of Justice, Civil right Division, status report of Dec. 31, 1964, at 100. reprinted in U. S. Congress, Senate, Committee on the Judiciary, *Hearings on S.* 1564, 89TH Cong. (1st Sess., 1965), 1273.

[167] Report on Board of Registrars to Court, filed Feb. 18, 1965.

[168] *Federal Judge Hits Sumter Voter Records*, Sumter County Journal, Sept. 24, 1964.

[169] Status report, *supra* note 166, at 99 - 100. 阿拉巴马州负责选举的官员试图利用格罗姆斯法官对于这一措施的赞成态度，来证明选举权法无权取消文化水平测试。Testimony of Frank Mizell, *id.* Part 1, at 769.

[170] Memorandum from Edward H. O' Cornell to Trial File Sumter County, Nov. 19, 1994.

[171] Senate Hearings, *supra* note 16, at 1273.

[172] United States Commissions on Civil Rights, The Voting Rights Acts: The First 10 Months (Washington, D. C.,: Government Printing Office, 1965), 2, 37, 55.

[173] Memorandum from David Hunter to Gerald Jones, Aug. 25, 1982.

[174] *U. S. v. The Exec. Comms. Of the Democratic Party of Greene and Sumter Counties, Alabama*, 254 F. Supp, 543 (N. D Ala. 1966), 见U. S Congress, House, Committee on the Judiciary, Subcommittee on Civil and Constitutional Rights, *Hearings on Extension of the Voting Rights Act*, 94th Cong. (1st Sess., 1975), 204.

[175] *United States v. Bd. of Registers of Sumter County, Alabama*, N. D. Ala. C. A. CV81 - P - 1075 - W.

[176] Memorandum from David Hunter to Gerald Jones, Oct. 17,1983.

[177] United States Commission on Civil Rights, *The Voting Rights Acts: Ten Years After* (Washington, D. C., Government Printing Office, 1975), 169 - 170. 见 Sumter County Democratic Exec. Comm. v. Dearman, 514 F. 2d 1168 (5th Cir. 1975); Ward v. Dearman, 626 F. 2d 489 (5th Cir. 1980).

[178] Memorandum from David Hunter to Wm. Bradford Reynolds, Sept. 21,1981, at 15.

[179] 2000 年 1 月 19 日,查尔斯·麦其格与杰罗姆·格雷的电话记录。

第四章　埃尔默县:引路的法官

[1] Brief in Support of Plaintiff;s Application for a permanent Injunction, United States v. Cartwright, 230 f. Supp. 873 (M. D. Ala. 1964)(C. A. 1957 - N. 12).

[2] Daniel H. Thomas, *An Elmore County Life* (Montgomery, Ala: Black Belft Press, 1992), 6,

[3] Virginia Van Der Veer Hamiliton, *Alabama: A History* (New York: W. W. Norton, 1984), 72.

[4] Eric Foner, *Freedom's Lawmakers: Adirectory of Black Officeholders during Reconstruction* (New York: Oxford Press, 1993), 13,27.

[5] ALA. CONST. §178. (amended 1953). 修订前,该法第 178 条规定,全数缴纳人头税是获得选举权的前提条件。修订之后,该法仅仅要求,在选民登记之前两年,申请者缴纳过人头税即可。

[6] G. E. Pierce, *Registration of Negro Voters in Alamaba in* 1954 (Southern Reigional Council Papers, Department of Archives and Manuscripts, Birmingham Public Libaray, Ala., File 41 - 2 - 25), 15, table 4. 然而,1953 年由阿拉巴马州选民登记委员会负责的一项研究宣称,艾尔默县当时共有黑人选民 40 人,对于这些黑人选民,当地选民登记委员会"无好感"。Committee on Registration and Voting in Alabama, *A Report of Negro Voting in Alabama by counties* (April 1953),根据调查报告,从 1932 年至 1944 年,总共只有 10 名黑人获得选民登记。随着二战结束后的老兵返乡,在之

后的两年，又有38名黑人获得选民资格。但在1947年至1953年，一共只有35位黑人的选民登记申请获得通过。黑人选民登记的获准高峰出现在1954年，这一年，共有147位黑人、2115位白人获得了选民登记。好景不长，在随后的一年，黑人申请获准人数骤降至41人，第二年继续下滑至13人。鼓吹种族隔离的派特森州长上任后，指派斯壮担任选民登记委员会主任，黑人的选民登记申请实际上陷入了停顿：1960年共两名黑人获得选民资格，1961年3名黑人获得选民资格，1962年没有黑人获得选民登记资格。Brief in Support of Plaintiff's Application for a Permannet Injunction, United States v. Cartwright, *supra* note 1, at 14, chart 3.

[7] Memorandum from Robert E. Hughes to John Constable, May 10, 1957, Southern Regional Council Papers, Department of Archives and Manuscripts, Birmingham Public Library, File 41-1-12.

[8] U. S. Department of Commerce, Bureau of the Census, 1 Census of Population: 1960, PT. 2, at 2-119, 2-226, 2-216 (1960). John J. McCusker, *Comparing the purchasing power of Money in the United States (or Colonies) from 1665 to Any Other Year including the present*, *Economic History Services*, 2004，参见 http://www.Eh.net/hmit/ppowerusd.

[9] Census of population, *supra* note 8, at 2-118, 2-98, 2-221. U. S. Department of Commerce, Bureau of the census, 1 Census of Housing, pt. 2, at 2-67(1960).

[10] Census of population, *supra* note 8, at 2-221, 2-118, 2-198, 2-221.

[11] Eric Pace, *John G. Crommelin*, 94, Dies, N. Y. Times, Nov. 12, 1996.

[12] Yvonne Shinhoster Lamb, *Pioneering D. C. Judge Beat Racial Odds with Wisdom*, Wash. Post. Com., Nov. 15, 2005. Louis Oberdorfer, *Standing against the Winds that Blow*, Legal Times, Nov. 28, 2005, at 46. 维图巴卡的损失却成就了华盛顿特区。被迫迁离维图巴卡时年仅一岁的威廉·布莱恩特(William B. Bryant)，后来成为美国华盛顿特区联邦上诉法院的法官。

[13] Pete Daniel, *Lost Revolutions: The South in the 1950s* (Chapel Hill: Univ. of North Carolina Press, 2000). 165.

[14] Memorandum from Rupert J. Groh to Henry Putzel Jr., *Re: Records Demand in Elmore County, Alabama*, Jun. 16, 1961. 这份备忘录的题目是文档编号72-2-新创

立文档，代表记录重新开始。

[15] Memorandum from Arvid Sather to Joseph P. DiGangi, Dec. 18, 1970, DOJ File 166-2-1.

[16] Survey of Negro suffrage in Alabama, Elmore County, by investigator L. D. Draper, in The Southern Regional Council Papers, 1944-1968(microfilm), Series X(Voting and Registration Project, 1954-1961), Auburn Avenue Research Library on African-American Culture and History, reel 208, item 10. 一份日期为 1960 年 4 月 26 日，发往法律辩护部的备忘录认为，这所指的是 1956 年那次调查，因此，这或许是指调查发生的时间(reel 208, item 9)。

[17] Joseph Matt Brittain, *Negro Suffrage and Politics in Alabama since 1870* (Ph. D thesis, Indiana Univ., 1958), 213.

[18] Southern Regional Council files, Birmingham Library Department of Archives and Manuscripts, Box 41. 1. 12. Robert E. Hughes, Executive Director, to John Constable, May 10, 1957.

[19] Note from Henry Putzel to Mr. Doar, Jun. 19, 1961, *Re: Voting Records Demands in Middle District of Ala: Greene and Pickens Counties Records Demands.*

[20] Bernard Taper, *Gomillion versus Lightfoot: The Tuskegee Gerrymander Case* (New York: McGraw-Hill, 1962), 49.

[21] *Sims v. Baggett*, 247 F. Supp. 193 (M. D. Ala. 1965).

[22] United States Commission on Civil Rights, *Report* (Washington, D. C.: Government Printing Office, 1959), 578.

[23] *United States v. Penton*, 212 F. Supp. 193 (M. D. Ala. 1962).

[24] Report on Sas Myron G. Turner and Wilbur J. Hust, Jul. 6, 1971, FBI file MO 44-744.

[25] A. A. Sather report of interview with Lula Belle Townsend, Nov. 19, 1962, from DOJ file.

[26] 例如，对于邻近的奥套嘎县(Autauga County)的调查发现，截至 1955 年，共有 2329 名黑人申请过选民登记。U. S. Congress Senate, Committee on the Judiciary, Hearings on S. 1964, 89th Cong. (1st Sess., 1965), 1395.

［27］ Memorandum from Warren S. Radler to Henry Putzel Jr.，Aug. 8，1961，*Re*：*Record Demand in Elmore County*，*Alabama*.

［28］ Memorandum from Henry Putzel to Burke Marshall，Nov. 20，1962；Henry Putzel to Arvid Sather，Nov. 20，1962；Arvid Sather to John Doar，"Investigation of Rejected Negro Applicants，Elmore County，Alabama，"undated but typed Jan. 18，1963.

［29］ John Doar to Burke Marshall，"United States of America v. J. B. Sanford，et al. (Elmore County，Alabama)，" Jan. 16，1963；Sathe，*supra* note 28；Burke Marshall to Richmond Flowers，"United States v. Sanford，et al. (Elmore County，Alabama)，"Jan. 23，1963.

［30］ Civil Rights Div.，Doj Status Report 1964，at 173 - 74；182 - 83(Dec. 31，1964)，reprinted in Hearings on S. 1564，supra note 26，at 1331，1336 - 37.

［31］ Unsigned，undated memorandum to "The File，Elmore County"(主要讨论的是 1963 年 5 月 2 日，总检察长弗拉沃斯与司法部律师诺曼、萨德的会谈). 亦参见 Richard Flowers，by Leslie Hall，to Burke Marshall，*Re*：*United States v. Sanford*，*et. Al.*，*Elmore County*，*Alabama*，Feb. 6，1963；Burke Marshall to Richard Flowers，*Re*：*Registration in Voting in Elmore County*，*Alabama*，mar. 11，1963；Warren S. Radler to Henry Putzel，*Re*：*Records Demand in Elmore County*，Alabama，Aug. 8，1961。

［32］ 参见 *supra* note 31；Warren S. Radler to Hnery Putzel，*Re*：*Records Demand in Elmore County*，*Alabama*，Aug. 8，1961。

［33］ Complaint，United States v. Alton，Civ. Action No. 1957 - N (M. D. Ala. 1963).

［34］ Frank M. Johnson Jr.，"Confronting Ignorance，"in *When Mother Calls* (Tuscaloosa：Univ. of Alabama Press，1981)，36.

［35］ Jack Bass，*Taming the Storm*：*The Life and Times of Judge Frandk M. Johnson，jr.*，*and the South' Fight over Civil Rights* (New York：Doubleday，1993)，53，55.

［36］ Tony Freyer and Timothy Dixon，*Democracy and Judicial Independence*：*A History of the Federal Courts of Alabama*，*1820 - 1994* (Brooklyn，N. Y.：Carlson，1995)，230，232.

［37］ Browder v. Gayle，142 F. Supp. 707 (M. D. Ala. 1956)，*aff'd men.*，352 U. S. 903

(1956).

[38] Gomillion v Lightfoot, 167 F. Supp. 405,410 (M. D. Ala. 1958), aff'd, 270 F. 2d 594(5th Cir. 1959)(Brown, J. , dissenting), rev'd , 364 U. S. 339(1960).

[39] Quoted in Bass, *supra* note 35, at 146 - 47.

[40] Freyer and Dixon, *supra* note 36, at 243.

[41] United States v. Alabama, 171 F. Supp. 720 (M. D. Ala. 1959), *aff'd*, 267 F. 2d 808 (5th Cir. 1959), vacated and remanded, 362 U. S. 602(1960).

[42] *Id.*

[43] Bass, *Supra* note 35, at 188.

[44] Memorandum from Frank M. Johnson to Williams P. Rogers, Jan. 16,1959.

[45] Bass, *Supra* note 35, at 162 - 63.

[46] United States v. Alabama, 192 F. Supp. 677 (M. D. Ala. 1961),约翰逊法官的观点随即被联邦最高法院采纳,用来支持选举权法。*South Carolina v. Katzenbach*, 383 U. S. 301,309(1966).

[47] *Giles v. Harris*, 189 U. S. 475(1903).

[48] *United States v. Alabama*, 304 F. 2d 583,585(1903).

[49] Tinsley E. Yarbrough, *Judge Frank Johnson and Human Rights in Alabama* (Tuscaloosa: Univ. of Alabama Press, 1981).

[50] Defendant's Motion to Strike and Dismiss, United States v. Alton, Civ. Action No. 1957 - N(M. D. Ala Jul. 30. 1963); Defendant's Brief and Argument in Support of Motion to Strike and Dismiss, United States v. Alton, Civ. Action No. 1957 - N (Aug. 13,1963); Order, United States v. Alton, Civ. Action No. 1957 - N (Sept. 18. 1963)(专指 United States v. Bellsnyder, Civ. Action No. 63 - 697(N. D. Ala. Sept. 10,1963)).

[51] *United States v. Cartwright*, Supra Note 1.

[52] 28 Code Fed. Reg. § 0. 85.

[53] 参见 Investigation request to FBI, Jan. 17, 1964; Report of Special Joseph V. O'Connor, Feb. 4。1964(包括长达 164 页的调查报告)。

[54] jonathan B. Sutin interview reports of Ed Willie Smith, Mar. 2, 1964, and Bessye L.

Zeigler, Mar. 1, 1964.

[55] U. S. Congress, Senate, *Committee on the Judiciary*, *Hearings on S. 1564. supra note 26*, at 1291 - 1299(说明 1971b 震慑作用的地位); see also David J. Garrow, *Protest at Selma: Martin Luther King, Jr., and the Voting Rights Act of 1965* (New haven, Conn.: Yale Univ. Press, 1980), 16 - 17.

[56] United States v. Cartwright, *supra* note 1, transcript of testimony at 28, Mar. 6 - 7, 1964.

[57] Brian Landsberg's undated notes, "Critique of Preparation and Trial," for United States v. Cartwright, *supra* note 1.

[58] Bass, *Supra* note 35, at 402.

[59] Burke Marshall, *In Remembrance of Judge Frank M. Johnson, Jr. and John Minor Wisdom*, 109 Yale L. J. 1207,1216(2000).

[60] *United States v. Cartwright*, Supra Note 1. Transcript of testimony at 151 - 153.

[61] Krystal Los Santos, *SG. Helps Foster Future Leaders*, Daily Texan, Sept, 24,2005, 参见 http://www. dailytexanonline, com/news/2004/04/19/Topstries/Sg. Helps. Foster. Future. Leaders-664368. shtml。

[62] United States v. Cartwright, *Supra* Note 1. Transcript of testimony at 151 - 57.

[63] *Id.* at 86.

[64] Landsberg, *Supra* Note 57.

[65] United States v. Cartwright, *supra* Note 1. transcript of testimony at 163 - 70.

[66] Yarbrough, *supra* note 49, at 67.

[67] United States v. Cartwright, *Supra* Note 1. transcript of testimony at 67 - 68,93(卢拉的证词)(瑞贝卡的证词).

[68] Trial notes of Judge Johnson, Library of Congress, Collections of the Manuscript Division, Boxes 35,38(约翰逊法官对于卢拉等人证言的评论,记载在自己审判笔记的第六页). 亦参见 United States v. Cartwright, *Supra* Note 1. transcript of testimony at 59 - 64。

[69] United States v. Cartwright, *Supra* Note 1. transcript of testimony at 52.

[70] *Id.* at 39 - 40.

[71] Johnson, tiral notes, *supra* note 68, at 22.

[72] United States v. Cartwright, *Supra* Note 1. transcript of testimony at 52 - 53.

[73] Johnson, trial notes, *supra* note 68, at 20 - 26; United States v. Cartwright, *Supra* Note 1. transcript of testimony at 85.

[74] Memorandum from Judge Frank M. Johnson to Burke Marshall Ben Hardeman, Richmond Flowers, and Glen Curlee, Mar. 10, 1664.

[75] *United States v. Alabama*, 192 F. Supp. 677,683 (M. D. Ala. 1961). 亦参见*United States v. Parker*, 236 F. Supp. 511,518 (M. D. Ala. 1964).(因为法院已经明确要求,为申请遭拒的黑人提供选民登记,因此不再为其提供联邦仲裁员)。

[76] Bass, *supra* note 35, at 155.

[77] United States v. Cartwright, *Supra* Note 1.

[78] *United States v. Duke*, 332 F. 2d. 759(5th Cir. 1964). Frederick M. Wirt, *Politics of Southern Equality: Law and Social Change in a Mississippi County* (Chicago: Aldin, 1970),详细讨论了"帕诺拉县案"。

[79] United States v. Cartwright, *Supra* Note 1. at 877.

[80] United States v. Duke, *supra* note at 78, at 769.

[81] *Decree, United States v. Cartwright*, C. A. 1957 - N (M. D. Ala. Jul. 17, 1964).

[82] *United States v. Strong*, 10 Race Rel. L. Rep. 710,712(1965).

第五章 派利县:联邦仲裁员梦碎之地

[1] Voting Rights Act of 1665 § 2,42 U. S. C. § 1973(1994).

[2] Civil Rights Act of 1957, Pub. L. No. 85 - 315,71 Stat. 634(根据散见于美国法典第28条及42条修正版).

[3] U. S. Department of Commerce, Bureau of the Census (1960).

[4] Andrew Young, *An Easy Burden: The Civil Rights Movement and the Transformation of America* (New York: HarperCollins, 1996), 65.

[5] U. S. Congress, Senate, Committee on the Judiciary, *Hearings on S. 1564*, 89th Cong. (1st Sess. ,1965), 65.

[6] John Doar, "Memorandum for the Attorney General, Status of Preparations for

Implementation of the Voting Act of 1965, July 22,1965," 载于 Michael R, Belknap, *Civil Rights, The White House, and the Justice Department*, 1945－1968, vol. 15 (New York: Taylor & Francis, 1991), at 166.

[7] Richard Bailey, Neither Carpetbaggers Nor Scalawags: Black Officehlders during the Reconstruction of Alabama, 1867－1878(private printed, 1994), appendix A(1991), at 148－49,将麦特·艾沃瑞(Matt Avery)、马修·博易德(Matthew Boyd)、托马斯·李(Thomas Lee)等黑人列为该州代表派利县的议员。其中格林曾连任4届。

[8] 可参见 *Wilkinson v. Henry*, 221 Ala. 254(1930).

[9] *Smith v. Allwright*, 231 U. S. 649(1944).

[10] Full-page political advertisement by W. L. Murfee, Chairman, Marion Times Standard, Oct. 31,1946. 这则广告的内容包括"虽然阿拉巴马州无法违抗美国联邦政府,但却可以采取措施,防止黑人借新近出台的宪法判例,大量涌进选民队伍,污染阿拉巴马州的政治环境"。其用意在于,呼吁白人选民投票支持对于阿拉巴马州的所谓"博斯维尔修正案",而该修正案后来被联邦法院判定为违反美国宪法第五修正案。参见 *Davis v. Schnell*, 81 F. Supp 872 (S. D. Ala. 1949)。

[11] Transcript of proceedings on U. S. motions, *United States v. Blackburn*, C. A. 2881 (Apr. 23 and 24,1964), 273,308－09. 或许有人会认为,布莱克伯恩连续使用"黑鬼"的称谓,只是当时阿拉巴马州农村惯常的大众语汇,因此他可能根本没有意识到,还有更好的称谓可供选择。但这种白人系属无知的言论显然有偏袒之嫌,也绝不正确。某种词语属于大众语汇,并不意味着大家不知道这个短语有何贬损意味。参见 the Remark of Representative E. L. Forrester of Georgia in oppsing the Civil Rights Act of 1960:"我听够了这些无可救药的关于'黑鬼'的说辞。他们总有一天会明白我为什么这么说。我从来没有与黑人发生过什么麻烦。但是,上帝,我受够了。"引自 Daniel M. Berman, *A Bill becomes a Law: the Civil Rights Act of 1960* (New York: Marmillan, 1962)。94. 20世纪30、40年代,生活在新奥尔良的安德鲁·杨曾回忆,奶奶曾经告诉自己,"如果有谁叫你黑鬼,你必须教训他。"Young, *supra* note 5, at 23. 作者本人也有过十分切身的回忆,在第五巡回上诉法院审理达拉斯县黑人参选遭受不当威胁一案时,当地政府律师使用黑鬼一词,对此,同样是土生土长南方人的法官约翰·米诺·维斯德姆(John Minor Wisdom)当场对其加以制止,并警告这位律师如

果再犯，将对其处以蔑视法庭之责。参见 *United States v. McLeod*，385，F. 2d 734 (5th Cir. 1967)。

［12］ *Perry Citizens council to Meet Here on April 16*，Marion Times-Standard，Apr. 11，1963，at 1.

［13］ Federal Bureau of Investigation，Mobile office，report of John p. Brady，*Re*：*Perry County*，*Alabama Citizen's Council*，Aug. 16，1956.

［14］ *West Virginia State Bd. of Education v Barnett*，319 U.S. 624，637(1943).

［15］ *Sims v. Frink*，208 F. Supp. 431，446 Appendix E（M. D. Ala. 1962)，aff'd，*Reynolds v. Sims*，377 U.S. 533(1964).

［16］ Charles Fager，*Selma*，1965：*The March that Changed the South*（East Sussex，UK：Beaco Press，1974)，72.

［17］ Keith Hindell，*Civil Rights Breaks the Cloture Barrier*，36 Pol. Q. 142，151(1965).

［18］ J. L. Chestnut Jr. and Julia Cass，*Black in Selma*：*The Uncmmon Life of J. L. Chestnut*，*Jr.*（New York：Farrar，Straus & Giroux，1990)，118.

［19］ 2002 年 11 月 7 日笔者对斯宾塞的访谈。

［20］ Taylor Branch，*Pillar of Fire*：*American in the King Years*，*1963 - 65*（Simons&Schuster，1998)，578（New York，Rinehart & Winston，1969)，578.

［21］ Coretta Scott King，*My Life with Martin Luther King*，*Jr.*.（New York，Rinehart & Winston，1969)，578.

［22］ 参见 Idella J. Childs，"Lincoln Norman School，" and Richard Bailey，"Lincoln Normal School，" in *Neither Carpetbaggers nor Scalawags*：*Officeholders during the Reconstruction of Alabama*，*1867 - 1878*，可见于 http://www.ruthk.net/marion/lincoln.lincolnnormalschool.html。

［23］ Childs，*supra* note 22，指邦德博士之研究。

［24］ Young，*supra* note 4，at 65.

［25］ U. S. Department of Commerce，Burau of the Census，1，Census of Population，1960，pt. 2，at 2 - 214 to 2 - 219(指出只有五个县经济状况更差，包括巴洛克县、格林县、罗德县、索姆特县与威尔克斯县).

［26］ *Id.* At 2 - 100；U. S. Department of Commerce，Bureau of the Census，1 Census of

Population, 1960, of Housing, pt. 2, at 2 - 68.

[27] Census of Population, *supra* note 25, at pt. 2,2 - 223,2 - 200.

[28] Ralph David Abernathy, And the Walls Came Tumbling Down (New York: Harper & Row, 1989), 70 - 71.

[29] Young, *supra* note 4, at 71.

[30] 六年之前,一项针对阿拉巴马州各县黑人选民情况的调查认定,"在派利县,即使存在较为有力的领导,一般黑人仍然没有兴趣参与选举活动。但是在该县,也可以发现联邦最高法院在"布朗案"的判决,影响到了白人对于黑人的态度。"事实显然与此不符,黑人往往对此也无法接受。N. W. Walton to G. E. Pierce, Research Secretary, Alabama State Coordinating Association for Registration and Voting, Sept. 13,1956. Southern Regional Council Papers, Department of Archives and Manuscripts, Birmingham Public Library, File 41. 1. 15. 阿尔伯特·特纳认为,1954 年至 1963 年期间,没有任何黑人获得过选民资格。Deposition of Albert Turner, United States v. State of Alabama and Perry O. Hooper, M. D. Ala, No. CA - 2255 - N, 6(卡特的日期,但于 1966 年 1 月 11 日记录;参见 U. S. Brief, Summaries of Depositions, 308).

[31] Hogue Interview, *supra* note 19.

[32] Memorandum from A. Edward Banks to Rupert J. Groh, Apr. 10, 1962.

[33] "特纳衣着得体,一直坚持当地的衣着习惯,但对其心怀仰慕的人都知道,这是一个绝顶聪明、颇具野心而又善于持之以恒的人。"Tom Gordon, Turner Recalled as "One of Giants" of Civil Rights Era, Birmingham News, Apr. 15, 2000.

[34] Chestnut and Cass, *supra* note 18, at 376.

[35] Turner interview in Howell Raines, *My Soul Is Rested: Movement Days in the Deep South Remembered* (New York: Putnam, 1977)

[36] Gordon, *supra* note 33,引自 Stte Representative Andrew Hayden, former mayor of Uniontown, Alabama.

[37] Tina Kelley, *Albert Turner Is Dead at 64: Strove for Civil Rights in South*, N. Y. Times, Apr. 15, 2000, at A27.

[38] Deposition of Albert, *supra* note 20. *Unted States v. State of Alabama and Perry O. Hooper* (M. D. Ala. CA - 2255 - N, 7) (Jan. 12,1966).

[39] *Id.* at 59.

[40] Testimony of Albert Turner in *United States v. Mcleod*, S. D. Ala. Civ. Action No. 3188－63, Dec. 1963, 见于 Record on Appeal, 5th Cir. No. 21475, at 182,187.

[41] Young, *supra* note 4, at 352.

[42] *Long-serving Federal Judge Daniel H. Thomas Dies at 93*, MOBILE REGISTER, Apr. 14, 2000；可见于 http://www.al.com/mobile.obits/2000-4-14.html。

[43] U. S. District Court memorial for Judge Daniel H. Thomas, 246 F. Supp. 2d xxix, lv (2003)；亦参见 146 Cong. Rec. S44911 (daily ed., May 25, 2000)。

[44] Univ. of Alabama Bulletin, Apr. 1927 (General Catalogue, 1926－27), 167,242.

[45] James Parker Hall, Cases on Constitutional Law, with supplement (1926), 146, n. 1 (引自 *Williams v. Mississippi*, 170 U. S. 213,221(1898)). 在本案中，联邦最高法院将黑人的特征概括为“逆来顺受，但赤贫懒散，恣意流徙，鼠目寸光，惯于小偷小摸，却很少有胆犯下白人罪犯经常实施的惊天大案。”*Id.* at 222. 尽管本案从未被推翻，但 *Schnell v. Davis*, 336 U. S. 933(1949)当中，并未援引本案的判决，而只是用了“参见”一词。本案推翻了一项与此相关的阿拉巴马州法。但是，在 *Lassiter v. Northampton County Bd. Of Elections*, 360 U. S. 45,50(1959)中虽然也是用了“参照”一词，却将其用来肯定一项北卡州法中，要求文化水平测试的合宪性。亦参见 *Hunter v. Underwood*, 471 U. S. 222(1985)，本案也援引了 *Williams* 案，但并未遵从这一判例。*Underwood v. Hunter*, 730 F. 2d 614,619 (1th Cir. 1984)，本案认为，阿拉巴马州一项看似种族中立的法律，违反宪法第 15 修正案，这项法律的真正指向在于歧视黑人。直到 1962 年，来自美国南部的议员一直都在援引本案，用于支持密西西比州法中要求申请者文化水平测试符合宪法。参见 colloquy between Senator Sam Ervin of North Carolina and Senator Lister Hill of Alabama, U. S. Congress, Senate, *Committee on Judiciary*, *Subcommittee on Constitutional Rights*, *Hearings on Literacy Tests and Voter Requirements in Federal and State Elections*, 87th Cong. (2d. Sess., 1962), 66。

[46] *Ex* parte Yarbrough, 110 U. S. 651(1884), in Hall, *supra* note 45, at 145.

[47] Hall, *supra* note 45, at 1476.

[48] *Guinn v. United States*, 238 U. S. 347(1915), in Hall, *supra* note 45, at 145.

[49] *Jones v. Jones*, 234 U. S. 615(1914), in Hall, *supra* note 45, at 1543. 联邦最高法院在本案中,维持了田纳西州最高法院的一项判决。路顿法官(Lurton)代表联邦最高法院撰写了本案的判决,碰巧的是,路顿曾供职于田纳西州最高法院,并被称之为"前狂热的种族隔离分子",参见 David J. Langum and Howard P. Walthall, *From Maverick to Mainstream: Cumberland School of Law*, 1847 - 1997(Athens: Univ. of Georgia Press, 1997)。本案被指摘为违反宪法第十三修正案的奴隶制度的典型。Benno C. Schmidt Jr., *A Postscript of Charles Black: The Supreme Court and Race in the Progressive Era*, 95 Yale L. J. 1681,1685(1986). 参见 Florence Roisman, *The Impact of the Civil Rights Act of 1866 on Racially Discriminatory Donative Transfers*, 53 Ala. L. Rev. 463,553(2002).

[50] Richard Delgao and Jean Stefancic, *Why Do We Tell the Same Stories? Law Reform, Critical Librianship, and the Triple Helix Dilemma*, 42 Stan. L. Rev. 207,225 (1980),引自 Richard Delgado, ed., *Critical Race Theory: The Cutting Edge* (Chicago: Temple Univ. Press, 1995), 206,209.

[51] J. Mills Thornton III, *Dividing Lines: Municipal Politics and the Struggle for Civil Rights in Montgomery, Birmingham, and Selma* (Tuscaloosa: Univ. of Alabama Press, 2002), 443 - 45(指托马斯在达拉斯县的朋友们). 另外一位学者将托马斯法官称之为"温和的种族隔离分子"(moderate segregationist). Tinsley E. Yarbrough, *Judge Frank Johnson and Human Rights in Alabama* (Tuscaloosa: Univ. of Alabama Press, 1981), 86。

[52] Eudora Welty, *Must the Novelist Crusade?*, Atlantic Monthly, Oct. 1965, at 104 - 05.

[53] Letter rom G. W. Carver to C. E. Thomas, Sept. 15,1938, Judge Daniel H. Thomas Scrapbooks, University of South Alabama Archives, Mobile, Ala. 在笔者的记忆中,托马斯法官曾经发表过的一次种族主义言论与黑人无关,倒是与犹太人有关(笔者本人为犹太人)。20 世纪 60 年代早期曾供职于司法部的政府律师杰拉德·斯特恩(Gerald Stern)曾回忆,一次在塞尔玛的选举权审判中,有纳粹大屠杀的幸存者出庭作证。托马斯法官曾经走下审判席,告诉一位旁听庭审的当地白人领导人,"这些人没有被杀光真是不幸。"Gerald M. Stern, "Mississipppi," *In Outside the Law: Narratives on Justice in America*, *ed. Susan Richards Shreve and Porter Shreve*

(New York: Beacon Press, 1997) 153 - 57;在这一方面,托马斯观点类似于考克斯法官针对发生在密西西比州费城3位民权活动人士遇害事件,曾经发表过的言论类似:"他们杀死了1个黑人,1个犹太人,以及1个白人。"Seth Cagin and Philp Dray, *We Are Not Afraid: The Story of Goodman, Schwerner, and Chaney and the Civil Rights Campaign for Mississppi* (New York: Scribbner, 1988), 452.

[54] Donald S. Strong, *Negroes, Ballots and Judges* (Univ. ofAlabama Press 1968), 85.

[55] 参见 Neal R. Peirce, The Deep South States of America (New York: W. W. Norton, 1974), 297。"司法部的相关案件审理进程因为不支持民权运动的联邦地区法官托马斯而严重滞后,相反,约翰逊法官似乎颇为重视民权。Frank T. Read and Lucy S. McGough, Let Them be Judged: The Judicial Integration of the Deep South (Metuchen, N. J.: Scrarecrow Press, 1978), 407. 托马斯法官和里恩法官(Lynne)属于美国南部典型的联邦法官,他们高度关注"布朗等案"的审理情况,一心想在可能的情况下拖延事态的进展,但却可以在得到上诉法院明确判决的情况下对其加以执行。面对地方上强烈的反对意见,这些法官当然无法十分热情地去捍卫所谓民权。Thornton, *supra* note 51, at 444(托马斯恣意拖延的举措……是具有'传奇色彩的').

[56] *Davis v. Bd. of School Comm's*, 219 F. Supp. 542,545 (S. D. Ala. 1963), rev'd, 332 F. 2d. 356(5th Cir. 1963).

[57] 42 U. S. C. § 1971(g). Ralph Smeltzer interviews with Robert Jensen, United States Attorney, Southern District of Alabama, Brethren Historical Library & Archives, Elgin, Ill. Interview of Jul. 16, 1964.

[58] 一项针对1965年—1967年美国第五巡回上诉法院的相关调查表明,托马斯法官的判决在上诉审过程中,被驳回的比例高达42%,属于被驳回率最高的法官之一。J. Woodford Howard Jr., *Courts of Appeals in the Federal Judicial System* (Princeton, N. J.: Princeton Univ. Press, 1981), 49 - 50.

[59] Read and McGough, *supra* note 55, at 406.

[60] Leon Friedman, "The Fderal Courts of the South: Judge Bryan Simpson and His Reluctant Brethren," *in Southern Justice*, d. Leon Friedman (Westport, Coon.: Greenwood Press, 1965), 211 - 12.

[61] *Id.* at 127.

[62] Author's conversation with John Doar, Jul. 2, 2001. 参见 Smeltzer interviews with Jansen, *supra* note 57, interview of Jul. 16, 1964(托马斯之流内心脆弱)。

[63] Conversation between Preisdent Johnson and Nicholas Katzenbach, Feb. 5, 1965, reproduced in Michael Beschloss, *Reaching for Glory: Lyndon Johnson's Secret White House Tapes, 1964 - 65* (New York: Simon& Schuster, 2001), 171.

[64] Young, *supra* note 4, at 354.

[65] Tony Freyer and Timothy Dixon, *Democracy and Judicial Independence: A History of the Federal Courts of Alabma, 1820 - 1994* (Brooklyn, N. Y.: Carlson, 1995).

[66] 2003 年 1 月 9 日,笔者与萨德的电话记录。

[67] J. W. Peltason, *Fifty-eight Lonely Men: Southern Federal Independence and School Desegregation* (Champaign: Univ. Illinois Press, 1971), 246.

[68] 2003 年 1 月 9 日,笔者与萨德的电话记录。

[69] 研究民事程序法的学者普遍认为,法官通过"训令行为"(mandamus actions),为自己的行为寻求正当性的做法极为罕见。但的确有法官曾经提出所谓的简报来说明问题。(*In re Cavanaugh*, 306 F. 3d 726(9th Cir. 2002)),甚至有法官在上诉审理的过程中到场说明。(*Armster v. U. S. District Court*, 792 F. 2d 1423(9th Cir. 1986))。但在这些情况下,法官一般都不本人起草所谓说明。David Levine, *The Chinese American Challenge to Court-Ordered Quotasin San Francisco's Public Schools*, 16 Harv. Blackletter L. J. 39,76 - 77(2000). 本案中,上诉法院要求联邦地区法院就要求其采取相关法律作为的申请作出回应。参见 email messages of Jan. 15,2003, from civil procedure listserv, in author's files。1996 年,《联邦上诉程序法》进行了修改,明确规定"申请训令需要考察法官本身对此问题的意见,应采取对抗式程序。因此,如果上诉法院要求法官对于相关的司法行为做出解释,法官应该提出情况说明。" Advisory Committeenotes to Federal Rules of Appellate Procedure, Rule 21,28U. S. C. A. 亦参见 *Rapp v. Van Dusen*, 350 R. 2d 806 (3d Cir。1965,(认为在质疑法院的判决时,应该由从该判决中获益的一方,而不是法官,起草情况说明).

[70] 第五巡回上诉法院于 1963 年 4 月 5 日驳回了政府方面的申请。*In re: United States of America Praying for a Writ of Mandumus*, No. 20346. 除了上述申请之外,还有一种说法是,司法部向美国法院管理办公室,就托马斯法官在 1961 年的种种行径提

出了投诉。2005年9月22日,斯科特致笔者的电子邮件,引自memo from Bob Groh to John Doar dated Aug. 22,1961,"Judge Thomas — Non-Judicial Remedies,"in DOJ file72-3-18。

[71] Brief for Respondent, Daniel H. Thomas, *In re*: *United States of America Praying for a Writ of Mandumus*, No. 20346, 5th Cir. March 1963, 7.

[72] 参见 Michael R. Fontham, *Michael Vitiello, and Daivd W. Miller. Persuasive Written and Oral Advocacy in Trial and Appellate Courts* (New York: Aspen, 2002), 92。

[73] *United States v. Atkins*, 210 F. Supp. 441, 443 (S. D. Ala, 1962), rev'd. 323 F. 2d 733 (5th Cir. 1963,要求托马斯法官作出一个内容明确的禁令). 托马斯法官后来发表的意见可参见24 Ala. Law. 40。虽然并没有直接引用,但托马斯的观点多少肯定参照了 Giles v. Harris, supra, 以及 *Railroad Commission of Texas v. Pullman Company*, 312 U. S. 496(1941)。在后面一案中,弗兰克佛特(Frankfurter)大法官认为,种族歧视的指控因为"触及了这个社会最为敏感的社会政策问题,对此,联邦司法除非别无选择,否则不应介入。"

[74] Smeltzer interviews with Jansen, *supra* note 57, interview of Jul. 16, 1964.

[75] Thornton, *supra* note 51, at 132.

[76] Daniel H. Thomas, *A Tribute to the Honoralble Seybourn H. Lymne*, 18 Ala. L. Rev. 14, 15-6(1965).

[77] *Lawrence v. Texas*, 539, 579(2003).

[78] Honi Fern Haber, *Beyond Postmodern Politics*: *Lyotard*, *Rorty*, *Foucault* (New York: Routledge, 1994), 1.

[79] 参见 *Kennedy v. Bruce*, 298 F. 2d 860(5th Cir. 1962,本案修正了托马斯法官无缘由地否决救济措施提议的态度,要求在案件提起审理16个月内,提供与选举有关的记录。*Davis v. Bd. School Comm'rs. of Mobile County*, 219 F. Supp. 542 (S. D. Ala. 1963), rev'd. 333 F. 2d 47(5th Cir. 1964).

[80] *United States v. Mayton*, 7 Race Rel. L. Rep. 1136 (S.D. Ala. 1962).

[81] 如果被告上诉,他们可以较为令人信服地提出,这样一种观点违反了F. R. Civ. P. 65要求主张"先期禁令"的观点必须有根据支持的规定,及F. R. Civ. P. 52要求的,在非

陪审团审理的案件中，法院必须明确案件判决的事实根据。实际上，如有学者总结的那样，“以中肯的语气，试图减少冲突的判决，往往会因为强调违法行为的严重性，导致其在上诉审的过程中被推翻。”Phillip J. Cooper, *Hard Judcial Choices: Federal District Court Judges and State and Local Officials* (New York: Oxford Univ. Press, 1988), 332,1137. 参见 *Kennedy v. Bruce*, 298 F. 2d 860 (5th Cir. 1962)。

[82] Judge Thomas's lined-out copy of the governments submission is contained in the Judge Daniel H. Thomas Papers, W. S. Hoole Speicial Collections Libaray, University of Alabama, Tuscallosa.

[83] Leslie Hall to Hon. Daniel H. Thomas, Nov. 1962, Daniel H. Thomas papers, *supra* note 82.

[84] Transcript, *United States v. Blackburn*, at 79,86,89，亦参见 testimony of Frances Mae Hammer, at 82.

[85] Plaintiff's Exhibit 8, *United States v. Blackburn* (S. D. Ala. Cir. Action No. 2881).

[86] Memorandum of the United States in Support of Statement of Exceptions to Referee's Reports, *United States v. Blackburn* (S. D. Ala. Cir. Action No. 2881), Oct 30, 1964, at 4-5.

[87] Arvid A. Sather to John Doar, *Present Situation in Perry County, Alabama, and Proposed Action in This Case-U. S. v. Neely Mayton*, et al., Dec. 21,1962.

[88] *United States v. Mayton*, 9 Race Rel. L. Rep. 1338 (S. D. Ala. 1963).

[89] Sather-Doar memorandum, *supra* note 87.

[90] Burke Marshall, *Frderalism and Civil Rights* (New York: Columbia Univ. Press, 1964), 20.

[91] Title VI of the Civil Rights Act of 1960,42 U. S. C. 1971(e)，规定如果联邦法院认定，在选举过程中存在系统性的种族歧视，那么任何受此影响的受害人，可以在满足下列两种条件的情况下，通过提出申请，在提出申请后 1 年内获得选民资格，直至系统性种族歧视停止。条件 1：申请者符合州法规定，并且 2：法院认定，申请者(a)因为种族因素被剥夺申请选民登记的资格，或者(b)基于种族因素而被认为不符合选民资质。

[92] 参见 Taylor Branch, *Parting the Waters: America in the King Years, 1954-63* (New York: Simons & Schuster, 1988), 479; Juan Williams, *Eyes on the Prize:*

America's Civil Rights Years, 1954－65(New York: Penguin Books, 1987), 1960。

[93] 42 U. S. C. A. §1971(e)。司法部文件显示,在1962年11月份托马斯法官作出判决之后,艾维德·萨德曾前往派利县,向该县准备出庭作证的黑人解释相关的要求。他告诉这些黑人,现在他们有权再次提出选民登记申请,并且可以鼓励其他黑人积极参与,因为现在恰逢其时,根据法庭的禁令,选民登记委员会将必须公平地对待这些申请者。几天后在第二次与这些黑人面谈的时候,虽然面临着选民登记委员会的巨大压力,当地黑人领导人告诉萨德,他们准备在12月份,动员500人参与选民登记申请。萨德对此的反应是,"虽然申请人数越多,可能带来的结果越好,但最好动员那些真想参与选举的人申请选民登记。"Unaddressed memorandum from Arvid A. Sather, Nov. 22, 1962.

[94] Hogue interview, *supra* note 19. 阿尔伯特·特纳曾这样解释民权联盟所扮演的角色,"将1960年民权法作为保证申请这获得选民登记的武器。民权联盟的工作在于鼓动黑人民众写陈情信,帮助他们把握好自己所有的机会。我们应该,也有机会让联邦政府看到这些信。"Turner Deposition, United States v. State of Alabama and Perry O. Hooper, 9 (Jan. 12, 1966).

[95] Douglas O. Linder, *Bending toward Justice: John Doar and the "Mississippi Buring" trial*, 72 Miss. L. J. 71, 777－78 n. 174(2002).

[96] U. S. Congress, House Committee on the Judiciary, Subcommittee on Civil and Comstitutional Rights, *Civil Rights Implications of Federal Voting Fraud Prosections*, 99th Cong. (1st Sess., 1985), 85.

[97] Brief for Responent, Daniel H. Thomas, *in re*: *United States of Ameirca Praying for a Writ of Mandamus*, No. 20346, 5th Cir., March 1963, at 3.

[98] *United States v. Mayton*, 9 Race Rel. I. Rep. 1338, 1440 (S. D. Ala, 1963).

[99] 第一批陈情信共173封,第二批共142封,第三批共33封。然而,第二批中的77人属于第一批曾经提出过申请,但是因为被拒绝,又重新提出申请的部分。因此,总人数为271。

[100] Jack Mendelsohn, The Martyrs: Sixteen Who Gave Their Lives for Racial Justice (New York: Harper & Row, 1966), 133－36.

[101] Ex Parte Turner, S. D. Ala C. A. 2881－1 referee file.

[102] *United States v. Manning*, 7 Race Rel. L. Rep. 817 (W. D. La. Jul. 12, 1962),由3位法官组成的合议庭维持了原判。*United States v. Manning*, 206 F. Supp. 623 (W. D. La Jul. 25, 1962)(expanded opinion, 215 F. Supp. 272(1963)).

[103] 1963年1月16日,萨德律师致奥康讷,阿拉巴马州南区联邦地区法院职员的信。

[104] Memorandum from John Doar to Burke Marshall and Harold Greene, Re: Filing of Notice of Appeal; U. S. v. Mayton, et al, Perry County, Alabama, Jan. 14, 1963.(与简森律师的交流)

[105] Brief for Respondent, Daniel H. Thomas, In re: United States of America Parying fro a Writ of Mandamus, No. 20346, 5th Cir., March 1963, at 7.

[106] *Untied States v. Mayton*, 9 *Race Rel*. L. Rep. 1338 (S. D. Ala. May 17, 1963).

[107] Letter from Evelyn Turner to U. S. District Court, August 1963, Ex Parte Evelyn L. Turner, S. D. Ala. C. A. 2881 - 1, referee file.

[108] *United States v. Mayton*, 9 Race Rel. L. Rep. 1340 (S. D. Ala. Aug. 15, 1963). 托马斯法官起草的一份草稿中,曾认为因为相关文件是由政府律师提交给法庭的,因此不属于《1960年民权法》中规定的"呈交"。Judge Daniel H. Thomas Papers, W. S. Hoole Special Collections Library, University of Alabama, Tuscallosa. 但最终文本中这一论证被删除。后来,托马斯法官又收到了另外一批33封信,虽然对于这批信件他的做法类似,但最终判定选民登记委员会需要受理16位声称曾提出过申请,但对于申请结果不知情的黑人申请。9 Race Rel. L. Rep. 1340 (S. D. Ala. Sept. 27, 1963).

[109] United States v. Mayton, 335 F. 2d 153, 161, 165 (5th Cir. 1964).

[110] James Kelley, *re*: *Ella Dee Stewart*, Apr. 8, 1964.

[111] 伯明翰(Birmingham)位于杰弗逊县,1960年,杰弗逊县选民登记委员会致信给州长约翰·派特森(John Patterson),认为"我们在尽量降低黑人选民登记人数方面遇到的极大困难。"Letter from Walter Brower to John Patterson, Sept. 1, 1960, quoted in letter from Assistant Attorney General John Doar to Honorable Earl Morgan, Circuit Solicitor, Dec. 31, 1965.

[112] U. S. Brief on Contempt Motion, United States v. Blackburn, 89.

[113] *Id.* at 90, n. 35, 68, 72.

［114］ Transcript, United States v. Blackburn, Apr. 23 - 24, 1964, at 146 - 47.

［115］ Letter of Dec. 31,1962, in Ex Parte Stewart, Ella Dee, S. D. Ala. No. 2881 - 43.

［116］ Letter of Jul. 27, 1963, in Ex Parte Stewart, *supra* note 115.

［117］ Judge Daniel H. Thomas Papers, trail notes of April 1964 hearing in Perry County case, W. S. Hools Speical Collections Library, University of Alabama, Tuscaloosa, Alabama.

［118］ Robert A. Caro, The Years of Lyndon Johnson: Master of the Senate (New York: Knopf, 2002), 1003.

［119］ United States Commission on Civil Rights, Report (Washington, D. C.: Government Printing Office, 1959), 141 - 42(Dissent by Commissioner Battle).

［120］ 有学者提出,博克·马歇尔在20世纪50年代,在非公开场合提出"联邦登记员"这个概念,后来这个概念被总检察长罗杰斯加以包装改造,演变为后来的所谓"联邦选民登记仲裁员"这一概念。Victor Navasky, Kennedy Justice (New York: Scribner, 1971), 194.

［121］ 亦参见 Bernard Schwartz, ed., Statutory History of the United States, Civil Rights, Part 2(New York: Chelsea House, 1970)。另外一项提议是,通过建立一个国会选举委员,认定参加议会选举的选民资格。但这项提议并未获得美国国会的认真对待。参见 Ira Michael Heyman, Federal Remedies for Voteless Negroes, 48 Cal. L. Rev. 190,211(1960)。

［122］ Representative Colmer of Mississippi,引自 Berman, *supra* note 11, at 83.

［123］ 可参见 Memorandum from Professors Black, Emerson, and Pollak, Yale Law School, 106 Cong. Rec. 3901 (daily ed., Feb. 29, 1960)。

［124］ *Brown v. Board of Education*, 349 U. S. 294(1995) (*Brown II*).

［125］ 347 U. S. 483(1954) (*Brown I*).

［126］ Memorandum from Prof. G. W. Foster, University of Wisconsin Law School, to William Welsh, administrative assistant to Senator Hart, 106 Cong. Rec, 3898(daily ed., Feb. 29, 1960).

［127］ *Hart v. Community School Bd.*, 383 F. Supp. 699,763 (E. D. N. Y. supplemental opinion of Apr. 2, 1974)(Weinstein, J.)

[128] Fed. R. Civ. P. 53.

[129] Remarks of Representative John Lindsay of New York，引自 Schwartz，*supra* note 121，at 974.

[130] Civil Rights Act of 1960，74 Stat. 86，90－92，Section 601；42 U. S. C. 1971(e).

[131] 106 Cong. Rec. 5647(daily ed.，Mar. 15，1960).

[132] Sneate Report No. 1205，Mar. 29，1960（to accompany H. R. 8601）. 亦参见 remarks of Rep. Robert Kastenmeier of Wisconsin，Schwartz，supra note 121，at 978。

[133] Schwartz，*supra* note 121，at 1008，998.

[134] Berman，*supra* note 11，at 117. 亦参见 Robert A. Caro，The Years of Lyndon Johnson：Master of the Senate(New York：Knopf，2002)，1034(约翰逊法官与总检察长罗杰斯认为，这个议案完全没有意义).

[135] Ira Michael Heyman，Federal Remedies for Voteless Negroes，48 Cal. L. Rev. 190，210－11(1960). 参见 Peltason，*supra* note 67，at 252－53(《1960 年民权法》赋予早已焦头烂额的联邦法官以另外一项棘手的任务。因此，其认为联邦行政机构必须介入这场战斗，如果由联邦行政机构认定黑人的选民资格，那么地方上对于这一问题所带来的巨大压力将不再成为问题。和联邦法官不同，行政认定需要完成的任务较为单一。一旦任务完成，他们的使命就告一段落)。

[136] Berl I. Bernhard，The Federal Fact-Findings Experience — A Guide to Negro Exranchisement，27 Law & Contemp. Probs. 468，477(1962).

[137] Schwartz，*supra* note 121，at 965，999，1005.

[138] 例如，来自佛罗里达州的参议员斯宾萨德·霍兰德(Spessard Holland)承认：“尽管根据本法的规定，一位法院指定的仲裁人可以代行地方选举产生的选民登记委员的职能，但应该承认让一些具有司法身份的人，行使本来由一群政客行使的权力，是具有一定进步性的。”Schwartz，*supra* note 121，at 1010.

[139] Representative William Colmer of Mississippi，Schwartz，*supra* note 121，at 959.

[140] Berman，supra note 11，at 46. 1923 年二人之间的拳击比赛持续了 3 分钟 45 秒(引自 http://www.secondsout.com/legends/legends_35764.asp)。

[141] Schwartz，supra note 121，at 1012.

[142] Marshall, *supra* note 90, at 31. For the reconstruction episode, 参见 Eric Foner, Reconstruction: America's Unfinished Revolution, 1863 - 1877 (New York: Harper & Row, 1988), 277。

[143] Brief of the United States, *United States v. Scarborough*, *United States Court of Appeals for the Fifth Circuit*, No. 23025, at 32, filed Apr. 7, 1965.

[144] *United States v. Manning*, 7 Race Rel. L. Rep. 817 (W. D. La. 1962), *U. S. v. Parker*, decided sub non, U. S. v. Penton, 212, F. Supp. 193 (M. D. Ala. 1962). *U. S. v. Mayton*, 7 Race Rel. L. Rep. 1136 (S. D. Ala. 1962).

[145] *United States v. Manning*, 7 Race Rel. L. Rep. 817 (W. D. La. 1962). 一个由 3 名法官组成的合议庭维持了这一判决。*United States v. Manning*, 206 F. Supp. 623 (W. D. La. Jul. 25, 1962).

[146] *United States v. Atkins*, 10 Race Rel. L. Rep 214,704,1209(1965).

[147] 参见 remarks of Senator Herman Talmadge of Georgia, containing analysis by Charles J. Bloch of Macon, Georgia, 106 Cong. Rec. Senate 2883 - 4 (1960). Remarks of Representative Robert Hemphill of South Carolina, Schwartz, *supra* note 121, at 974(仲裁员需要具备何种资质? 必须具有律师资格? 还是一般政治人物即可?)

[148] 根据本法,法官可以规定仲裁员的年薪。参见 United States v. Mayton, order of Jul. 15, 1966。虽然很可能法院在计算博克薪酬时,推定他所从事的是一项全职工作,但事实上在 1964 年 8 月 21 日至 10 月 31 日这段最为繁忙时期,博克的工作时间也仅为 224 小时。托马斯法官曾经回忆起这段往事,"缇格(博克的昵称)想要的年薪为 1 万美金,和当时地区法院法官的年薪类似。他告诉我,他可不想做一个廉价的便宜货。"Memorial for Judge Daniel H. Thomas, 246 F. Supp. 2d. xxxix, xlv (2003).

[149] 相关信息参见 http://www.cjr.org/database/converter_response.asp?cent=19&dec=6&year=3&amount=10&year_to=2002&submit=convert。

[150] U. S. Congress, Senate, Committee on the Judiciary, Civil Rights — the President's Program 1963, Hearings on S. 1731 and S. 1750, 88th Cong. (1st Sess., 1963). 联邦总检察长的看法显然是不精确的。这一议案要求,而不是仅仅允许法院对不当遭拒

的申请提供登记。Sec. 101(c) of S. 1731，Hearings，2－3.

[151] 这部分法律规定标志着首次因为一种统计学上的认定，引发对于选举权的保护措施，而这也可以被视为是后来选举权法出台的前奏。

[152] 之前由3名法官组成审判庭的做法，主要是为了缓解由单人法官宣布州法违宪引发的公众反感。参见 *Swift & Company v. Wickham*，382 U. S. 111，116－18(1965)。与此相对，1964年规定由3名法官组成合议庭的用意，在于克服单人法官不愿意对于违宪行为提供救济的现象。

[153] Order of Sept. 23，1964，in United States v. Mayton，supra，谈及了托马斯法官1964年8月21日任命博克为仲裁人的过程。在黑尔县，达到法定选民年龄的白人共有3674人，其中共有3600人获得选民资格。而达到法定选民年龄的6000名黑人中，只有200人获得选民资格，不到3.3%。1963年12月，联邦政府针对黑尔县的种族歧视行为提出了诉讼。但由于阿拉巴马州南区联邦地区法院案件的积压，直到1964年才开始进行审理。1964 Civil Rights Division Status Report，reproduced in U. S. Congress，Senate，Committee on Judiciary，Hearings on S. 1564，89th Cong.（1st Sess.，1965），at 1175，1271.

[154] 博克在被任命为联邦仲裁员之前，主要处理民事、婚姻等问题，属于典型的小镇律师。Westlaw search，*ALLCASE-AT*（"*O. S. BURKE*"），Sept. 2，2002. 1971年8月23日博克向托马斯法官发问的电报，Judge Daniel H. Thomas Scrapooks，University of South Alabama Archives，Mobile，Ala.

[155] Memorandum to file fromDavid Marlin，Conversation with Mr. Jansen，United States Attorney，Sept. 25，1964（re. Sept. 22，1964，conversation）. 这次谈话或许产生于托马斯法官在10月23日的一次谈话。事实上，1964年10月8日，简森就知道了对于博克的任命。Smeltzer interviews with Jansen，supra note 57，interview of Sept. 8. 1964.

[156] Smeltzer interviews with Jansen，*supra* note 57，interview of Nov. 16－19，1964.

[157] *United States v. Mayton*，9 Race Rel. L. Rep. 1350（Sept. 23，1964）.

[158] Memorandum from E. H. O'Connell Jr. to D. L. Norman，*re*：*Voting Referee-Perry County*，*Alabama*，Oct. 22，1964.

[159] Smeltzer interviews with Jansen，*supra* note 57，interview of Feb. 10，1965.

[160] 1964 年 10 月 20 日，多尔致托马斯法官的信，重申了其与博克的对话。

[161] *United States v. Scarborough*, 348 F. 2d 168,171 (5th Cir. 1965).

[162] "我们并没有从托马斯法官那里获得任何关于联邦仲裁员的信息，而这些仲裁员在我们没有获得任何信息的情况下开展了工作。"John Doar to Burke Marshall, United States v. Mayton, Perry County, Alabama, Nov. 18,1964.

[163] *Id.*

[164] 在 1964 年 3 月的 *Hamilton v. Alabama*, 376 U. S. 650(1964)案中，联邦最高法院总体上推翻了阿拉巴马州最高法院认定，一个黑人证人拒绝在被称之为"玛丽"，而非"汉密尔顿小姐"时应答，构成藐视法庭的判决。Ex parte Mary Hamilton, 275 Ala. 574(1963). 参见 Jack Greenberg, Crusaders in the Courts(New York: Basic Books, 1994), 40。(在 20 世纪 50、60 年代，法官、法庭工作人员与白人律师仍然不称呼黑人律师姓，但这并不是因为友情或者熟悉，而是提醒这些黑人所处的低等地位。)

[165] *United States v. Scarborough*, 348 F. 2d 168,170(5th Cir. 1965).

[166] Report of the Referee, for the period Aug. 21,1964 - Oct. 31,1964. 例如，在 Exparte Evelyn I. Turner, C. A. 2881 - 1，布莱克伯恩证明特纳曾宣称，自己因为没有找到保证人无法获得申请。Transcript of Proceedings, Oct, 9,1964.

[167] "美国国会得在两院超过三分之二多数认定必要的情况下，提出宪法修正案，或者在超过三分之二州立法机构申请的情况下，召开修宪大会。相关修正条款如果获得超过四分之三州立法机构同意，或者修宪大会成员四分之三以上同意，即获得与宪法条款相同效力。1808 年之前不得修改宪法第 9 条第 1 及第 4 款，不得在未获得各州同意的情况下，剥夺其选举 2 位美国参议员的权利。"1808 年之前，奴隶贸易仍然受宪法保护。

[168] 上诉法院在 *United States v. Scarborough*, 348 F. 2d 168,171(5th Cir. 1965)中，援引了下列问题："1. 请列明修正本州宪法可能采取的两种途径。2. 如要修正美国宪法，必须获得参众两院哪一部门的通过？3. 目前，美国各州在参议院均有两名代表，如果要改变这一平均分配的宪法做法，会产生何种结果？4. 如何称谓一部全国性质的宪法性文本？"

[169] Memorandum from E. H. O'Connell, *supra* note 158.

[170] U. S. V. Mayton 7 Race Rel. L. Re. 1136,1137 (S. D. Ala. 1962).

[171] Memorandum from E. H. O'Connell, *supra* note 158.

[172] Civil Rights Act 1960, Title VI, 42 U. S. C. 1971?.

[173] The Sample Findings of the referee are reproduced at 9 Race Rel. L. Rep. 1793 (1964－65).

[174] 根据《1960年民权法》,“如果选民登记申请提出后20日内进行选举活动,而在此之前,该选民登记申请无法获得结果的,如果申请者根据州法可以获得选民资格,法院应赋予该申请者参与本次选举的暂时资格。”这样一种强制性保障规定的原因,主要是因为担心某些法官会恶意拖延。Remarks of Senator Jacob Javits of New York in Schwartz, *supra* note 121, at noon.

[175] *Lassiter v. Northampton County Bd. Of Elections*, 360 U. S. 45,50(1959).

[176] 24 *Ordered on Perry Vote Rolls*, Mobile Register, Oct. 30,1964, at 1.

[177] *Judge Studying Perry Vote Rolls*, Mobile Register, Oct. 30. 1964, at 1.

[178] Chestnut and Cass, *supra* note 18, at 137.

[179] His ruling appears at 9 Race Rel. L. Rep. 1794(1964－65).

[180] Doar to Marshall, *Re: United States v. Mayton, Perry County, Alabama*, Nov. 18,1964. 多尔回忆,非常不幸,这次听证过程并没有书记员出席,但从整体来看,这样的一种缺失绝非致命性。作为一位新手,笔者天真地认为,托马斯法官会安排他的书记员记录听证过程,从而并未申请书记员。

[181] Undated handwritten Landsberg draft of memorandum from Norman to Doar, *re: Expedited appeal*, U. S. v. Blackburn, voter referee case.

[182] Memorandum from Norman to Doar, *re: Expedited appeal*, U. S. v. Blackburn, *voter referee case*, Dec. 16,1964.

[183] Motion for a Preference and a Hearing on the Original Record, *Unied States v. Blackburn*, United States Court of Appeals for the Fifth Circuit, No. 22305, filed Feb. 19, 1965. 后来,博克的确就来自达拉斯县的申请表进行过裁决,批准86人的申请,驳回61人的申请,并且托马斯法官对其报告照单全收。Unitted States v. Atkins, 10 Race Rel. L. Rep. 704(Jun. 1,1965),当时,国会仍在讨论选举权法。

[184] Brief of the United States, *United States v. Scarborough*, United States Court of Appeals for the Fifth Circuit, No. 22305, at 34(Apr. 7, 1965).

[185] U. S. Congress, Senate, Committee on the Judiciary, Hearings on S. 1564. 89th Cong. (1st Sess. , 1965), 729. 米载尔在选民登记案件中担任华莱士州长的代理人。例如,针对选举权法的合宪性,阿拉巴马州曾两次向联邦最高法院提交相关意见,*South Carolina v. Katzenbach*, 383 U. S. 301(1966)。其中一份说明是由理查蒙德·弗拉沃斯(Richmond Flowers)和他的助手高登·麦迪逊(Gordon Madison)签署的,第二份说明是由全权代理阿拉巴马州行政首长华莱士的小佛朗西斯·米载尔签署。

[186] Brief for Appellee Board of Registrars of Perry County, Alabama, United States v. Scarborough, United States Count of Appeals for the 5thCircuit, No. 22305, at 1,5-6(Jun. 3,1965).

[187] *United States v. Scarborough*, 348 F. 2d 168,171(5th Cir. 1965).

[188] Notation in Referee file 2881-43.

[189] Raines, *supra* note 35, at 188.

[190] 参见 Federal Bureau of Investigation, Mobile office, *Racial Discrimination in Registration and Voting, Perry County, Alabama*, Feb. 12 and 19,1965; 1965 年 2 月 2、3、4、8 日,作者与 FBI 探员的电话交谈;Branch, supra note 20, at 57-78。

[191] 参见 Federal Bureau of Investigation, Mobile office, *Racial Discrimination in Registration and Voting, Perry County, Alabama*, Feb. 12 and 19,1965。

[192] Branch, *supra* note 20, at 561, 其中描述了这一段历史,其中甚至包括美国纳粹党徒袭击马丁·路德·金的经过。亦参见 Abernathy, *supra* note 28, at 314-15; Nick Kotz, Judgement Days: Lyndon Baines Johnson, Martin Luther King, Jr. , and the Laws that changed America(Boston: Houghton Mifflin, 2005), 275-78。

[193] FBI. Feb. 19, 1965 report, *supra* note 20. 布兰奇曾对于这段历史有过极其鲜活的描述, *supra* note 20, at 592。也有与此有关的视频资料,Eyes on the Prize I, Episode 6: Bridge to Freedom(1965)(Public Broadcasting Service, 1986)。对于吉米·李·杰克逊在林肯高中等地的生平资料,参见 Jack Mendelsohn, The Martyrs: Sixteen Who Gave Their Lives forRacial Justice(New York: Harper &Row, 1966), 133-36。有人回忆,就是杰克逊帮助特纳起草了致托马斯法官的信函。*Id.* at 138.

[194] Branch, *supra* note 20, at 593.

[195] Federal Bureau of Investigation, Mobile office, re: Racial Discrimination in Registration and Voting, Perry County, Alabama, Feb 26,1965. 这份报告的副本不仅提交给司法部民权事务部,而且也被提交至司法部国家事务部。

[196] Raines, *supra* note 35, at 194; Branch, *supra* note 20, at 599; Young, *supra* note 4, at 553; John Lewis, the Voting Rights Act: Ensuring Dignity and Democracy, Hman Rights, Spring 2005, at 2.

[197] Williams, *supra* note 92, at 267.

[198] Raines, *supra* note 35, at 195.

[199] *Id.* 杨法官承认,特纳用大巴从其他县运了很多申请人。Young, *supra* note 4, at 354.

[200] 参见 Williams, *supra* note 92, at 269-73。

[201] Time Magazine, Mar. 19, 1965, at 24, 引自 Read and McGough, *supra* note 55, at 390。

[202] Lyndon B. Johnson, "Speicial Message to the Congress: The American Promise," in *Public Papers of the Presidents of the United States: Lyndon B. Johnson, 1965* (Washington, D. C.: Government Printing Office, 1966), 可见于 http://www.lbijib.utexas.edu/johnson/archies.hom/speeches.hom/650315.asp。

[203] Williams, *supra* note 92, at 278, 引自 C. T. Vivian's recollection of the impact on King, and Selma Mayor Joseph Smithermans' recollection of the dagger to the heart。

[204] *United States v. Duke*, 332 F. 2d 759(5th Cir. 1964).

[205] United States v. Scarborough, *supra*, 10 Race Rel. L. R. 709, Civ. Action No. 2881 (S. D. Ala 1965) order of Mar. 16, 1965.

[206] Affidavit of George Rayborn, filed with government's motion served on Apr. 30, 1965, and filed on May 3,1965.

[207] United States v. Scarborough, *supra*, order of Feb. 5, 1965.

[208] United States v. Blackburn, *supra*, order of Feb. ,5, 1965.

[209] United States v. Blackburn, *supra*, at *Unted States Memorandum in Support of Statement of Exception to Findings of Referee*, filed Mar. 8, 1965.

[210] 参见 United States v. Scarborough, *supra*, at *Unted States Memorandum in*

Support of Statement of Exception to Findings of Referee, filed Apr. 19, 1966。

[211] United States v. Scarborough, *supra*,(May 28,1965)(Two orders of Jun. 21,1965).

[212] United States v. Scarborough, *supra*, United States Memorandum in Support of Statement of Exception to Findings of Referee, filed Apr. 19, 1966. 在此之前,这 68 人中只有 4 位没有获得选民登记,其他人都根据选举权法或者其他途径获得了选民资格。

[213] United States v. Scarborough, *supra*, order of Apr. 19, 1966.

[214] John Herbers, *Voting Act's Progress in South Cheers President*, N. Y. Times, Aug. 26,1965, at 21.

[215] Branch, *supra* note 20, at 605 - 06.

[216] United States Commission on Civil Rights, *The Voting Rights Act*: *The First to Months* (Washington, D. C.: Government Printing Office, 1965), 37. 起初,选民登记委员拒绝将联邦仲裁人所列出的人员纳入到选民名单当中,认为这样做将违反托马斯法官在 1965 年 5 月 16 日所作出的相关判决。1965 年 10 月 4 日,约瑟夫·T. 斯卡伯罗致菲利普·J. 拉玛奇娜的信。

[217] Hongue interview, *supra* note 19.

第六章 法律的成型:一座多少有些怪异的里程碑

[1] 当《1965 选举权法》最终通过时,一份阿拉巴马报纸所发表的社论中明确谈道:“内容严苛夸张的选举权法案获得通过……时逢派特斯桥事件爆发,林果少校领导下的州骑警,大白天对一小撮黑人示威者进行了法律镇压,而对于这场残忍、愚蠢表演的电视直播,更让阿拉巴马州颜面扫地。毫无疑问:阿拉巴马州必须通过选举权法。”Ala. Journal, Aug. 9, 1965. 亦参见 Abigail M. Thernstrom, *Whose Votes Count? Affirmative Action and Minority Voting Rights* (Cambridge, Mass.: Harvard Univ. Press,1987),1,2;Keith J, Bybee, *Mistaken Identity*: *The Supreme Court and the Politics of Minority Representation* (Princeton, N. J.: Princeton Univ. Press, 1998), 16; Samuel Jssacharoff, Pamela S. Karlan, and Richard H. Pildes, *The Law of Democracy*, 2d ed. (New York: Foundation Press, 2002), 546 - 48(引自 Attorney General Katzenbach, as reported by Howell Raines, My Soul is Rested: *Movement*

Days in the Deep South Remebered[New York:Putnam, 1977], 215:"阿拉巴马民众在派特斯桥事件发生的那个星期日,事实上就已经投票通过了那部法律");Michael J. Klarman, Brown, Ricial Change and the Civil Rights Movement, 80 Va. L. Rev. 7,147 - 49(1994); Frank Parker, *Black Votes Count: Political Empowerment in Mississippi after* 1965 (Chapel Hill: Univ. of North Carolina Press, 1990), 9(民权运动实现了个案诉讼所没有达成的伟大成就). David J. Garrow, *Protest at Selma: Martin Luther King, Jr., and the Voting Rights Actsof 1965* (New Heaven, Conn.: Yale Univ. Press, 1978)提出了催生选举权法的两大动因:发生在塞尔玛县的流血星期日事件,以及这些地区长久以来对于宪法第 15 修正案的践踏。Taylor Branch, *At Canaaan's Edge: American in the King Years, 1965 - 68* (New York: Simon & Schuster, 2006)曾十分生动地描述过发生在派特斯桥上的流血事件,其中就包括约翰逊总统,马丁·路德·金等关键人物在这个过程中扮演的角色。如麦克·拜尔耐普(Michal R. Belnap),尽管选举权法的立法目的在于排除干涉民权运动的暴力行为,但新法中却很少对于这一问题有所涉及。Michal R. Bellnap, *Federal Law and Southern Order: Racial Violence and Constitutional Conflict in the Post-Brown South* (Athens: Univ. of Georgia Press, 1987), 206. 在很多学者看来,司法部需要故意低调处理流血星期日事件,从而使得约翰逊总统能够顺利地在国会推动选举权法。Stephen Tuck, "*Making the Voting Rights Act*," *in the Voting Rights Act: Securing the Ballot, ed. Richard M. Valley* (Washington, D. C.: CQ Press, 2006), 77,78.

[2] 查里斯·劳伦斯(Charles Lawrence)指出,因为对于个人种族属性所附加的特殊意义,以及对于有色人种的负面印象,使得我们每个人都可以被认为是种族分子。但我们不应认同可以基于文化背景,影响我们行为的种族观念。Charles R. Lawrence, *The Id, The Ego, and Equal Protection: Reckoning with Unconscious Racism*, 39 Stan. L. Rev. 317,322(1987). 索姆特县的选民登记委员,或许并不属于死硬的种族分子,但却可以轻易地归于上述定义当中,参见 Thomas Ross, Just Stories: How the Law Embodies Racism and Bias(Boston, Mass.: Beacon Press, 1996), 11,17(即使白人种族隔离分子也没有想过要为黑人设定某种法律,从而赋予白人以某种好处,他们只是认为黑人与白人应该生活在不同的世界当中)。

[3] 马歇尔在霍华德法学院年会中所作发言，引自 Michal R. Belknap, *Civil Rights, the White House, and the Justice Department*, 1945 - 1968, vol. 1, at 399,404。

[4] Senator Lyndon Johnson in Bernard Schwartz, ed., *Statutory History of the United States, Civil Rights*, Part 2(New York: Chelsea House, 1970), at 914.

[5] *The Wallace-Lingo Act*, Ala. Journal, Aug. 9,1965.

[6] Alexander Keyssar, *the Rights to Vote: The Contested History of Democracy in the United States* (New York: Basic Books, 2000), 264 - 65.

[7] Symposium, Civil Rights and the Intergration of Ole Miss, Kenedy Presiential Library, Sept. 30, 2002, C-Span Videotape 174052 (Statements of Donald Byrd and John Doar).

[8] Keyssar, *supra* note 6, at 263.

[9] NAACP, *Statement on the Denial of Human Rights to Minorities in the Case of the Citizens of Negro Descent in the United States of American*, 93 Cong. Rec. 13, A4637, A4638(1947).

[10] Preisent's Committee of Civil Rights, *To Secrue These Rights* (Washington, D. C.: Government Printing Office, 1947), 160.

[11] United States Commission on Civil Rights, *Report* (Washington, D. C., Government Printing Office, 1959)。该报告指出，只有五个州还在将人头税作为享有选举权的前提条件，并且使用程度也没有之前严格。*Id.* 118.

[12] 参见 David E. Kyvig, *Explicit and Authentic Acts: Amending the U. S. Constitution, 1776 - 1995* (Lawrence: Univ. Press of Kansas, 1996), 350 - 357; Keyssar, *supra* note 6, at 236 - 37,269 - 71。

[13] U. S. Congress, Senate, Committee on the Judiiary, *Hearings before the Commiteeon the Judiciary on S. 1564*, 89th Cong. (1st Sess. 1965), at 94. 亦参见 Letter from Attorney General Katzenbach to Senator Mike Mansfield, 111 Cong. Rec. 9930 - 31 (daily ed., May 7,1965).

[14] Voting Rights Act § 10,42 U. S. C. 1973 (h) (1965).

[15] 参见 United States v. Scarborough, 10 Race Rel. L. Rep. 709 (S. D. Ala. 1965)。

[16] U. S. Congress, House. H. R. Rep. No. 89 - 439,89th Cong. (1st Sess., 1965), at 15,

reprinted in 1965 U. S. C. C. A. N. 2437.

[17] *Louisiana v. United States*, 380 U. S. 145(1965). 对其职业生涯的描述,参见 Lincoln Caplan, the Tenth Justice(New York: Knopf. 1987), chap. 10.

[18] Lyndon B. Johnson, "Speicial Message to the Congress: The American Promise," in *Public Papers of the Presidents of the United States: Lyndon B. Johnson*, 1965 (Kew York: Knopf, 1987), chap. 10.

[19] 实际上,民权委员会曾经提出需要在1年内尽快通过《1960年民权法》的必要性,并强调即便如此,也无法全面修正目前广泛存在的种族歧视问题。United States Commission on Civil Rights Report, Voting (Washington, D. C.,: Government Printing Office, 1961), vol. 1, at 100. 但采取诉讼方式解决问题需要面对的困难就在于速度极慢,只能一个县一个县,一个案件一个案件的慢慢进行。*Id.*

[20] Remarks of Lyndon B. Johnson, "Remarks in the Capitol Rotunds at the Spring of the Voting Rights Act," *supra* note 18; testimony of Nichloas Katzenbach, Senate Hearings supra note 13, at 55. 亦参见 Memorandum from Lee C. White for Bill Moyers, ec. 30, 1964, reproduced in Belkap, *supra* note 3, at 150. Garrow, *supra* note 1, at 36–39, 对于白宫及司法部在1964年草拟选举权法的过程进行了描述。1965年5月14日约翰逊总统的日记当中写到,流血星期日发生一周之后,他发表全国讲话的一天前。在阿拉巴马州塞尔玛等地爆发大规模民权运动的同时,司法部就已经开始思考设定新的选举权法。参见 United States Deparment of Justice, Civil Rights Division, Administrative History, 1969, at 19–20。

[21] Hugh Davis Graham, *Civil Rights and the Presidency* (New York: Oxford Univ. Press, 1992), 90.

[22] *Administrative History*, *supra* note 20, at 15, citing the Dec. 28, 1964, memorandum from Katzenbach to President,亦参见 Davis Graham, supra note 21, at 90–91。

[23] 111 Cong. Rec. 28(daily ed., Jan. 4, 1965).

[24] Nicholas Kotz, Judgment Days: Lydon Baines Johnson, Martin Luther King, Jr., and the Laws that Changed America(Boston: Houghton Miffin, 2005). 有学者曾经提出,1965年1月,司法部同时在起草一份宪法修正案,以及一份联邦选民登记法草案。David J. Garrow, Bearing the Cross (New York: William Morrow and Campany,

1986)，380－81.

［25］Memorandum from Attorney General Nicholas deB. Katzanbach to the President，*Re*：*Legislation to overcome voter apathy and discrimination*，Dec. 28，1964，这里提到的立法建议，基本来自于格林的私人笔记。Harold H. Greene Papers，Voting Rights Act，vol. I，Tab 1.

［26］Conversation between President Johnson and Martin luther King，Jr.，Jan. 15，1965，reproduced in Michael Beschloss，*reaching for Glory*：*Lyndon Johnson's Street White House Tapes*，*1964－65*（New York：Simon & Schuster，2001），159－60. 2月6日，总统的新闻秘书乔治·瑞迪(George Reedy)向媒体表示，政府将在年内提出一份强有力的选民登记法。Brach，*supra* note 1，at 581，citing the N. Y. Times，Feb. 7，1965，at 1.

［27］参见Drafts of Jan. 11. Jan. 19. Jan. 21，and Feb.，4，Harold H. Greene papers，vol. 1，tabl 3。

［28］Letter from Jacob H. Gillbert to Nicholas deB. Katzenbach，Feb. 7，1965，DJ File 166－01.

［29］Eric F. Goldman，*The Tragedy of Lyndon Johnson*（New York：Knopf，1969），318；Doris Kearns，*Lyndon Johnson and the American Dream*（New York：Harper & Row，1976），228；Garrow，supra note 1，at 36－39，亦参见Stephen Tuck，*supra* note 1，at 86－87。

［30］Branch，*supra* note 1，at 16.

［31］111 Cong. Rec. 4924(daily ed.，Mar. 15，1965).

［32］Branch，*supra* note 1，at 16.

［33］United States v. Hines，9 Race Rel. L. Rep. 1332，1335(1964)，引自Alabama v. United States，304 F. 2d 583(5TH Cir. 1962)，aff'd，371 U. S. 37(1962)。

［34］尽管表格主要关注索姆特县的情况，但大量证据证明，其他地区的情况与此类似。

［35］经验证明选民登记率低，投票率低的原因在于，相关选民资格限制措施的歧视性适用。Tesitmony of Attonery General Katzenbach，Senate Hearings，*supra* note 13，at 14.

［36］Untied States v. Hines，*supra* note 34，at 1334－1335.

[37] House Report, *supra* note 16, at 10,19.

[38] Untied States v. Hines, *supra* note 34, at 1334 – 1335.

[39] House Report, *supra* note 16, at 10,19.

[40] 另外,有人说在博克·马歇尔在成为副总检察长之前,曾在 20 世纪 50 年代建议联邦选举登记官制度,但后来,联邦总检察长罗杰斯又将其弱化为联邦选举仲裁人制度。Victor Navasky, Kennedy Justice (New York:Scribner, 1971), 194.

[41] House Report; *supra* note 16, at 16.

[42] Testimony of Roger Wilkins and Joseph Rauh, U. S. Congress, House, Committee on the Judiciary, subcommittee No. 5. , *Hearings: Serial No. 2*, 89th Cong. (1st Sess, 1965), 691.

[43] 106 Cong. Rec. 3901 – 02 (daily ed, Feb. 29, 1960),引自 Memorandum from Professors Black, Emerson, and Pollak, Yale Law School, *Legislation to Provide for Federal Voting Registratars*.

[44] United States Commission on Civil Rights, *Report* (Washington. D. C. , Government Printing Office, 1959), 136 – 37; United States Commission on Civil Rights Report, Voting(Washington, D. C. : Government Printing Office, 1961), 141; Civil Rights Act of 1964, Sec. 801; U. S. Congress, House, Committee on the Judiciary, Subcommitee No. 5, *Hearings on Voting Rights*, 89th Cong. (1st Sess. , 1965), 328 – 29.

[45] *Alabama v. United States*, 304 F. 2d 583,586(5th Cir. 1962).

[46] 参见 *House Report*, *supra* note 16; joint Statement of individual views by twelve named members of the Senate Committee on the Judiciary, 13 – 14(1965)。报告的草拟,参见 Barefoot Sanders to Stephen Pollak, Apr. 8, 1965(司法委员会表示,会在必要的时候要求司法部帮助其进行相关立法), memorandum from John Doar to Harold Greene, Re: *Proposed Committee Report on the Senate Voting Rights Bill*, Apr. 14, 1965。

[47] Lassiterv. Northamption County Bd. Of Electioins, 360 U. S. 45,52,53(1959).

[48] Pub. L. No. 86 – 449, Section 601(a).

[49] Statement of Robert F. Kennedy, Attorney General of the United States, to U. S.

Congress, Senate, Committee on the Judiciary, Subcommitee on the Constitutional Rights, Hearings on Literacy Tests and Voter Requiement in Federal and State Elections, 87th Cong. (2d. Sess., 1962), 261,263. 这份议案最终因为南方议员的拖延议事而夭折。后来就在宪法中规定普选制的议案,也因为没有形成压倒性多数意见,无疾而终。Civil Rights Breaks the Cloture Barrier, 36 POL. Q. 142(1965), 152.

[50] U. S. Congress, Senate, Committee on the Judciary, Hearings on S. 2750, 87th Cong. (2d. Sess., 1962). 这一条款仅仅适用于联邦选举。

[51] United States Commisssion on the Registration and Voting Participation, Report (Washington, D. C.,: Government Printing Office, 1963), 28; 1961 Report, *supra*, at 139-41, 1959 年报告当中并没有要求禁止限制性选民登记测试标准,但在普选问题上没有形成一致意见。1959 Report, *supra*, 143-45.

[52] U. S. Congress, Senate, Committee on the Judciary, Subcommittee on Constitutional Rights, *Hearings on Literacy Tests and Voter Requirements in Federal and State Elections*, 87th Cong. (2d. Sess., 1962), 486, 496.

[53] 该委员会多数人认为,应该取消文化水平测试作为选民的资格标准,因为公民是否享有选举权,不应受到其受教育程度的影响。1963 Report, *supra*, 40. 对此,也有人表示反对意见,认为应该保证选民对于投票行为具有最基本的理解。*Id*, at 53.

[54] *Lassiter v. Northampton Election Board*, 360 U. S. 45(1959).

[55] Memorandum from Horace Busby to Bill Moyers and Lee White, Feb., 27, 1965, reproduced in Belkanp, *supra* note 3, at 3-4.

[56] House Report, *supra* note 16, at 15-16.

[57] Transcipt, Nicholas deB. Katzenbach, *Oral History Interview I, Nov. 12, 1968*, by Paige E. Mulhollan, internet Copy, LBJ Library, at 21.

[58] 参见 statement of Charles J. Bloch, in 89th Cong. (1st Sess, 1965) Senate Calendar No. 149, Report 162, part 2, Individual Views of Sens. Eastland, McClellan, and Ervin, 13-14, 2-20(Statement of Charles J. Bloch), 21-34(Statement of Thomas H. Watson)。参见 Katzenbach interview, *supra* note 57(他们对于很多问题都进行过是否合宪的讨论)。

[59] Testimony of Frank Mizell, on Behalf of registrars of State of Alabama, Senate

Hearings, *supra* note 13,737,

[60] *Byrd v. Brice*, 104 F. Supp. 443 (W. D. La. 1952); Burke Marshall, *Federal Protection of Negro Voting Rights*,27 Law & Contemp. Probs. 455,461(1962).

[61] House Report, *supra* note 16, at 15.

[62] Senate Hearings, supra note 13, at 11 - 12. 报告的最初版本仅仅报告有 3 个县违反了相关禁令。约翰·多尔要求报告事实清楚,具体详细,如,在讨论 *United States v. Penton* 案时,你可能本来是指发生在达拉斯县的那个案件,但却可能被人理解为发生在其他地方,如发生在派利县等。他还特别重视报告中明确为什么选民登记委员会拒绝了其他的选择,要求格林补充重要的论点,如各州决定不对于选民登记申请者适用文化水平测试;中止相关限制性测试属于一种震慑措施;重复申请无法保障政治体制运转正常;只有每个人都享有选举权,通过投票选举新的官员,才可以实现预先设计的政治体系,等等。Memorandum from John Doar to Harold Greene, *Re: Proposed Committee Report on the Senate Voting Rights Bill*, Apr. 14, 1965.

[63] 111 Cong. Rec. 8481(daily ed. , Apr. 26, 1965).

[64] 肯尼迪总统之前曾关注过滥用选民登记限制性措施的问题,但却并没建议采取更具震慑性的对策。John F. Kennedy, "Speicial Message to the Congress on Civil Rights," in Public Papers of the Presidents of the United States: John F. Kennedy, 1963(Washington, D. C. ,: Government Printing Office, 1964), 223,224.

[65] *Yick Wo v. Hopkins*, 118 U. S. 356 (1886).

[66] Keyssar, *supra* note 6, at 249. 亦参见 Jack Greenberg, *Race Relations and American Law* (New York: Columbia Univ. Press, 1959), 143 - 45; Derrick Bell, *Race, Racism and American Law* (New York: Aspen, 2004), 482 - 84.

[67] Burke Marshall, *Fderalism and Civil Rights* (New York: Columbia Univ. Press, 1964), 35.

[68] 111 Cong. Rec. 8481(daily ed. , Apr. 26, 1965).

[69] 参见 United States v. Strong, 10 Race Rel. L. Rep. 710,712(1965).

[70] House, Hearings on Voting Rights, supra note 44, at 12,60. 参议院报告列举了相关的 3 部法律,以及 12 位参议员的相关言论。

[71] 111 Cong. Rec. 9799(daily ed. , May 6,1965).

[72] 111 Cong. Rec. 8297(daily ed., Apr. 22, 1965).

[73] United States v Mayton, 7 Race Rel. L. Rep. 1136 (S. D. Ala. 1962). 亦参见 United States v. Louisiana, 225 F. Supp. 353,362 (E. D. La. 1963)("在决定法律是否合宪的时候,主要依据的是立法意图,以及该法具有的种族歧视后果。")。

[74] Note, *Federal Protection of Negro Voting Rights*, 51 Va. L. Rev. 1051,1177,1181 (1965).

[75] 111 Cong. Rec. 8473(daily ed., Apr. 26, 1965).

[76] U. S. Congress, Debate on H. R. 11045,51st Cong. (1890).

[77] The Force Act of 1871,16 State. 433(1871), upheld in *Ex Parte Siebold*, 100 U. S. 371(1880). Repealed by ch. 25,28 Stat. 36(1894), 参见 Xi Wang, "*Building African American Voting Rights in the Ninetheenth Century*," *in The Voting Rights Act: Securing the Ballot*, ed. Richard M. Valelly(Washington, D. C.,: CQ Press, 2006), 1,16-17。

[78] United States Commission on Civil Rights, Report(Washington, D. C.: Government Printing Office,1959), 141.

[79] 105 Cong. Rec. 19211(daily ed., Sept. 12,1959); U. S. Congress, Senate, Committee on the Judiciary, *Hearings on S.* 2719, 86TH Cong. (1st. Sess., 1959); U. S. Congress, Senate, Committee on the Judiciary, *Hearings on S.* 2782. *S.* 2783. *S. 2814*, *S. 3046*, 86TH Cong. (2d. Sess., 1960); U. S. Congress, House, Committee on the Judiciary, *Hearings on H. R. 9952*, H. R., 10140, H. R. 11053,86th Cong. (2d. Sess., 1960).

[80] U. S. Congress, Senate Report No. 1205, Mar., 29 1960(to accompany H. R. 8601).

[81] U. S. congress, Senate, Committee on the Judicairy. Civil Rights-The President's Program 1963, Hearings on S. 1371 and S. 1750,88th Cong. (1st Sess., 1963) § 101 (c). 肯尼迪总统就曾注意到,从诉讼提起到最终结果判定,往往会经历相当长的时间。并建议设定临时的选举仲裁人,即案件审理的同时为选民登记申请者提供临时救济。John F. Kennedy, "Special Message to the Congress on Civil Rights," *supra* note 64, at 223,224.

[82] Civil Rights Act of 1964, Title VI, 78 Stat. 241 (1964).

[83] *Id.* Title VII.

[84] Testimony of Attorney General Nicholas Katzenbach, U. S. Congress, House, Committee on the Judiciary, Subcommittee No. 5, *Hearings on H. R. 6400*, 89th Cong. (1st Sess., 1965), 66 - 77.

[85] Senate Hearings, *supra* note 13, at 1243(p. 68 of the status report).

[86] Schwartz, *supra* note 4, at 1517.

[87] 参见 Barry E. Hawk ad J. J. Kirby Jr, *Note*, *Federal Protections of Negro Voting Rights*, 51 Va. L. Rev. 1051(1965), 1062。

[88] House Report, *supra* note 16, at 16.

[89] Oral argument, South Carolina v. Katzenbach, O. T. 1965, No. 22, Oriniginal, in Philp B. Kurland and Gerhard Casper eds., 62,76 - 77, *Landmark Briefs and Arguments of the Supreme Court of the United States*, Constitutional Law 783 (1975).

[90] Brief on the United States, South Carolina v. Katzenbach, 85 - 86, O. T. 1965, No. 22, Original.

[91] 可参见 Senator Sam Ervin's colloquy with Attorney General Katzenbach, Senate Hearings, supra note 13,23 - 139 and 205 - 239, at 123; Senator Strom Thurmond, speech to Senate, 111 Cong. Rec. 9239(将托马斯法官在达拉斯县案中的裁定描述为"指示其任命的联邦选举仲裁人,赋予所有在1965年6月之前申请遭拒的人以选民资格。"); Colloguy between Senators Thurmond and Ellender, *id.* at 9246, 指出根据《1960年民权法》,阿拉巴马州的联邦法官指定了一位联邦选举登记官。

[92] Senator Hearings, *supra* note 13, at 737.

[93] 来自南卡州的参议员斯托姆认为,告诉美国南部出现选举权诉讼案件的联邦地区法官,"你不合格,我们要把案子交给哥伦比亚特区联邦地区法院那些德高望重的法官审理",明显属于一种恶毒的故意攻击。111 Cong. Rec. 9245. 而埃尔文参议员认为,司法部认为,这些南部联邦地区法官不能对其言听计从。

[94] Senate Hearings, *supra* note 13, at 737.

[95] Senator Strom Thurmond, 111 Cong. Rec. 11054, May 20,1965. 参议员斯托姆将一份来自美国旗帜委员会(American Flag Committee),标注日期为1956年12月,题目

为《林肯计划:混乱的蓝图》的报告纳入到了听证会的记录当中。该报告主张,应采取行动,废除文化水平测试,指派联邦选举登记官、观察员主持或者监督南方的选举活动。*Id.* at 11055. 亦可参见路易斯安娜州法官里安得·珀利兹(Leander Perez)的证言,"全美有色人种协进会具有共产主义特征。"*supra* note 13, at 357.

[96] Mary L. Dudziak, Cold War Civil Rights, Race and the Image of American Democracy (Princeton, N. J.: Princeton Univ. Press, 2000), 236, 250. 德克森参议员在1960年提出,《1960年民权法》将会扩大美国在世界上的影响。他认为如果要向外推销美国的价值观,就必须在国内实现自己所推销的那些原则。106 Cong. Rec. 7808 (Daily ed., Apr. 18, 1960)。对此持反对意见的参议员,如约翰斯顿则认为,类似的立法在历时上曾经保住过像希特勒那样的暴君掌控整个国家。*Id.* at 1383.

[97] 参议院于5月18日投票,结果为67票对13票,并要求参议院司法委员会在4月9日之前提交相关报告。Congress Quarterly Weekly Report, Week ending Mar. 19, 1965, at 435. 这份报告仅仅注明,司法委员会要求其在4月9日之前提交报告,并且也形成了某些修正案。遵照参议院的指示,这些修正案可以替代某些之前的规定。U. S. Congress, Senate, Committee on the Judiciary, Voting Rights Legislation, Report No. 162, 89th Cong. (1st Sess., 1965), 1. 而对此持正反意见的人也都提出了各自的观点。

[98] 111 Cong. Rec. 9798 - 9799 (daily ed., May. 6, 1965). 备忘录的作者不详,但大体上应该出自司法部政府律师之手。亦参见 111 Cong. Rec. 8367 - 8368 (daily ed., Apr. 23, 1965) (Schwartz, *supra* note 4, at 1530),如参议员约瑟夫·泰丁斯(Joseph Tydings)提出的那样,八年的诉讼并未取得明显的效果,因此不能由地方官员一手负责选民登记,这些人注定会尽力阻挠黑人获得选民资格,行使选举权。

[99] Ralph J. Bunche, *The Political Status of the Negro in the Age of FDR* (Chicago: Univ. of Chicago Press, 1973), 255 - 56.

[100] House Report, *supra* note 16, at 29.

[101] Burke Marshall, *Federalism and Civil Rights* (New York: Columbia Univ. Press, 1964), 30 - 31.

[102] E. g., G. W. Foster, memorandum to William Welsh, administrative assistant to Senator Hart, 106 Cong. Rec. 3898 (daily ed., Feb. 29, 1960). 生活在这些地区的法

官，如果不冒自毁前途，自决于其生活环境的风险，无法突破极限，推动社会变革。

[103] Tony Freyer and Timothy Dixon, *Democracy and Judicial Independence: A History of the Federal Courts of Alabama*, 1820 - 1994(New York: Carlson, 1955), 162, 245,247.

[104] House Report, *supra* note 16, at 5.

[105] 博克·马歇尔曾将他眼中的考克斯法官描述为，一位"极端恶劣的法官，无时不刻不在展现他骨子里的种族偏见，他做出的判决毫无客观价值可言。"Burke Marshall, *Byron White: Lawyer*, 112, Yale L. J. 987,990(2003).

[106] 在来自北卡州的山姆·埃尔文(Sam Ervin)质疑选举权法所要求的，将所有涉及选举权的案件都交由哥伦比亚特区联邦地区法院审理的做法，"为什么不可以让其他州的联邦地区法官组成三人合议庭来审理这些案件？这些法官无论在学识，还是在人格方面都丝毫不逊色于供职于哥伦比亚特区联邦地区法官。"对此，卡赞巴赫并未直接批评南方的联邦法官，而是认为，这样做可以让一个联邦法院审理所有类似的案件，从而便利案件的审理与上诉。Senate Hearings, *supra* note 13, at 71 - 72. 埃尔文将这样一种说法称之为"绝顶聪明的废话"。111 Cong. Rec. 9271(Daily ed., May 3,1965).

[107] 2003 年 2 月 16 日，克利克斯坦院长致作者的电子邮件。

[108] 2003 年 4 月 3 日，作者致弗里斯的电话记录。

[109] Attorney General Nicholas Katzenbach's testimony, House Report, *supra* note 16, 83. 他提出，有一位联邦地区法官选择自行担任联邦选举仲裁人，而并没有选任其他人。原因很简单，这位法官不想让其他人面临来自于其所生活的社会群体的敌意与压力。*Id.* at 84，一般认为这指的是 *United States v. Manning.*

[110] Senate Hearings, *supra* note 13, at 74.

[111] 111 Cong. Rec. 8305(daily ed., Apr. 22, 1965).

[112] 111 Cong. Rec. 8839(daily ed., Apr. 28, 1965).

[113] 111 Cong. Rec. 9245(daily ed., May. 3,1965).

[114] 111 Cong. Rec. 156664(daily ed., Jul. 6, 1965).

[115] 2003 年 2 月 25 日，笔者给帕洛克的电子邮件。

[116] John Lackey, *The Poll Tax: Its Impact on Racial Suffrage*, 54 Ky. L. J. 423,424

(1965); Note, *Disfranchisement by Means of the Poll Tax*, 53 Harv. L. Rev. 645,646(1940); John Hope Franklin, *From Slavery to Freedom: A History of American Negeros*, 2d ed. (New York: Knopf, 1956), 329,335; Keyssar, *supra* note 6, at 29,111.

[117] Delegate Hood, *Official Proceedings of the Constitutional Convention, State of Alabama*, May 21,1901, to Sept. 3,3380-81, 引自 *United States v. Alabama*, 252 F. Supp. 95,99 (M. D. Ala. 1966). Worth of 1901 dollar, http://eh. net/hmit/compare/result. php? use%5B%5D=DOLIA&amount2=1. 50&year2=1901&year_result=&amount=&year_source=.

[118] Civil Rights Congress, *We Change Genocide: The Historic Petition to the United Nations for Relief from a Crime of the United States Government against the Negro People* (New York: International Publishers, 1951), 143.

[119] Lackey, *supra* note 116, at 427; Florence B. Irvine, *the Future of the Negro Voter in the South*, *Journal of Negro Education*, 392(Summer 1957).

[120] Note, 53 Harv. L. Rev. 628,652.

[121] Memorandum from Sanders to Pollak, Apr. 6, 1965; memorandum from Pollak to Sanders, Apr. 7, 1965.

[122] Memorandum from Greene to Sanders, *re*: *House of Representatives Draft of the Voting Bill*, Apr. 12, 1965.

[123] Memorandum from Claiborne to Sanders, Apr. 12, 1965.

[124] House Report, *supra* note 16, at 19-22.

[125] Attorney General to President, *Reasons Why the Deparment of Justice Has Favored the Mansfield-Dirksen Approach to Elimination of the Poll Tax*, May 21,1965.

[126] Kotz, *supra* note 24, at 331; David J. Garrow, *Bearing the Cross* (*New York: William Morrow and Company*, 1986), 435.

[127] United States Commission on Civil Rights, Hearing held in Montgomery, Ala., Apr. 27-May 2, 1968. 阿尔伯特的证词。

译后记

“……在手握宝马方向盘、
耳听舒伯特《冬日之旅》、
停在青山大街等信号灯的时间里，
我蓦然浮起疑念：
这不大像我的人生，
我好像是在某人准备好的场所按某人设计好的模式生活。
我这个人究竟到何处为止是真正的自己?。”

——村上春树著:《国境以南，太阳以西》

一直以来，都生活在一种幻象当中。

我是不同的，我想。

直到那天，读到了村上在《国境以南，太阳以西》里的那段话，突然愕然。

这，分明是我的人生。

或者，我只是在复制他的人生。

我，毕竟只是无数个“我”中最平淡无奇的那个。

莫名地，有些恐惧起来。

卑微地活着，原来如此地，难。

于是，开始愈发珍惜起少得可怜的回忆。

毕竟，除了这些随时会被时光燃烧殆尽的片段，我，几乎一无所有。

……

很久，

没有写信。

无论是在加尔各答闷热的暗巷，

曼谷霓虹闪烁的的街头，

马德里空旷的机场，

圣保罗郊外的村落，

还是萨格拉门托树影婆娑的 oar park

都很想写封信，

只是问问，

“我在这,你在哪儿?”

……

2009 年获美国政府 US AID 全额奖学金资助，赴美留学，有幸结识了 Joshua Dressler，Linda E. Carter，Michael Vitiello 等，之前只能在美国刑法教科书上才能找到名字的杰出学者，并能够选修其中很多学者教席的课程，获益匪浅。同时，更为感谢的是本书的作者 Brian K. Landsberg 教授及其家人。Landsberg 教授著述等身，且视学生为己出，传道授业解惑乃至生活无不体贴入微。至今还记得那个造访教授家中的夜晚，时加州秋高时节，夜风拂面。先生将这本书的原稿签名并双手送到我的手上，我也给了先生一个让更多中国人看到先生当年为在美国践行民主而努力的亲身经历的承诺。时至今日，拜吉林大学法学院院长姚建宗教授及上海三联书店王笑红女士慨然相助，当年的那个承诺似乎已有兑现之期。无论如何，感谢一路伴我走来的爱妻，更感谢我的父母家人。是为志。

索 引

（说明：注释中所涉及的页码系英文原著页码，在中文版中以无边码标注）

图书在版编目(CIP)数据

终获自由:《1965年选举权法》幕后的司法战/(美)兰斯伯格(Landsberg, B. K.)著;李立丰译. —上海:上海三联书店,2017.1
(法政文丛)
ISBN 978-7-5426-5574-5

Ⅰ.①终… Ⅱ.①兰…②李… Ⅲ.①选举法-研究-美国
Ⅳ.①D971.21

中国版本图书馆CIP数据核字(2016)第099181号

终获自由:《1965年选举权法》幕后的司法战

著　　者 / 布莱恩·兰斯伯格
译　　者 / 李立丰

责任编辑 / 王笑红　郑秀艳
装帧设计 / 汪要军
监　　制 / 李　敏
责任校对 / 张大伟

出版发行 / 上海三联书店
(201199)中国上海市都市路4855号2座10楼
邮购电话 / 021-22895557
印　　刷 / 上海惠敦科技印务有限公司

版　　次 / 2017年1月第1版
印　　次 / 2017年1月第1次印刷
开　　本 / 710×1000　1/16
字　　数 / 320千字
印　　张 / 17.5
书　　号 / ISBN 978-7-5426-5574-5/D·323
定　　价 / 48.00元

敬启读者,如发现本书质量问题,请与印刷厂联系,电话021-56475597